改革创新与转型升级研究丛书

融资约束与企业出口行为

胡赛◎著

FINANCIAL CONSTRAINTS AND ENTERPRISES
EXPORT BEHAVIOR

企业管理出版社
ENTERPRISE MANAGEMENT PUBLISHING HOUSE

图书在版编目（CIP）数据

融资约束与企业出口行为／胡赛著．
—北京：企业管理出版社，2018.11
ISBN 978-7-5164-1779-9

Ⅰ．①融⋯　Ⅱ．①胡⋯　Ⅲ．①企业融资—影响—企业管理—出口贸易—研究　Ⅳ．①F279.23

中国版本图书馆 CIP 数据核字（2018）第 207749 号

书　　名：	融资约束与企业出口行为
作　　者：	胡　赛
责任编辑：	刘一玲　崔立凯
书　　号：	ISBN 978-7-5164-1779-9
出版发行：	企业管理出版社
地　　址：	北京市海淀区紫竹院南路 17 号　邮　编：100048
网　　址：	http://www.emph.cn
电　　话：	编辑部 68701322　发行部 68414644
电子信箱：	80147@sina.com　zbs@emph.cn
印　　刷：	北京虎彩文化传播有限公司
经　　销：	新华书店
规　　格：	710 毫米×1000 毫米　16 开本　14 印张　210 千字
版　　次：	2018 年 11 月第 1 版　2018 年 11 月第 1 次印刷
定　　价：	38.00 元

版权所有　翻印必究·印装有误　负责调换

前　言

我国改革开放迎来四十周年，随着经济发展水平的不断提升，改革开放向纵深发展，企业走出国门是经济水平提升的必然结果，也是经济全球化的时代要求。在经济保持较高增速的发展过程中，从当前我国大多数企业的发展情况来看，企业出口所选择的主要方式以包销、代理为主，这种方式在一定程度上限制了我国出口企业的发展，影响了企业的创新能力、学习能力的提高。根据观察和分析，企业出口方式的选择在很大程度上限制了我国企业的"出口学习效应"，出现这种现象的根本原因在于国内严重的融资约束，使出口企业通过出口比重的边际调整，用这种看似"非理性"的、伤害自己的出口行为，来权衡严重的企业融资约束与全要素生产率（TFP）之间的关系。

本书突出了四个方面的研究成果：首先，解释了中国企业缺乏"出口学习效应"的原因及机制，主要是由于企业在出口过程中大多选择了包销或代理的手段，这种手段限制了我国企业的出口学习能力及创新能力，并解开了"出口企业生产率之谜"的原因；其次，本书进一步对中国企业"出口学习效应"低下深层次原因进行了分析，指出我国的融资约束在很大程度上限制了企业的出口创新及学习能力；再次，本书通过企业出口比重调整的分析来研究出口企业融资约束与TFP间的关系；最后，继续探讨在融资约束条件下，以代理为主的中国企业出口贸易对企业家才能、创新等要素的负面效应。

具体来说，经典的贸易理论将企业出口行为看成在国内销售基础上的一种市场拓展：首先，企业实现出口的必要条件是具有足够高的生产率，得以支付额外的出口进入成本；其次，通过规模效应实现出口的企业会赚取更高的利润。在考虑融资约束对异质性企业出口的影响后，得出结论：出口企业相比非出口企业面临更强的融资约束，因此选择出口的企业往往其资金更具有流动性。

本书从讨论中国企业的出口实际出发，分析中国企业出口对经济增长的促进作用，并通过分析出口产品结构的变化说明中国出口贸易的特殊性。与发达国家的出口不同，处于发展中的中国在出口过程中存在大量的加工贸易或与外商直接投资有密切关系的出口。以此提出另一种描述中国企业出口行为的机制和逻辑，并对各类企业的生产率与融资约束进行以下几点比较和分析：

第一，一方面，低效率的企业通过包销、代理等出口中介，免除了进入出口市场所需的额外成本，因此较低的出口金融门槛可能是导致"自我选择效应"失效的原因；另一方面，企业通过出口提高了资金的使用效率，改善了融资状况，但却伤害了提高企业创新、学习能力的机制，对企业家才能具有"挤出"效应，牺牲了企业的生产率。因此，研究的重点在于分析出口企业通过出口比重的边际调整，来协调控制企业生产率与融资约束之间的得失，并进一步分析不同融资约束的企业，通过对出口比重的调整影响企业家才能并对企业生产率发生作用。

第二，根据中国实际情况考虑企业的两种出口行为——加工贸易与一般贸易，在 Melitz（2003）经典理论和 Chaney（2016）引入流动约束的基础上构建理论模型，分析两种出口行为，得到较强融资约束是企业选择出口的原因，不同生产率的企业选择不同出口方式，以缓解自身所受融资约束。

随后运用相关的数据对中国出口企业生产率与融资约束的动

态关系进行检验，为本书基于中国企业出口行为提出的机制与逻辑所得出的理论结论提供可靠的经验证据。首先，我们根据企业出口比重的变化将出口企业进行分类，分析各类企业的生产率及融资约束特征；其次，采用倾向得分匹配方法（PSM）将不同类型的企业进行匹配，分析得到匹配特征与理论模型的预测相一致；最后，对匹配后的企业进行回归，并采用 Heckman 两阶段模型修正"选择性样本"问题，检验出口比重转变对企业生产率的影响。

进一步探讨企业"出口学习效应"失效的原因，并实证检验较强融资约束的企业在选择以代理为主的出口贸易后，对企业家才能、创新等要素的"挤出"具有明显的作用，长期伤害了企业的核心竞争力和发展机制。企业所受融资约束是导致企业提高出口比重的重要因素，且出口比重提高有助于企业缓解融资约束，但中国企业的"出口学习效应"不如发达国家那样显著。因此，出口企业融资约束与生产率之间的关系主要通过出口比重的边际调整进行协调控制。为扭转这一局面，应当在十九大提出的习近平新时代中国特色社会主义思想指导下，从根本上转变出口贸易增长方式，通过品牌、研发、管理、营销网络等高端价值链和优质要素的出口，来获得国际竞争力，提高出口附加值和效率。同时培育一批具有竞争力的跨国公司，走出一条通往开放、要素国际化带动产业转型升级的发展路子，为早日实现"两个一百年"奋斗目标和中华民族伟大复兴的中国梦而不懈努力。

目 录

第一章 导 论 / 1

第一节 企业出口行为的研究背景及研究意义 ……………… (1)
一、背景及问题提出 …………………………………… (1)
二、企业出口行为选择可能的机制 …………………… (3)
三、企业出口行为的研究意义 ………………………… (7)

第二节 相关概念界定及测度 …………………………… (9)
一、出口选择行为的界定 ……………………………… (9)
二、企业生产率的概念界定及其测度方法 …………… (11)
三、融资约束的界定及测度 …………………………… (16)
四、企业家才能的界定及测度 ………………………… (19)

第三节 研究框架与研究方法 …………………………… (21)
一、研究框架 …………………………………………… (21)
二、研究方法 …………………………………………… (25)

第二章 融资约束、企业生产率与企业出口的相关文献综述 / 26

第一节 企业出口与企业生产率研究 …………………… (29)
一、企业出口与企业生产率：自我选择效应 ………… (29)
二、企业出口与企业生产率：出口学习效应 ………… (32)

第二节 融资约束与企业出口贸易研究 ………………… (34)
一、融资约束影响企业出口：理论研究 ……………… (34)
二、融资约束影响企业出口：实证研究 ……………… (37)

第三节 融资约束与企业生产率研究 …………………… (40)

一、融资约束与企业生产率研究：理论研究 …………… (41)
　　二、融资约束与企业生产率研究：实证研究 …………… (41)
第四节　融资约束、企业家才能与生产率研究 ……………… (44)
　　一、企业家才能的定义与相关理论 …………………… (44)
　　二、企业家才能与生产率研究综述 …………………… (46)
　　三、融资约束、企业家才能与生产率研究综述 ………… (47)
第五节　文献评述 ……………………………………………… (49)

第三章　中国出口贸易变化的特征性事实 / 52

第一节　中国出口的实际与决定因素 ………………………… (52)
　　一、中国出口对经济增长的贡献 ………………………… (52)
　　二、中国出口产品结构多样性的变化 …………………… (54)
　　三、贸易条件的变化 …………………………………… (64)
第二节　中国企业出口行为的特征性事实 …………………… (68)
　　一、问题提出 ……………………………………………… (68)
　　二、数据来源及处理方法 ………………………………… (70)
　　三、中国出口企业的生产率特征 ………………………… (72)
　　四、中国出口企业的流动性事实 ………………………… (81)
第三节　企业出口行为特征性事实小结 ……………………… (86)

第四章　融资约束、企业生产率与出口行为：机理分析 / 89

第一节　企业出口与生产率的机理分析 ……………………… (89)
　　一、消费者需求与生产者函数 …………………………… (90)
　　二、开放市场均衡 ………………………………………… (91)
第二节　融资约束与企业出口的机理分析 …………………… (98)
　　一、消费者需求与生产者函数 …………………………… (99)
　　二、融资约束 ……………………………………………… (101)
　　三、开放市场均衡 ………………………………………… (102)

目　录

　　第三节　融资约束、企业生产率与出口行为的机理综合 …… （102）

　　　　一、机制与研究假设 …………………………………………… （102）

　　　　二、机理分析 …………………………………………………… （104）

　　　　三、实证命题 …………………………………………………… （108）

　　第四节　企业出口行为的机制小结 ……………………………… （112）

第五章　基于中国企业数据的实证检验／113

　　第一节　数据来源、变量说明及描述性统计 …………………… （113）

　　　　一、数据的来源及处理 ………………………………………… （113）

　　　　二、变量说明 …………………………………………………… （115）

　　　　三、描述性统计 ………………………………………………… （124）

　　第二节　基于倾向得分匹配方法的实证结果分析 ……………… （132）

　　　　一、匹配方法的设定 …………………………………………… （133）

　　　　二、基于倾向得分方法的匹配结果 …………………………… （134）

　　第三节　计量模型设定与稳健性检验 …………………………… （142）

　　　　一、计量模型的设定与结果分析 ……………………………… （142）

　　　　二、计量结果的稳健性检验 …………………………………… （150）

　　第四节　实证检验结果小结 ……………………………………… （153）

第六章　融资约束、企业家才能的"挤出"与出口企业生产率／155

　　第一节　融资约束下企业家才能对出口企业生产率研究：
　　　　　　理论分析 ……………………………………………… （156）

　　　　一、融资约束、企业家才能与生产率影响机制 ……………… （157）

　　　　二、融资约束、企业家才能与出口企业生产率：
　　　　　　理论模型 ……………………………………………… （158）

　　　　三、融资约束、企业家才能与出口企业生产率假设提出 … （160）

　　第二节　融资约束下的企业家才能对出口企业生产率研究：
　　　　　　实证检验 ……………………………………………… （161）

一、企业家才能的衡量 …………………………………（161）
　　二、匹配结果 ……………………………………………（162）
　　三、计量模型的设定与结果分析 ………………………（163）
　第三节　引入"企业家才能"变量后的出口行为小结 ………（178）

第七章　融资约束制约下的企业出口行为选择的结论与启示 / 180

　第一节　融资约束制约下的企业出口行为选择结论 ………（180）
　第二节　融资约束制约下的企业出口行为选择政策建议 …（182）
　　一、从根本上转变出口贸易增长方式 …………………（183）
　　二、加大金融改革力度，适度放宽对企业融资的禁锢 …（188）
　　三、培育具有竞争力的跨国公司，促进产业转型升级 …（190）
　　四、为优秀企业家的成长创建所需的氛围，以期全面
　　　　发挥作用 ……………………………………………（193）
　第三节　融资约束制约下的企业出口行为选择研究展望 …（196）

参考文献 / 197

后　　记 / 213

第一章 导 论

第一节 企业出口行为的研究背景及研究意义

一、背景及问题提出

随着我国改革开放向纵深发展，企业走出国门已经成为当前经济全球化背景下的必然趋势。随着"十三五"规划的顺利实施，我国经济发展水平稳步提升，企业出口数量也在不断提高，尤其是从 20 世纪末开始，中国的出口增长惊人。1998 年中国的出口总额为 15223 亿元，占当年国内生产总值的 18%。到了 2016 年，中国的出口总额为 138409 亿元，占当年国内生产总值的 18.6%。从绝对数值来看，2016 年的出口总额是 1998 年的 9.09 倍。根据林毅夫等学者的测算，20 世纪 90 年代以来，我国的外贸出口每增长 10.0%，基本上能拉动 GDP 增长 1.0%，这一数据也反映出了企业出口对于我国经济发展的重要性以及推动作用，这表明出口经济已经成为当前我国经济构成中的重要组成部分（见图 1.1）。

Melitz（2003）的理论模型很大程度上改变了近来国际贸易研究的方向，受到了广泛的认可并从各个角度扩展。尽管 Melitz（2003）关于企业的"出口选择效应"（即更高效率的企业出口）与 Greenaway and Kneller（2007）提出的"出口学习效应"（出口活动有助于提高企业生产率）得到了大量实证文献的支持（Van Biesebroeck, 2005；Alvarez and Lopez, 2005；Crespi et al., 2006；Bernard et al., 2007；De Loecker, 2007；Aw et al., 2008），但许多专家在对中国企业的出口进行分析研究后发现，非出口企业的生产率要高于出口企业的生产率。Lu et al. (2010) 在研究中就发现了这一问题。张杰等（2008）通过对江苏省部分企业数据进行分析研究后指出，企业在出口后的四年左右，其经营能力以及生产能力就会大幅度下降。这些研究结论与经典的贸易出口理论是相互矛盾的，中国企业的出口也因此被称之为"生产率之谜"。现有的解释包括：国内市场分割、本地市场保护（朱希伟等，2005；Yang and He, 2014）、高比例的加工贸易（余淼杰，2010；Dai et al., 2011）、目的地市场的特征（赵伟和赵金亮，2011）以及要素密集度（Lu et al., 2010；梁会君和史长宽，2014）。[①]

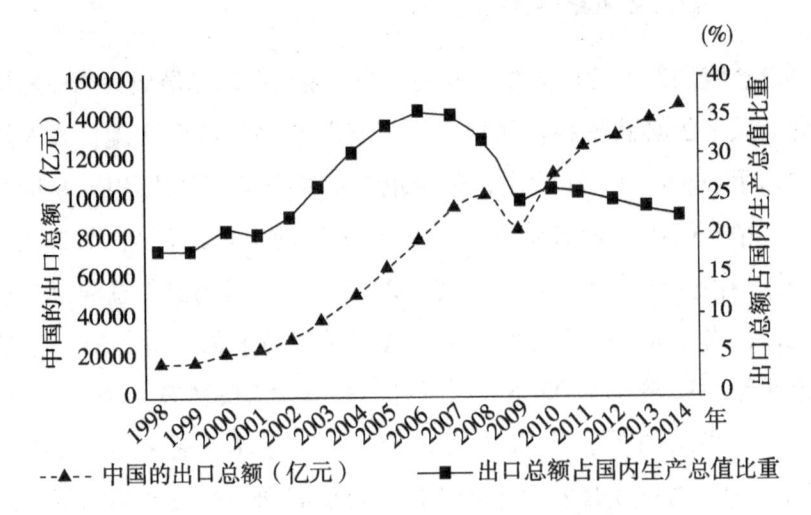

图 1.1　1998—2014 年中国出口情况变迁

那么，中国企业为什么要做这种似乎不理性的选择呢？它们权衡的是什么？在中国以国有大银行为主的金融体系下，中小企业严重缺乏"信息对称性"和抵押物，融资难、融资贵等难以解决的问题一直困扰中小企业。Claessens et al.（2006）在世界银行投资报告中指出，中国是受到融资约束影响十分大的国家，尤其是对于民营企业来说，融资约

[①] 李春顶. 中国企业"出口—生产率悖论"研究综述 [J]. 世界经济, 2015 (5): 148-175.

束是制约其投资扩张的最为主要的因素之一。我们发现，中国企业主要是通过选择出口来缓解融资约束的，因为出口很少有应收账款，一般是货到付款。但是，中国的出口企业绝大部分是用别人的品牌、用别人的营销网络，即以包销、代理出口为主。那么这种出口方式会产生"出口学习效应"吗？在这种出口方式中企业家才能和创新机制能否发挥作用呢？这种出口企业是如何权衡融资约束与企业生产率之间的关系的？这就是本书要探讨和回答的问题。

二、企业出口行为选择可能的机制

针对上述问题，本书从融资约束、企业生产率与企业出口的关系这一角度进行分析，思考企业所受的融资约束强弱是否会影响企业的出口行为，且进一步研究企业出口行为的选择对生产率会产生何种作用，同时融资约束是否与企业的生产率之间存在某种联系，若以上问题均为肯定那么这其中的作用机制又是如何？本书通过提出几个假说试图解释三者之间的的作用机制。

企业为何选择出口？经典的贸易理论阐述了一套堪称完美的机制，即出口可以使企业扩大市场、增加利润并提高生产率。但出口是有进入壁垒的，只有在国内市场足够有竞争力且较少存在融资约束的企业才能支付额外的成本并出口。这一解释机制的有效性依赖于以下三个条件的同时满足：一是出口企业必须有高于非出口企业的能力（包括较高的生产率和较少的融资约束）；二是出口存在一定的（甚至是较高的）门槛，能对上述不同能力的企业做出有效的筛选；三是出口企业获得了额外的报酬或补偿（更高的利润或者生产率）。可以说，发达国家企业基于国内市场竞争基础上，通过出口拓展国际市场，在直觉上十分吻合上述的条件。在中国企业出口的背景下审视以上三个条件，就会发现诸多的不一致性。现有的证据显示，中国的出口企业既无法获得持续的生产率的提升（张杰等，2008，2009；金祥荣等，2012），也无法获得更高的利润率（苏振东和洪玉娟，2013）。就出口能力而言，现有的证据也无法支持高效率的企业实施了出口（Lu 等，2010；汤二子和刘海洋，2011；李春顶，2010）。从出口筛选机制上看，高比例的加工贸易（Manova and Yu，2016；余淼杰，2010；Dai 等，2011；Gao 和 Yin，2014），以及出口导向的贸易产业政策使得出口筛选机制弱化甚至失效。

因此，中国企业出口行为可能呈现一种有别于经典贸易模型所描述的机制：一方面，中国企业出口的进入门槛并不高，选择出口的企业并不需要支付高成本便可实现出口，因而出口并不需要企业有很高的融资能力来支撑。而且由于国内市场机制不完善等因素，国际贸易所带来的融资约束甚至弱于国内贸易。企业在国内贸易面临高融资约束情况下可以通过选择出口或者提高出口比重（出口额占销售值比重）来改善企业的融资状况，缓解融资约束。另一方面，高出口依赖和贸易模式的转变，使企业无法或难以在出口中发挥企业家才能，相反弱化了企业创新能力，牺牲了企业的生产率。企业的出口行为选择，某种意义上是基于融资约束与生产率的一种两难抉择和权衡。

假说一：面临更强融资约束的企业更有可能增加出口比重。

一般情况下，国内销售在交货和货款结算上相对国际贸易更为便捷（Djankove et al.，2010；Amiti and Weinstein，2011），① 但这是以完善的市场交易制度为前提的。受宏观经济波动、市场化改革和制度建设不到位的影响，中国国内交易中的货款拖欠、上游企业垫资、付款违约等情况比较普遍，② 相当比例的企业遭受应收款和三角债的困扰。对企业而言，出口尽管面临一个较长的货款结算周期，但是其相比国内贸易，风险更低且更可预期。出口不仅有助于企业避免货款拖欠、垫资等导致的流动资金被占用的风险，同时，由于出口货款结算周期的可预期性，也

---

① Djankove et al.（2010）发现，出口交货结算通常比面向国内的销售迟 30～90 天。

② 据《中国企业经营者成长与发展专题调查报告（2012）》的调查数据显示，我国企业信用方面存在的问题主要表现为：拖欠货款、贷款、税款、违约、制售假冒伪劣产品以及其他问题等。其中，拖欠货款、贷款、税款问题在国内企业经营者看来最为严重，占比高达 76.2%。（参见 2012 年 06 月 19 日《中国企业报》）

有助于企业对资金做出更为有效率的跨期安排,从而提高资金使用效率。另外,按照李志远和余淼杰(2013)的研究,出口企业比较稳定(但不一定更高)的盈利预期,有助于获得金融机构的贷款。因此,企业出口以及出口比重的增加有助于改善企业融资条件,缓解融资约束。

面临更高融资约束的企业在盈利能力、资金配置使用效率、市场竞争力等方面更有可能存在不足。即使企业融资约束是由短期随机冲击造成的,更高效率的企业可以通过选择更高利率贷款合同来解决融资问题(Feenstra et al., 2014)。相反,低效率的企业则无法通过相同的方法解决融资而继续停留在国内市场上,不得不选择利润更低和不具技术学习前景,同时也是融资约束相对较低的出口市场。为此,有别于以往文献,本书考察生产率类似的企业面临不同的融资约束下的出口决策问题。首先,将出口比重变化较大的企业(观察期内出口比重增加超过30个百分点的企业)设为处理组。参照 Li and Harris (2007) 以及 Heckman and Navarro - Lozano (2004) 的建议,用 PSM 方法在其他不同出口比重变化的组别中,找到与处理组企业行业、地点相同且 TFP 无差异的不同对照组。然后比较在样本考察期期初和期末,处理组与不同对照组间差异。我们试图证明,在其他条件相同的前提下,较强融资约束的企业可能更倾向大幅度提高出口比重。

假说二:出口比重增加可以缓解企业融资约束,同时降低企业生产率。

出口比重大幅度增加对企业的负面影响体现在两个方面:一是出口面临更低的利润率;二是出口企业的生产率会降低。

企业出口利润率较低的原因是多方面的。首先,较低的出口门槛本身就无法筛选高效率企业进入出口市场。其次,中国低出口门槛和政府鼓励出口政策也使得出口市场存在过度进入的情况,企业在出口市场上面临着比国内市场更为激烈的竞争和更弱的市场态势。事实上,广泛存在的加工贸易更使出口企业完全丧失了面对需求的定价权,企业仅依靠持续降低的加工费获取利润。另外,即便是一般贸易,大量出口代理和中介在便利企业出口的同时，也隔断了企业与最终市场的联系，使得企业无法通过建立品牌和销售渠道获取在国外的市场势力。

出口企业无法获得生产率提升的可能原因有：①由于出口选择机制丧失，出口企业本身并不高的生产率意味着其在学习创新上的效率更低，因此即便选择出口，其投入创新的动力也不足，提高效率的潜力有限。②出口更低的利润率，使得企业承担创新风险的能力弱化，进而也削弱了企业创新的能力和在创新上的投入。③大量出口代理和中介，隔断了企业与最终市场的联系，也降低了企业创新激励。

假说三：出口比重显著增加的企业生产率高于高出口比重企业，但低于低出口比重企业。

按照 Manova and Yu（2016）的观点，融资约束不仅直接影响企业出口策略，而且进一步影响生产技术。由于不同出口比重的企业因不同出口形式和融资约束而存在生产率上的差异，结合研究中出口比重分组和贸易形式的关系，Manova and Yu（2016）的结果在本书中体现为低出口比重的企业相比高出口比重企业具有更高的生产率。但是，对于本书重点考察的出口比重显著增加的企业而言，其生产率应该是介于低出口比重企业和高出口比重企业之间。这是因为，从样本考察期期初来看，处理组的企业与低出口比重企业没有显著差异，因此这些企业在生产技术上也与低出口比重企业相似。但是由于融资约束迫使企业大幅度提高出口比重，甚至是转变了出口模式（从一般贸易为主转变为加工贸易为主），在这种情况下，企业出口的学习效应大为弱化，同时融资约束也可能使得企业创新的能力和意愿下降，从而导致企业生产率的下降。而与一直是高出口比重企业相比，这些显著增加出口比重的企业期初的生产率较高，而且从事高比重出口时间较短，其生产率并未衰减到与长期高出口比重企业相同的水平。

假说四：融资约束较强的企业出口比重更大，且对企业家才能的"挤出"效应更显著。

较强融资约束的企业可能更倾向大幅度提高出口比重，而出口方式多以包销、代理等方式为主，锁定于低端价值链，这类企业会在有限时间内演化为车间意义上的、没有企业家的企业，即在这类企业中存在企业家才能要素的"挤出"效应。

多数研究学者已经将产生于生产率与出口之间的"自我选择"效应和"出口学习"效应扩展到创新活动与出口之间，他们大都认为创新对出口有积极的作用。Silva et al. （2013）在研究葡萄牙高出口比重的企业时，发现与之不同的观点，认为这类企业的创新能力较弱。这一研究与本书的观点类似，或者说葡萄牙高出口比重的企业与我国出口企业的情况十分类似，具有高出口比重的企业往往依赖外包，更倾向于使用低价策略，而忽视了产品的创新和企业家的冒险精神。

假说五：所受融资约束较小的企业，企业家才能更容易得到展现，由此推动企业生产率的提高。

企业家才能是"出口学习效应"和出口企业生产率变化的核心机制，这更深层次地揭示了中国企业"出口学习效应"低下的原因。关注企业创新对生产率影响的研究较为丰富，Bruno and Cassiman （2010）使用西班牙制造业企业数据发现企业生产率受到产品创新的影响。在国内的研究中，戴觅、余淼杰（2011）采用中国规模以上制造业企业调查数据发现出口前研发投入持续作用于出口企业的生产率水平。本书在创新的基础上，加入私营企业、小企业、新企业、新产品产值率这四项指标，衡量企业家创新创业精神，并讨论不同贸易方式中，融资约束、企业家才能对出口企业生产率的影响。

本书将以上机制与假说的内容归纳为中国企业的出口逻辑，在第四章至第六章中分别采用理论模型与实现检验的方法对五个假说进行论证，并进一步给出在不同贸易方式（一般贸易、加工贸易）中的详细结论。

三、企业出口行为的研究意义

从现实意义来说，根据我们对中国出口贸易的理论和实证，给出了有别于原有"生产率之谜"的解释，分析以包销、代理出口为主的中国的企业出口，在长期具有"挤出"企业家才能、创新和降低全要素生产率的负面效应，即伤害长期的发展机制。因此，党的十九大报告中提出的在习近平新时代中国特色社会主义思想指导下，为实现社会主义现代化和中华民族伟大复兴，本书所包含的最大政策意义，就是中国要着力转变出口贸易增长方式，大力发展自主品牌、自主营销和自主研发的"三自主"出口贸易，走价值链高端化的全球化路子。

从理论意义上来说，本书根据中国的出口实践，对 Melitz 的理论模型进行验证，发现中国贸易企业的"出口学习效应"低下，这说明 Melitz 模型不能解释中国的出口贸易，即不能解释"南北贸易"，这显然是 Melitz 模型的理论局限性。而本书的研究丰富了 Melitz 的理论，并揭示了 Melitz 理论局限的所在根源。Melitz 所研究的出口企业大多是一些生产创新能力较强，具有完备的品牌优势及销售优势的企业。而中国出口企业往往并无自身的品牌优势，缺乏完善的经营网络，出口所采取的主要模式是通过中介代理等，这与 Melitz 研究中的企业并不属于同一类型。

中国企业在此决策中依靠什么进行平衡呢？从现有研究来看，自从 Chaney（2016）进一步把融资约束引入 Melitz（2003）异质性企业出口模型，发现出口企业的融资约束较小，因此有能力支付出口的沉没成本，引发了不少关于企业出口行为与融资约束和金融摩擦相关性的讨论（Berman and Hericourt, 2010；Manova, 2013；Feenstra et al., 2014；Foley and Manova, 2015）。这些研究认为，出口企业较非出口企业来说，所面临的融资约束更为强烈。为此，企业只有具备相应的经济实力，资金流动程度较高，才可选择出口。一些文献沿袭相似逻辑对中国企业的出口行为做了有价值的讨论（Brandt and Morrow, 2017；Kee and Tang, 2012；Koopman et al., 2011；阳佳余，2012），但到目前为止，这些研究尚不完善，尤其是关于中国企业出口机制的探讨还远远不足以与中国贸易大国的实际相称。Manova and Yu（2016）在研究金融摩擦

第一章 导 论

如何影响出口企业具体出口行为选择时，提出一般贸易和加工贸易（包括进料加工和来料加工）在盈利能力和融资能力需求上存在差异。一般贸易的盈利性和融资能力需求最高，进料加工次之，来料加工最弱。

从上述研究来看，中国企业在发展过程中普遍面临着较严重的融资约束。本书将基于Melitz异质性企业的模型，试图在更一般意义上探讨企业出口行为选择中存在的这种权衡融资约束与生产率的机制，不仅讨论企业融资约束对出口行为的影响，而且考察企业出口行为对融资状况和生产率的影响。中国企业在出口过程中，往往选择以中介等渠道为主的出口方式，这种行为在很大程度上使得企业在出口中学习并提升生产率的现象不明显，中国企业的出口可以视为权衡融资约束与生产率之间的关系。本书完善了现有文献只单向讨论融资约束对企业出口行为的影响，从二者间的双向影响关系出发，试图给出另外一种描述中国企业出口行为的机制和逻辑，并进一步探索由出口方式引起的，企业"出口学习效应"低下的深层原因。同时，本书将金融与国际贸易两个领域的研究相结合，通过对企业数据的研究分析，给出更微观的解释。

第二节 相关概念界定及测度

要对本书提出的中国企业出口机制和逻辑进行检验，首先必须对出口选择行为、企业生产率和融资约束这三个概念进行界定并衡量。随着异质性企业贸易理论的发展，研究向着企业异质性对出口影响的方向不断深入，以下部分将在现有文献基础上给出本书所采用的界定及衡量方法。

一、出口选择行为的界定

在以往文献中，对企业出口选择行为的界定可以分为四类：企业出口额占销售总额的比重、企业是否进行出口、企业进入和退出出口市场、出口企业数量。在这四类方法中,使用前三种对企业出口行为的衡量方法较为频繁,且有时不单使用某一种方法,经常组合几种方法同时使用。

Bernard and Jensen(1995)先根据调查数据计算出口额占销售总额的比重,再用虚拟变量定义出口状态得以进行实证分析,发现出口企业与非出口企业在规模、生产率、支付工人工资以及技术工人熟练程度上有明显差异。在国内的研究中,孙礼卿、孙俊新(2010)采用企业的出口产出比,发现出口企业生产率较高的优势在企业进入出口市场前就已经具备,而不是由于出口提高了企业的生产率水平。范剑勇、冯猛(2013)将出口企业按照其出口密度分为四组并证实了出口企业的生产率水平高于非出口企业。

Bernard and Jenson(1999)则直接以是否进行出口活动来定义虚拟变量作为衡量企业出口的指标,通过对1984—1992年美国企业数据的研究发现在同一行业内,仅有少数规模较大、产品质量较高、生产率高的具有较强竞争力的企业才从事国际化经营。Jensen, Bernard and Redding(2007)根据企业是否出口比较美国2002年制造业企业,发现与非出口企业相比出口企业的就业率、销售额以及人均增加值均较高。国内学者李春顶(2010)以出口值是否为零来区分出口企业与非出口企业,发现我国出口企业的生产率水平普遍低于内销企业。赵伟、赵金亮和韩媛媛(2011)也以出口交货值是否为零来界定企业的出口状态。

在对韩国和中国台湾的微观企业数据研究中,Aw et al.(2000)按照企业的进入、退出状态将企业分为出口企业、进入企业、退出企业和非出口企业,也得到相似的结论。Greenaway and Kneller(2007)使用企业进入、退出出口市场的虚拟变量来衡量企业出口行为,发现生产率、企业的出口经验、规模和工资水平都是决定企业出口行为的因素。国内学者张杰、李勇和刘志彪(2009)利用企业处于出口与非出口的状态设立虚拟变量,并根据企业进入、退出出口企业的动态过程,以及定义存在初次出口行为的企业分析得到,出口企业在多项企业特征性指标上都没有强于非出口企业，且验证了企业的出口学习效应在3年后逐步消失。

采用多种方法组合进行衡量的文献有：Clerides, Lach and Tybout (1998) 在研究哥伦比亚、墨西哥和摩洛哥三国的出口企业中，使用企业进入、退出出口市场的平均概率，出口企业数量，以及出口强度来衡量企业的出口行为。Eaton, Kortum and Kramarz (2004) 采用出口企业的数量和出口量占总产出的比重来衡量企业出口行为。Bernard and Jensen (2004) 在研究美国出口繁荣原因的时候，采用了企业是否为出口的状态，来区分是否为出口企业，并且辅助以企业的进入、退出机制来衡量持续出口的企业。在本书中将企业出口额占销售总额的比重定义为企业的出口比重，根据出口比重的不同变化范围将企业分为六组进行比较分析，具体分组方式将在第五章中详细说明。

二、企业生产率的概念界定及其测度方法

实证研究的下一步是对生产率的测算，生产率通常情况下被解释为无法由要素投入进行解释的"剩余"，其通常被称为全要素生产率 (Total Factor Productivity, TFP)，主要指的是企业生产活动在相应时间内的效率。具体来说，全要素生产率是对生产各要素的投入与产出的反映。除此之外，全要素生产率在许多研究中也被用来反映生产技术能力等，但这并不全面，全要素生产率不仅反映企业的生产技术水平，还能够反映企业的技术水平、管理手段、制度环境等方面的内容。因此，用全要素生产率来反映企业的生产率水平。

对 TFP 数值进行估值计算，通常是基于生产函数的基础之上的。从企业的投入产出关系来看，总有部分产出不能由投入要素进行解释，这就形成了"剩余"。从传统观念来看，TFP 通常被定义为要素投入外的"剩余"生产率水平，还可被看作为生产技术水平、制度完善等方面的提升所做出的贡献。由于早期数据以及理论局限性，TFP 的估计往往在宏观数据基础上进行。随着企业层面统计数据的不断增多，使

得基于微观层面的 TFP 估计成为可能。

对 TFP 进行计算主要从生产函数入手,由于生产函数估计的差异性,使得 TFP 的计算方法种类较多。Del Gatto et al. (2008) 对全要素生产率进行了几个维度的划分,在此基础上对生产率水平或增长率进行相关计算。可将 TFP 的各种计算方法划分为前沿法与非前沿法两种类型,见表 1.1。

表 1.1 全要素生产率估计方法分类

	确定性方法	计量方法	
		参数法	半参数法
前沿分析法	DEA（数据包络分析）FDH（方法）	随机前沿分析（宏观—微观）	—
非前沿分析法	增长核算法（宏观）	增长率回归法（宏观）	代理变量法（微观）

资料来源:Del Gatto et al., 2008, Figure 1.

根据表 1.1 知,计量方法的运用区别为宏观及微观两种不同维度。对于宏观来说,主要是计算一个国家、地区或产业生产率水平的总量,微观则主要是以企业为主体进行测算。但需要注意的是,宏观的计算并不是数个微观生产率水平的简单加总。[①] 在计算过程中,需要具体问题具体分析,根据宏观及微观的具体情况,选择适合的计算方法。虽然有一部分计算方法可以同时适用于这两种类型,但不可否认的是,不同方法背后的经济理论是截然不同的。最早对于 TFP 的计算方法主要基于国家层面或产业层面,这种宏观视角下的计算方法可称为总量方法,总量方法的理论基础来源于索罗增长理论,主要分析 TFP 对国家经济增长的贡献程度,用以说明各国之间的差异水平。对于适用于微观视角的

[①] 对于资本和劳动等生产要素而言,宏观数据是微观数据的加总,例如,一国的劳动力总量是地区或者行业的汇总,而地区或行业的劳动力又是属于该地区或行业的企业从业人员的加总。

方法，主要从企业自身的生产决策能力入手，与宏观分析方法相比，微观分析方法中企业发展水平具有可知性与可预测性，这就使得企业可根据自身情况选取适合的投入要素。这就是增长核算法、参数回归法等宏观研究方法不能够使用微观研究的原因之一。由此可知，在对企业 TFP 进行计算时，需要选取适当的研究方法，从而获取有效的数据。

在对生产函数进行计算的过程中，容易出现样本的选择性偏差。生产函数的样本选择性偏差主要是由生产率冲击与在市场竞争中退出概率间的相互关系所决定的。通常情况下，企业的资本实力较强，资本存量较大，在面临市场冲击时不会选择退出市场，即这些资本存量较大的企业往往会选择留在市场之中，而一些资本存量较小的企业在面临低效率冲击的过程中往往会选择退出市场。这也说明，企业资本存量与退出市场间的概率呈反向关系。这一原因导致资本项的系数容易出现估值较低的偏差。基于上述问题，为了提高估计的准确性，专家学者提出了以下几种修正方法。

针对同时性偏差的修正方法有：固定效应估计技术、Olley and Pakes 法、Levinsohn and Petrin 方法和 GMM 法。固定效应估计技术指影响企业决策的全要素生产率在一定时期内保持不变且具有企业异质性，在面板数据中，常使用此种方法进行估计。即通过个体虚拟变量的引入解决残差带来的内生性问题，从而获取生产函数的无偏估计。

但固定效应估计技术方法也存在相应的缺陷：①采用固定效应估计方法的过程中只考虑了个体的变化而忽略了时间因素，且在此过程中许多信息并没有得到充分利用，这将无法实现评估参数识别的最大化。②此方法对数据类型有着一定的要求，只有面板型数据才可运用此方法进行最小二乘估计。③此方法对于残差跨时不变的假设过于苛刻，无法找到合适的论据支撑，科学性以及实践性有待进一步探讨。

Olley and Pakes（1996）基于固定效应技术分析法现存的问题，研究了一致半参数估值法，基于企业当期投资作为生产率冲击的代理变量，假定企业根据自身生产率情况做出相应的投资决策，解决同时性偏差问题。

Olley and Pakes（1996）的一致半参数估值法解决了企业生产函数的估计问题。这种方法主要基于投资与产出保持单调关系的假设，但投资额度为零的样本并不在估值范围之内，这种假设将会导致许多样本企业无法参与估计。Levinsohn and Petrin（2003）在此基础上进行了分析研究，提出了一种新的估计方法。运用中间产品投入指标作为代理变量，从数据的搜集与获取来看，中间产品投入指标在获取过程中也较为容易。此外，这一方法还提出几种对于代理变量的检验方法，通过这些方法可以扩大代理变量的选择范围。

Olley and Pakes 法和 Levinsohn and Petrin 法都属于半参数的生产函数估计方法，除此之外诸如 Blundell and Bond（1998）的广义矩估计法也可用于生产函数的估值。该方法可以有效解决同时性偏差以及内生性问题，通过引入工具变量解决相应问题，在对生产函数进行估计的过程中，选用被解释变量的滞后项则不会受到当期企业技术因素等方面的冲击。

另外，在对样本进行数据估值的过程中，经常会遇到样本缺失的情况。如果是由随机因素造成的，对样本估值的稳定性不会造成太大的影响；但倘若是由非随机因素造成的，则将对样本估值造成影响，使得样本估值有偏差。为解决选择性偏差可选择平衡样本进行估值，但同时也会产生新的问题，即随着企业经营能力的不断提升，企业资本存量不断加大，企业在面对生产率冲击时往往会面临更小的风险；反之，那些资本存量较小，生产经营能力并不完善的企业将会退出市场，这就使得资本与残差项呈现负相关，造成结果偏差。

Olley and Pakes（1996）在研究中提出构建多项式来获取无偏差的估值，其中包括资本存量及投资数额等内容，随后可以生存概率对企业的进入、退出进行估计，减少样本选择性偏差。

按照行业的发展状况来看，相对于其他行业而言，我国的工业增速处于领先位置，在 1992—2007 年间，年均增速在 12.6 个百分点。在这种背景下，劳动力增长、投资规模的扩大以及各种生产要素生产率的变化对我国工业增长所发挥多大程度的影响，是对现阶段中国工业绩效研究过程中的重点问题（谢千里等，2008）。现阶段，关于中国工业生产中所需要的各项要素生产率的估算大多是基于宏观的视角而言的。第一类是着眼于经济增长方面，对中国整体 TFP 状况与变化发展历程展开深入分析（舒元，1993；王小鲁，2000；张军，2002；郭庆旺和贾俊雪，2005；等），此外，随着社会的不断发展，经济发展过程中对能源的需求越来越大，对环境的影响更加明显，颜鹏飞（2007）等人通过构建 DEA 模型，并结合工业生产的各方面展开研究与修正。第二类关于总量研究，只是基于某个方面展开分析。彭国华（2007）基于人力资本结构在地区全要素生产率发挥的作用中展开了研究。李培（2007）通过建立 DEA 模型，对中国城市的效率与差异展开深入分析。第三类总量研究，大多是基于产业的视角进行的，结合产业相关的数据对我国每个产业的 TFP 发展趋势进行预测。肖耿（2005）等人选择我国1995—2002 年间 37 个工业行业中增长的数据信息，并结合增长核算法预测了全要素生产率的变化前景。Selin Ozyurt（2009）借助于优化后的 Cobb – Douglas 模型，并采用 1952—2005 年工业企业生产率情况对未来进行了预测。

通过查阅文献发现，关于企业 TFP 变化状况的研究并不多，相关的文献也很少。谢千里等（2008）选择 1998—2005 年间规模较大的工业企业中产生的实际经营数据信息，采用参数方法对中国企业层的 TFP 发展状况进行了核算统计。张杰等（2008）选择江苏省本土制造企业的微观数据信息，结合生产函数法估测了企业的 TFP 发展状况。张杰等（2009）选择了我国国企以及大型非国有企业在 1999—2003 年间的工业数据信息，通过对这些数据的统计，并结合非参数 OP 法对企业的 TFP 水平进行了测算。Yu（2010）也选择了类似的数据并采用非参数 OP 法对企业 TFP 水平进行了测算，并致力于企业生产率对出口影响的研究，关于具体的 TFP 测算结论并未做出具体介绍。在整理相关文献后得出，如今，随着各方面技术的成熟与应用，企业获得各方面数据更加全面、轻松，中国的全要素生产率的研究也开始由以往的宏观逐渐向微观层面转移。然而现阶段的研究，采用半参数以及矩方法展开系统的研究仍处于空白状态，多种估算方法相结合展开横向比较研究的更是少数。为填补研究领域采用传统生产函数法对企业层 TFP 发展中的问题进行估算的不足，通过研究给出了多方面的优化策略，同时选择 1999—2007 年间全部国有企业以及大型非国有企业的工业企业统计数据为基础数据，对企业全要素生产率状况展开了估算。

三、融资约束的界定及测度

在融资约束的含义界定问题上，Modigliani and Miller（1958）提出了经典的财务理论，指出理想的金融市场中，企业所做的投资一般只会考虑企业的投资需求，不会考虑公司的财务情况。而事实上，真正意义上的理想金融市场是不存在的，在现实的资本市场条件下，企业的融资决策对其投资决策具有重要的影响关系。企业的融资方式可以是内部融资，也可以是外部融资，前者主要来自企业的自有资金和产品销售带来的资金积累，后者主要来自企业的直接和间接融资资金。直接融资是指企业进行的首次上市募集资金（IPO）、配股和增发等股权融资活动，所以也称为股权融资；间接融资是指企业资金来自银行、非银行金融机构的贷款等债权融资活动，所以也称为债务融资。尽管有很多的融资渠道，但在现实的取得资金的过程中会遇到很多问题，这些问题即为融资约束。

依据 Kaplan and Zingales（1997）给出的定义可以得知，融资约束出现的原因，可能是内外融资成本之间的差距，即内部融资成本小于外部成本。有学者强调，之所以会出现融资约束，主要是因为外部融资缺失致使企业得不到充分的支持资金（Carreira and Silva，2011）。而在我国，融资约束则主要集中于外部融资的约束。中国的金融市场正处于发展中，企业缺少多元化和畅通的融资通道，同时我国正处于经济转型期，除了要面对外部资金短缺的困难，更需要面对信贷配给的难题，造成中小型企业和民营企业面临较大的融资约束问题。

国内外均已有详尽的研究来测算企业融资约束标准，目前关于测算融资约束的文章大体分为下面三个层次：一是宏观层面上的，强调一个国家或地区的金融发展水平与融资约束呈反比，因此，可以通过私人企业贷款与 GDP 的比值等金融发展指数来衡量融资约束程度；二是从中观层面，多用于与贸易相关的理论文献中，一个国家或地区的金融发展水平越高，对外部融资的依赖性就越高，那所受到的融资约束就越大；三是微观上的，在进行融资约束程度的测量时，依据的是企业对现金流的投资敏感度，因此需要运用的财务指标也比较多。目前很多国家的研究中所运用的数据都来自上市企业，也有些国家的信息是通过问卷调查获取的，这两种方式均不可避免地存在局限性，下面将从微观层面对现有测算方法进行总结。

Fazzari, Hubbard and Petersen (1988) 最早提出投资对现金流的敏感度能够反映企业所受到的外部融资约束情况，为对融资约束的存在进行检验，Fazzari、Hubbard and Petersen (FHP) 首次将融资约束、企业现金投资间的关系进行了研究，发现由于企业受融资约束越大，投资—现金流的敏感度就越高，而后 Fazzari and Petersen (1993) 分别对此进行了实证。

定量测度融资约束的思想源于 Kaplan and Zingales (1997)，他们认为投资对现金流敏感度与企业的外部融资状况并非简单的线性关系，并根据企业报告的融资难易程度，对融资的约束程度进行划分，指出 KZ 指数所刻画的融资约束与企业特征变量间的关系，据此判断企业的相对融资约束程度。Kaplan 和 Zingales 以 Fazzari, Hubbard 和 Petersen 的研究为基础，建立了 KZ 指数，对投资—现金流敏感度与融资约束之间的关系进行了验证，发现企业所受的融资约束越少，其敏感度越高，并分不同时期、不同年份对该结论进行了验证，得出了相同的结论。根据这一研究结果，敏感度的高低并不能证明企业所面临的融资约束的高低，即投资现金流的敏感度与融资约束之间并没有必然的联系。Cleary（1999）对 KZ 的研究样本进行了补充，从某种程度上对 KZ 的观点进行了支持。

  Whited and Wu（2006）则通过结构化的方法提出了 WW 指数，并认为这一指标比 KZ 指数更能刻画企业的融资约束状况。上述指数因包含了具有内生性的金融变量而均存在弱点，如：现金流、杠杆率等决定融资约束的变量。

  此外，还有研究采用代理变量企业规模、信用评级指数等对融资约束进行测度。Czarnitzki（2006）通过信用评级指数，对企业的外部融资约束进行了衡量，得出信用评级指数的高低与获取外部融资的能力成正比的结论。在对我国各企业进行研究时，Cull, Xu and Zhu（2009）将利息支出在销售收入中的占比作为企业获取外部融资或银行贷款能力的衡量标准，利息收入越高，企业获取贷款的能力就越高，对于企业缓解自身的融资约束也越有利。Li（2009）也对利息支出进行了证实，并将其作为获取外部融资的代理变量进行实证检验。Sufi（2009）也认为相比传统的运用投资现金敏感性的衡量方式，企业获得银行贷款能力更适用于测量企业的外部融资约束。Rahaman（2011）在对企业外部融资约束进行衡量时，将其获得银行信贷能力作为衡量标准，主要包括：银行给予企业的透支金额、短期贷款金额以及负债的比重等。也有些研究运用企业前期所获得的利润作为代理变量。Banerjee（2004）也强调企业对贷款的反应是企业是否受融资约束的判断依据，并认为无论企业是否受约束，都期望获得直接融资，因为这些资金可以被受约束的企业用于生产再扩大，被不受约束的企业用于扩大融资途径。通过分析印度企业，并未发现直接信贷被其信贷方式替代的现象，反之，很多直接信贷都用于生产的再扩大，但是由于不断加速的利润和销售增长率，企业所面临的信贷约束更大。

  除此以外，在很多分析创新决策的理论中，往往将融资约束的代理变量聚焦于企业规模。投资创新需要投入大量的资金，且这些资金往往会成为沉没成本，而大企业可以通过产品的销售与外部投资者的投入来分摊这些成本，且更易获得融资机会。Cohen and Klepper（1996）将企业规模作为简单衡量融资约束的变量，并通过研究证实企业的规模越大，获得外部融资的可能越大。通过此前的研究可以发现，融资约束仅仅存在于一定规模的企业中。Passet and Du Tertre（2005）指出融资约束可能只存在于某些类型的企业中，认为法国企业的研发主要集中于大型企业和小企业中，大型企业尤其是军事性、国防性及与欧盟等国有合作的企业更容易获得政府的支持。而小企业只有在项目成功后才需支付获得的补贴贷款。创新型企业也可以享受一定的政策支持和政策优惠，相比之下，中型企业可能会比较吃亏。为对不同企业进行融资约束的检验，将企业规模划分为以下三类：员工人数不高于100人的为小企业，而员工人数100人以上500人以下的为中型企业，500人以上的则属于大型企业。研究发现企业的规模与其所面临的融资约束成反比，而中型企业所面临的融资问题则并不严重。Hadlock and Pierce（2010）依照KZ指数对企业财务报告进行了融资约束类型的研究，选取企业的规模和年龄不随时间有明显变化，且具有很强外生性，从而避免内生性的干扰。

融资约束的判断通常是以所用数据的特征为依据，将这些特点划分为两类：一类是直接判断法，运用企业调查和研究数据，企业依据自身的融资状况主观判断融资约束的高低；另一类是间接判断法，运用统计的财务数据，通过对现金流的敏感度等方式来衡量融资约束。以上两种方法各有千秋，直接判断的优势在于更加直接，但主观性较强；间接判断的优势在于相对客观公正，不过因为数据本身是通过估算得到的，所以估计方式不同所产生的结论也会有所不同。

四、企业家才能的界定及测度

Schumpeter 和 Knight 最早在经济学领域展开对企业家才能的研究。研究企业家才能首先需要对企业家做出解释，作为研究企业家才能的代表人物 Schumpeter（1912）将"企业家"定义为"创新的人"，这种包含了产品、技术、生产组织等范围的创新能打破均衡的现有市场，带来更多盈利机会，扩大市场规模，并由于企业家才能中对套利机会的敏感性，而使得企业家抓住盈利机会得以"矫正"市场，将市场再次带回均衡状态。Knight（1921）认为企业家是一个承担了预见未来、做出决策、承担风险和监督他人等多种职能的综合角色，企业家才能即为企业家在生产活动中表现出的冒险性、决策的果断性、风险的承担性以及激励他人的特质。

对于企业家才能的准确定义至今仍在争论中，Wennekers and Thurik（1999）对前人给出的定义进行了全面的总结。在衡量企业家才能方面，比较传统的衡量方法主要有以下两种：

第一种是将企业家才能定义为企业家的自雇佣行为（Hebert and Link, 1988），这一观点更强调就业与自雇佣之间的区别。但自雇佣的并非一定是企业家，有部分劳动者因为没有就业机会，不得不选择自雇佣，这一部分的劳动者并不具有冒险精神，如果遇到较好的就业机会就会选择就业（Earle and Sakova, 2000）。Hurst et al.（2010）也指出自雇佣的企业家中有很大一部分并不愿意进行创新活动。Faggio and Silva（2014）经过更细致的研究后发现，自雇佣率在城市地区与初创企业数量、企业创新数量的相关度非常高，但在乡村地区相关度并不明显，这同样可以解释为很多自雇佣者因为无法就业才选择自雇佣。

第二种是采用新开设企业数量与市场中存在的总企业数量之比。企业家才能被理解为企业家在"创造性的破坏"中改变竞争的规则（Schumpter, 1934）和企业家在除现有资源外追求更高利润的能力（Stevenson and Jarillo, 1990）。因此，行为观更强调企业家的创新能力和冒险精神（Knight, 1921; Kirzner, 1973），基于此企业家才能通常表现为新企业的建立（Gartner, 1989）。这一方式也存在相似的问题，很多新企业很少或几乎没有创新（Baumol, 2011）。

Henrekson and Sanandaji（2014）认为基于自雇佣率和小企业指标的

研究均不可靠，因为更高的收入、更高的信任程度、更低的税率、更多的风投、更低的监管壁垒等都可能是导致企业家才能与这些指标发生分歧的原因，他们提出用福布斯统计的"自力更生的百万富翁"（selfmade billionaire）来反映企业家才能，但这一指标在中国可能并不适用，看起来很多富翁似乎都是白手起家，但细追究之下却又未必，并且这一数据严重依赖于福布斯和胡润等富豪榜统计的准确性。总结以上所有衡量企业家才能的指标，Glaeser, Kerr and Ponzetto (2010) 将企业家才能的指标分为五类：自雇佣率、小企业数量、企业所有制、进入退出和企业创新，该分类方法得到了大多数学者的认同，本书也采用该分类方法。

第三节 研究框架与研究方法

一、研究框架

经典的贸易理论阐述了一套堪称完美的机制，即出口可以使企业扩大市场、增加利润并提高生产率。但出口是有进入壁垒的，只有在国内市场足够有竞争力且较少存在融资约束的企业才能支付额外的成本并出口。中国企业出口行为呈现一种有别于 Melitz 所描述的经典贸易模型所给予的机制：一方面，中国企业出口的进入门槛并不高，选择出口的企业以贴牌和代理出口为主，并不需要支付高成本便可实现出口，因而出口并不需要企业有很高的融资能力来支撑；另一方面通过选择出口缓解了国内应收账款多、融资难和融资贵的约束；但这种出口贸易方式使企业丧失了直接与市场打交道的机会，企业逐步沦落为车间意义上的没有企业家才能的企业，会伤害企业的创新和全要素生产率的提高机制，企业要认真权衡融资约束与生产率之间的关系。各章节的具体内容安排见图1.2。

```
                    ┌─────────────────┐
                    │  导论（第一章） │
                    └────────┬────────┘
                             ↓
                    ┌─────────────────┐
                    │ 文献综述（第二章）│
                    └────────┬────────┘
                             ↓
```

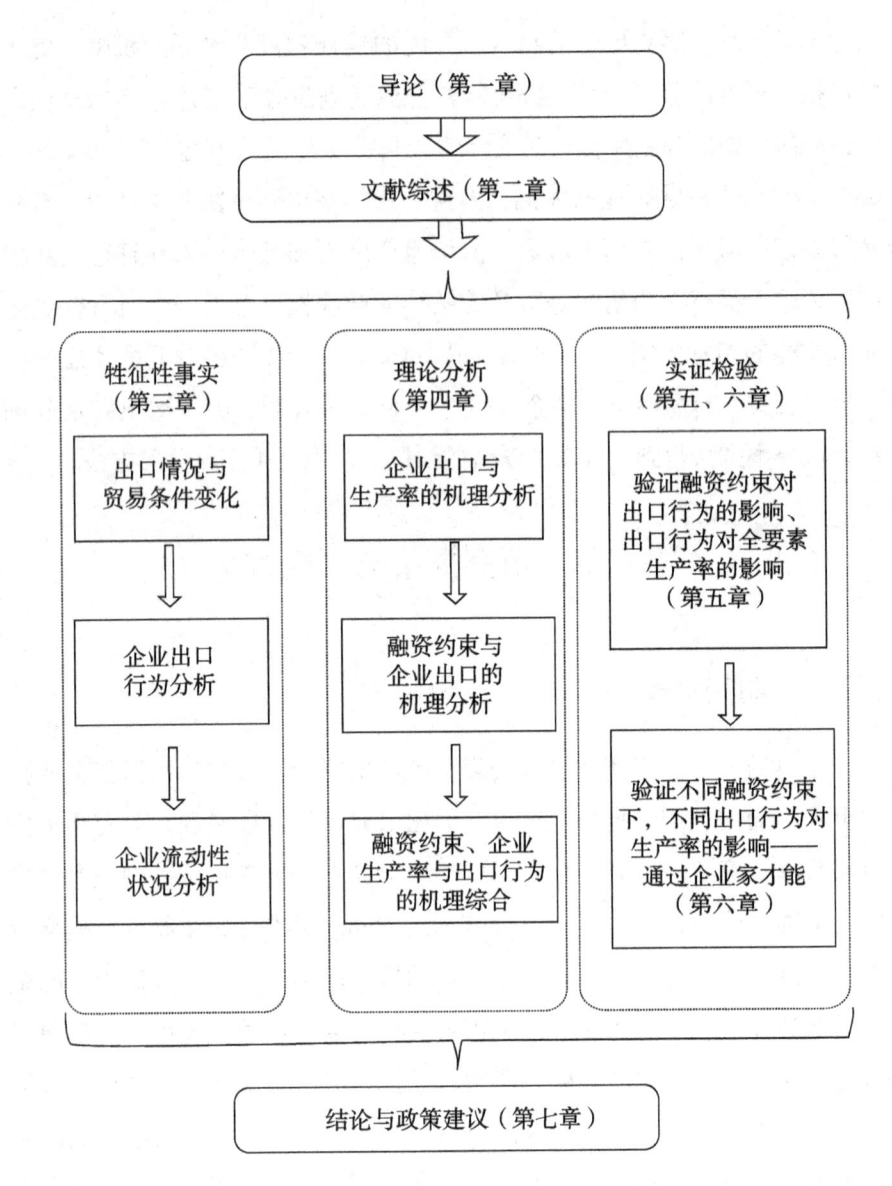

性征性事实	理论分析	实证检验
（第三章）	（第四章）	（第五、六章）
出口情况与贸易条件变化	企业出口与生产率的机理分析	验证融资约束对出口行为的影响、出口行为对全要素生产率的影响（第五章）
↓	↓	↓
企业出口行为分析	融资约束与企业出口的机理分析	验证不同融资约束下，不同出口行为对生产率的影响——通过企业家才能（第六章）
↓	↓	
企业流动性状况分析	融资约束、企业生产率与出口行为的机理综合	

```
                    ┌──────────────────────┐
                    │ 结论与政策建议（第七章）│
                    └──────────────────────┘
```

图 1.2　研究内容与结构安排

　　本书突出了四个方面的研究成果：一是解释了中国企业缺乏"出口学习效应"的原因及机制，主要是由于企业在出口过程中大多选择了包销或代理的手段，这种手段限制了我国企业的出口学习能力及创新能力，并解开了"出口企业生产率之谜"的原因。二是分析了中国企

第一章 导 论

业"出口学习效应"低下的深层次原因,指出我国的融资约束在很大程度上限制了企业的出口创新及学习能力。三是通过分析企业出口比重调整来研究出口企业融资约束与 TFP 间的关系。四是继续探讨在融资约束条件下,以代理为主的中国企业出口贸易对企业家才能、创新等要素的负面效应。

具体来说,经典的贸易理论将企业出口行为看成在国内销售基础上的一种市场拓展:首先,企业实现出口的必要条件是具有足够高的生产率得以支付额外的出口进入成本;其次,通过规模效应实现出口的企业会赚取更高的利润。在考虑融资约束对异质性企业出口的影响后,得出结论:出口企业相比非出口企业面临更强的融资约束,因此选择出口的企业往往具有更高融资能力。

本书从讨论中国企业的出口实际出发,分析中国企业出口对经济增长的促进作用,并通过分析出口产品结构的变化说明中国出口贸易的特殊性。与发达国家的出口不同,处于发展中的中国在出口过程中存在大量的加工贸易或与外商直接投资有密切关系的出口。以此提出另一种描述中国企业出口行为的机制和逻辑,并对各类企业的生产率与融资约束进行以下几点比较和分析:

第一,一方面,低效率的企业通过包销、代理等出口中介,免除了进入出口市场所需的额外成本,因此较低的出口金融门槛可能是导致"自我选择效应"失效的原因;另一方面,企业通过出口提高了资金的使用效率,改善了融资状况,但却伤害了企业的创新、学习能力,对企业家才能具有"挤出"效应,牺牲了企业的生产率。因此,研究的重点在于分析出口企业,通过出口比重的边际调整来协调控制企业生产率与融资约束之间的得失,并进一步分析不同融资约束的企业,通过对出口比重的调整影响企业家才能并对企业生产率发生作用。

第二,根据中国实际情况考虑企业的两种出口行为——加工贸易与一般贸易,在 Melitz(2003)经典理论和 Chaney(2016)引入流动约束的基础上构建理论模型分析两种出口行为,得到较强融资约束是企业选择出口的原因，不同生产率企业选择不同出口方式以缓解自身所受融资约束。

随后运用相关的数据对中国出口企业生产率与融资约束的动态关系进行检验，为本书基于中国企业出口行为提出的机制与逻辑所得出的结论提供可靠的经验证据。首先，我们根据企业出口比重的变化将出口企业进行分类，分析各类企业的生产率及融资约束特征。其次，采用倾向得分匹配方法（PSM）将不同类型的企业进行匹配，分析得到匹配特征与理论模型的预测相一致。最后，对匹配后的企业进行回归，并采用 Heckman 两阶段模型修正"选择性样本"问题，检验出口比重转变对企业生产率的影响。

进一步探讨企业"出口学习效应"失效的原因，并实证检验较强融资约束的企业在选择以代理为主的出口贸易后，对企业家才能、创新等要素的"挤出"具有明显的作用，长期伤害了企业的核心竞争力和发展机制。图 1.3 描述了三方面之间的相互关系。

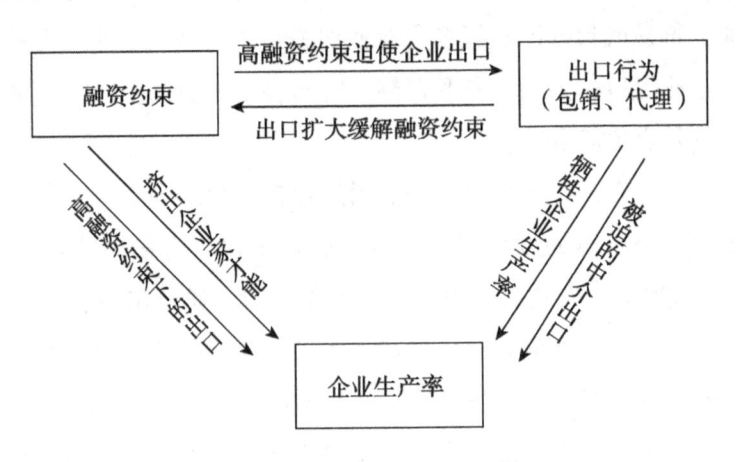

图 1.3　研究内容的相互关系

企业所受融资约束是导致企业提高出口比重的重要因素，且出口比重提高有助于企业缓解融资约束，但中国企业的"出口学习效应"不如发达国家那般显著。因此，出口企业融资约束与生产率之间的关系主要通过出口比重的边际调整进行协调控制。为扭转这一局面，应当继续推动从根本上转变出口贸易增长方式,通过品牌、研发、管理、营销网络等高端价值链和优质要素的出口,来获得国际竞争力,提高出口附加值和效率。同时培育一批具有竞争力的跨国公司,走出一条通往开放、要素国际化带动产业转型升级的发展路子。

二、研究方法

本书采用理论分析和经验研究相结合的分析方法,在国外对于融资约束与企业出口间的研究基础上,为了说明融资约束对企业出口的影响,使用经济学的规范分析法通过对 Melitz(2003)模型、Chaney(2016)模型以及 Manova and Yu(2016)模型进行切合本书思路的改造、整合及推导,将融资约束对企业改变出口模式的经济现实机理化,理清了融资约束与企业出口比重之间的一些理论问题,并得出了一些重要的结论。

在理论研究基础上,本书通过实证研究对融资约束、企业生产率与出口之间的影响加以验证,从而判定理论研究的准确性。由此可知,通过理论与实践的相互结合能够有效地验证本次研究理论的真实性及有效性。在经验研究中,本书采用倾向得分匹配法(PSM)、Heckman 两阶段模型估计方法等多种分析方法,充实了本书的研究方法,使文章对融资约束、企业出口与生产率之间的研究更深入更准确。

在本书的数据处理中,用 Olley-Pakes 方法估计企业的全要素生产率,并采用多种融资约束测量方法。本书拟通过引入中国现实的情景来检验融资约束下企业出口的相关理论,这一研究过程需要综合考虑各个方面的数据要素,其中包括地区及产业方面的不同数据要素。同时,还需要从微观与宏观、横向与纵向等不同的角度分析观察区域间的经济发展情况。

第二章 融资约束、企业生产率与企业出口的相关文献综述

近年来,国际贸易研究的一个热点包含了融资约束与异质性等概念,从融资约束与企业异质性引出了若干个研究新视野。其中从异质性引出与企业出口相关的一个重要论题。这个论题由 Bernard 和 Jensen (1999)、Melitz (2003) 提出,迄今为止的大多数研究得出了"生产率—出口"假说的结论,即高生产率企业更倾向于出口。该理论认为,企业进入国外市场需要支付更高的沉没成本,只有具备某种特定竞争优势(比如规模经济、技术创新能力)的企业才会选择在国际市场上销售产品,这意味着高的企业出口倾向与高的企业素质是密切相关的。那么在中国,高速增长的出口势头是否也意味着中国的出口企业与其他企业相比有着某些特定的竞争优势,比如高的生产率或者技术创新能力?

改革开放四十年以来,中国出口贸易额一直保持较高的增长势态。在中国,参与出口的企业也越来越多,但是在这些企业中,并非全都是生产率较高的企业。在本世纪初期,中国本土企业竞相以代工或贴牌(OEM)方式,即加工贸易方式,参与到主要由发达国家的国际大卖家或跨国公司主导与控制的全球价值链分工体系中,承担低技术、低附加值、劳动密集型的低端生产制造与组装等环节(张杰等,2008)。由于中国出口所处的全球价值链位置较低,许多企业和行业的核心技术长期受制于人,缺乏自主品牌,利润微薄(毛蕴诗等,2008)。且由于受到人民币升值和成本上升等影响,部分传统产业如玩具、纺织品行业的利润率已不到3%,大大低于全国工业企业平均利润水平,虽然出口企业依赖于"国际代工"所带来的出口扩张在近些年提出的"高质量"出

口要求中有所改变，但是大量企业仍然滞留在国外市场而不愿由出口转内销。

有悖于新新贸易理论，学术界针对中国企业这种强烈出口倾向的原因进行了广泛的研究。学者们分别从市场分割、制度扭曲、出口退税机制等方面进行了阐述（朱希伟、金祥荣、罗德明等，2005；张杰、刘志彪，2008；王孝松、谢申祥，2010）。他们认为，在中国经济体制转型的背景下，企业产生这种"舍近求远"反常现象的重要原因之一可能是制度造成的国内生产成本上升。

融资约束是发展中国家企业面临的普遍问题，中国企业面临的金融市场环境从一定程度上影响了企业对国内外市场的选择。现实的金融制度环境是中国的金融机构向国有企业提供"廉价"资金，并为国有企业提供改革服务。金融体系中的许多问题，比如利率管制和信贷管制、高度集中的银行结构、资本市场等都源于金融体系承担着由于国有企业问题所带来的政策性负担（林毅夫、李志赟，2005）。金融机构对不同所有制企业的信贷政策存在不同的偏好，与国有企业相比，民营企业无论是债务融资，还是权益融资方面都受到更多的体制性歧视。世界银行投资环境调查数据表明：在 80 个样本国家中，中国是受融资约束最大的国家之一，有 80% 的民营企业认为融资约束是企业投资扩张的主要障碍之一（Claessens and Tzioumis, 2006）。

金融发展水平不高，金融抑制和信贷歧视作为中国现实市场环境中面临的问题，严重阻碍中小企业的成长，因此多数企业表现出强烈的出口偏好。如果出口能够有效地缓解企业的融资约束，那么就可以接受存在于国内企业中的一些有悖于新新贸易理论的现象。从理论的角度出发，出口对于企业融资有一定的促进作用。首先，出口企业面对更多元化的销售市场，可以减轻国内市场的需求冲击；同时国内市场的周期性波动对其影响降低，使得企业内部的现金流更为稳定。其次，由于金融市场存在严重的信息不对称，企业融资颇为困难，而企业是否具有效率和竞争力可以用出口行为来衡量，出口行为有利于企业从外部获得融资，降低不完全金融市场中信息不对称对企业所造成的影响。此外，大多数国家的政府和银行给出口企业提供多种贸易融资工具和较高的授信额度，这使得企业融资更为容易，并能够有效地缓解企业资金压力。

从国际贸易的理论发展过程及研究情况来看，专家学者主要依据不同时期所形成的国际贸易形势，造就了不同的理论研究。企业在经济发展中占据了主体地位，从国家贸易的发展方式来看，各国之间的贸易主要依靠的是企业出口。由此可知，对于企业出口的研究能够更为有效地揭示国际贸易的形成机理。Melitz（2003）从异质性企业的生产率入手对企业出口进行研究，认为决定企业出口的一个重要因素在于企业的生产率。他还从微观企业层面研究贸易理论，打破了原有的传统观念，因此关于异质性企业出口的理论研究也被称为"新新贸易理论"（Baldwin，2005）。

各个国家之间贸易的往来离不开企业的出口，由此对于企业出口的研究能够有效地揭示国家贸易的理论机制。专家学者在早期就已经认识到在同一国家中，部分企业会选择将产品出口，而另一部分企业则仅选择国内市场。通过对这一现象的研究，发现通常选择将产品出口的企业生产经营状况普遍具有优势，这些企业生产率高，具备产品竞争优势。由此专家学者开始更多地关注企业自身生产率对企业出口的影响，并试图实证验证这一理论。Bernard and Jensen（1995）通过对美国出口企业在1970—1987年的出口数据进行检验，发现只有达到了较高生产率的企业才会进行出口。Aw et al.（2000）运用韩国以及中国台湾的数据进行检验，认为企业的出口行为很大程度上受到生产率高低的决定。

企业的出口在很大程度上受到生产率的决定，但这一理论的内在机制如何？在研究中发现企业在出口过程中需要支付相应的沉没成本，对于生产能力较差、生产率水平较低的企业来说，缺乏支付沉没成本的能力，这使得企业在出口贸易中无法获得相应的利润。Das，Roberts and Tybout（2001）认为进入出口市场所支付的沉没成本是影响企业出口决策的重要因素。

第二章 融资约束、企业生产率与企业出口的相关文献综述

随着 Melitz（2003）异质性企业模型的提出，Helpman et al.（2004）将外商直接投资与企业的出口进行分析比对，结果显示生产率处于最高水平的企业往往会选择对外投资获取最大的利润与市场；生产率水平处于中上等的企业会选择企业产品的出口，争取扩大市场份额，提升市场占有率；生产率水平一般或较差的企业，往往选择将产品面向国内市场，而生产率最低的企业面临着被淘汰的风险。Helpman 的研究综合运用了多个国家地区的数据进行对比，将外商直接投资与企业出口相结合是 Melitz 异质性企业模型的拓展。

Melitz（2003）异质性企业模型的提出建立在前人实证研究的基础之上。在此模型剔除之后，更多的专家学者开始对企业出口与企业生产率之间的关系进行论证。Bernard and Jensen（2004）在对美国企业出口数据进行分析研究后指出，生产率较高的企业，往往会主动选择企业出口，并且这种情况下的企业出口能够为企业带来生产率水平的进一步提升。Arnold and Hussinger（2005）对德国的数据进行了分析研究，认为企业出口是一个自我选择的过程，生产率较高的企业选择出口的概率较高。Aw et al.（2007）针对中国台湾地区的数据进行了分析并指出出口企业的生产率要远高于其他企业，且出口企业的员工技能培训及科研工作投入力度较大。这些实证研究支撑了异质性企业理论的结论，本章将从异质性企业角度出发总结企业出口、生产率、融资约束及企业家才能等几方面的文献，为后文的分析提供理论依据。

第一节 企业出口与企业生产率研究

对企业出口与企业生产率间的关系研究一直是国内外专家学者关注的核心，研究中对于出口企业的"自我选择效应"和"出口学习效应"已有了广泛的理论与经验分析。

一、企业出口与企业生产率：自我选择效应

Clerides et al.（1998）最早提出了"自我选择效应"（Self-selection Effect）这一概念。企业的"自我选择效应"主要是由于出口市场存在诸多的贸易进入壁垒，包括市场宣传、营销渠道建立、运输成本等。企业在出口过程中必然会支付相应的沉没成本，只有企业的出口量大，生产率水平较高，赚取的利润较多，才能够在维持盈利的情况下支付沉没成本。而另一部分企业则可能因为无法支付相应的沉没成本而退出市场，这类企业的生产率水平往往较低。总的来说，只有生产率水平较高的企业才会选择产品出口。Clerides 通过研究论证了生产率与企业出口之间的关系。研究中还发现，企业的出口并不能够显著地提升企业的生产率。Bernard and Wagner（2001）在研究中建立了动态企业出口决策模型，认为企业的出口决策受到企业生产率的影响，企业生产率与出口呈现出正相关。Melitz（2003）基于以往的研究提出了新新贸易理论，认为企业在出口过程中需要支付相应的沉没成本，这一成本主要包括企业的市场宣传费用、营销渠道建立费用、运输费用并承担国际市场上的交易风险等，这要求企业在出口过程中权衡利弊，根据自身的实际发展状况选择是否进行产品出口，最终只有生产率水平较高的企业会选择出口。这一理论得到了 Bernard et al.（2003）专家学者的支持，但同时也提出 Melitz（2003）模型的假设条件过于严格，在实际中很难满足，随后他们相继引入了不完全竞争市场、要素禀赋等多个要素进行论证，研究结果显示 Melitz 的模型仍旧成立，即企业在选择出口时，必然要支付相应的沉没成本，沉没成本的来源必然是企业的生产率以及生产能力，在此基础上企业可以根据自身的情况选择出口。

根据上述研究结论，专家学者展开了大量的经验论证，支持企业出口的"自我选择效应"。Bernard and Jenson（2004）运用微观企业数据进行了异质性理论检验。通过数据对 1984—1992 年全美范围内制造业企业的全要素生产率进行了测算，不仅验证了生产率水平高的企业选择出口，同时验证了出口行为反作用于资源配置，促进其优化。Girma，Greenaway and Kneller（2003）则对英国的企业数据进行了分析研究，结果表明跨国公司的生产率及相关的财务指标水平都相对高于出口企业。专家学者对德国企业的相关数据进行分析，结果显示生产率较高的企业往往会选择进入国际市场，但无法证明出口对德国企业的生产率有显著促进作用（Arnold and Hussinger，2005）。除此之外，也有学者分别对摩洛哥、墨西哥、哥伦比亚等国家地区的企业数据进行了分析（Clerides et al.，1998），对韩国和中国台地区的企业数据进行了分析（Aw，Chung and Roberts，2000），都得出出口企业的生产率要普遍高于非出口企业这一结论。

但从 Lu et al.（2010）对中国出口企业数据的研究开始，发现非出口企业的生产率要高于出口企业。除此之外研究结果还显示，劳动密集型产业中的非出口企业生产率较高，而资本密集型产业中的出口企业生产率较高。张杰、李勇和刘志彪（2008）首先在国内利用微观层面的实证研究，对江苏省的制造业企业数据进行了检验，结果认为国内本土企业的出口行为并不能反映企业有更高的生产率水平，出现了与异质性理论不符的结论。李春顶等（2009）专家学者通过对中国企业的数据分析研究得出，当前中国许多行业中的非出口企业的生产率要高于出口企业，这与国外专家学者提出的企业贸易模型是相对立的，为此将中国出口企业生产率的这一情况称为"生产率之谜"。

国内学者们认为中国出口企业有悖于 Melitz（2003）理论的原因在于中国的出口企业中存在大量的加工贸易。李春顶（2010）对数据样本的选取进行了调整，将样本数据中出口额与生产总值比值大于50%的样本去除后，非出口企业生产率大于出口企业的现象消失了。刘振兴、金祥荣（2011）等人发现即使出口企业的生产率高于非出口企业，但从出口强度（出口额/销售额）高于50%的企业来看，其生产率仍然低于非出口企业。范剑勇、冯猛（2013）在研究过程中，通过运用 Levinsohn and Petrin 分析方法对企业的 TFP 值进行估计，得出企业出口的 TFP 值要普遍高于非出口企业。研究结果还显示，出口密度数值处于 0~25% 的企业生产率要远高于非出口企业以及出口密度数值为 75%~100% 的企业，这一理论研究支撑了 Melitz（2003）相关结论。

戴觅、余淼杰（2011）的研究与此结论相近，他们发现出口比重在90%~100%的出口企业生产率显著低于内销企业与一般出口企业，而且他们证实出口比重在90%~100%的出口企业与海关数据库中的加工贸易企业之间很强的相关性。Dai et al.（2016）通过对2000—2005年合并企业－海关数据的分析发现，"生产率之谜"完全是由于中国大量的加工贸易企业所导致的。剔除加工贸易企业的影响就能回到出口企业生产率更高的传统结论中。

为从更深层次对中国出口企业的行为做出解释，朱希伟、金祥荣和罗德明（2005）认为中国出口企业的行为在不同于经典模型中的假设背景下产生了"悖论"，并怀疑近年来强劲扩张的出口贸易也受到了某些外生性因素的作用。通过对中国省间贸易的研究，发现省间贸易成本接近于欧盟国家之间或是美国与加拿大之间的贸易成本，远高于美国各州或加拿大各省之间的内部贸易成本（Poncet, 2003）。以此提出导致本土生产企业不在国内各省间市场销售，而是选择通过以贴牌加工或代工（OEM）的方式进行出口，是因为中国存在严重的国内市场分割，这与Melitz（2003）隐含的国内市场一体化假设不符。地方政府在中国财政分税制的体系下，有很强的动力设置外来产品流入本地市场的障碍和壁垒，以此来保护获取"租金"的本地企业。显然，生产企业必须支付进入成本才能进入那些"零碎"的地方市场，进而将其产品在全国范围内销售。这些包含了广告、推销以及疏通关系等，进入成本在加总后也不容小觑。这类观点解释了目前中国大量民营企业没有在国内市场销售其产品，反而舍近求远通过贴牌加工或代工工厂的方式将产品销往国际市场。但随着中央政府对地方保护主义改革力度的加大、对外开放的不断深入、国内国际市场的一体化进程加速，民营企业正走在逐步转型的道路上，通过"母市场效应"，从通过OEM方式转向建立企业自主品牌的出口模式。

二、企业出口与企业生产率：出口学习效应

"出口学习效应"（Learning-by-Exporting），强调在出口后企业

第二章 融资约束、企业生产率与企业出口的相关文献综述

一方面参与到国际竞争中，另一方面也享受着竞争对手溢出的技术，为本企业获取了更先进的技术和更科学的管理方式。日益激烈的市场竞争，使消费者对产品的要求越来越高，为此企业不得不提升产品技术含量，在逐步实现规模经济的同时降低生产成本，从而使得企业生产率得到提升。

如若追究其本源，该效应实际上来源于 Arrow 的"干中学"(Learning – by – Doing) 原理。Arrow 指出经验的逐步累积有助于提升技术水平，而日常工作不断解决各种问题的能力是形成经验的关键。从出口商的角度来看，想在国际市场竞争中生存下来，必须要不断调整组织架构和产品标准，并不断提升自身的综合实力，以满足不同消费者的消费需求。此外，Arrow 模型指出，随着技术差距的减小，会使"干中学"的边际效益成递减形式。2005 年，Fernandes and Isgut (2005) 指出，在哥伦比亚很多出口企业中也有很多类似规律，不断提升的全要素生产率水平通常发生在新入国际市场的企业中，而单纯从事国内贸易的新兴公司和已经浸润成为多年的成熟出口企业，这种生产率提升的效应并不十分明显。Keesing and Lall (1992) 指出进口商通常会通过在出口国建立办事处的方式，将新的技术和理念传递给卖方，并对其产品质量进行控制。Egan and Mody (1992) 对美国的制鞋和自行车产业进行了研究，发现实际上这些进口商与发展中国家供应商的关系十分密切，供应商以此联系为基础来获取生产和销售等信息和技术。与此同时，经济一体化进程的不断加深，国与国之间的竞争越来越激烈，一个国家的前途和命运往往取决于它的创造力，从某种意义上来说，是否存在"出口学习效应"已经超越了学术研究层次，各政策制定者也对其表示高度关注，究其原因，主要在于如若确实存在这种效应，政府就有必要采取相应的措施和手段实现国内企业的国际化：出口有助于提升企业的生产力，并通过外部性效应使其他企业受益，继而推动经济的全面发展。

作为促进企业出口行为的一个原因，学者们用各个国家的数据，对出口学习效应进行了各项检验，经验检验证明了"出口学习效应"在

发展中国家存在，并强调在参与国际竞争时，该效应可以帮助发展中国家提高技术水平，降低生产成本，这种效应在非洲和印度尼西亚等国家的表现最为明显（Bigsten et al.，2000；Blalock and Gertler，2004；Mengistae and Pattillo，2004；Van Biesebroeck，2005）。张杰等（2008）学者认为中国并不适用于"出口学习效应"。另外，Greenaway and Kneller（2007）进行实证研究，发现"出口学习效应"不存在于发达国家的企业中。在对中国企业数据的检验中张杰、张帆、陈志远（2016）发现，"自我选择效应"和"出口学习效应"在中国企业的出口活动中并不明显，在具体考虑不同出口方式的企业后进一步发现，从事一般贸易的出口企业显著存在以上两种效应，在直接出口企业或从事混合贸易出口企业中"自我选择效应"显著存在，"出口学习效应"微弱，而在从事间接出口或加工贸易的出口企业中两种效应均不存在。

第二节 融资约束与企业出口贸易研究

Melitz（2003）将异质性企业模型引入 Krugman（1980）的研究，从此开启了学者们对于企业生产率差异与出口选择的热烈讨论。他的研究结论普遍被广大学者们接受，即企业的生产率越高，则更有能力进入国际市场进行出口。但该项研究忽视了对固定成本的来源的考虑，即对于企业的流动性和外部融资中所存在的金融摩擦并没有过多涉及。直到 Chaney（2016）和 Manova（2008）对此做出改进，将融资约束引入异质性企业模型。本节将从理论研究与实证研究两方面对这一问题进行综述。

一、融资约束影响企业出口：理论研究

Chaney（2016）和 Manova（2008）的模型都以 Melitz 的模型为基础，进一步建立出口和融资约束的理论模型，继而分析企业出口所受的融资约束的影响。Chaney（2016）在 Melitz（2003）的基础上加入融资约束

第二章 融资约束、企业生产率与企业出口的相关文献综述

（文中称"Liquidity Constraints"）因素，分析对出口沉没成本的影响，得到结论，企业的融资约束越小，越有能力支付沉没成本，成为出口企业的可能性就越大。至此，解释企业异质性除生产率外，融资约束成为另一关键因素。Chaney的研究引发了不少关于企业出口行为与融资约束和金融摩擦相关性的研究（Berman and Hericourt, 2010; Manova, 2013; Feenstra, Li and Yu, 2014; Foley and Manova, 2015）。这些研究一般认为，非出口企业和出口企业对融资需求存在异质性，出口企业相比非出口所面临的融资约束更大，所以流动性更强的企业才可能选择出口。一些文献沿袭相似逻辑对中国企业的出口行为做了有价值的讨论（Brandt and Morrow, 2017; Kee and Tang, 2012; 阳佳余, 2012）。

但是作为这一领域的早期研究，Chaney提出出口企业得不到外部融资的假设。Manova（2008）对Chaney的模型进行了延伸，取消了这一假设，并对不同国家和部门的金融发展水平做出了综合考虑。通过对信贷约束、不同国家间金融发展水平的差异等综合考虑，发现企业在出口的固定成本和可变成本上，都面临着不同程度的信贷约束，同时金融摩擦对出口成本的重要意义也得到了强调。对于有着不同金融发展水平的跨国交易双方或是有着不同金融脆弱性的交易双方，在参与出口、出口量及产品多元性、销售额等方面存在的差异都较为稳健，为信贷约束对出口贸易方式的决定提供了重要的经验证据。

通过对比上述经典理论模型可以得知，关于信贷摩擦的重要作用二者所持观点一致，且都认为生产率越高，企业参与出口的可能性越大，不过二者对于模型的刻画具有一定差别。在信贷约束对扩展边际的影响观点中基本一致，不过对于出口集约边际却有不同看法。这些差别存在的根源可能是二者存有不同假设。

第一，Manova（2008）假设出口固定成本融资的途径为借贷，那么生产率较高的企业获得丰厚利润的可能则更大，但是Chaney（2016）提出，对于进入国际市场所需得到固定成本，企业需要从国内销售的现金中扣除，而生产率越高、销售的产品越多，能获得的现金收入也更

多，因此这种较弱融资能力制约使得企业出口的概率下降。

第二，Manova（2008）认为信贷约束会对出口销量形成一定的约束，但 Chaney（2016）则强调信贷约束对出口的影响并不大。原因在于可变成本的各种融资假设不同。根据 Manova（2008）企业在国外销售所需的可变成本需要通过外部资金支付，那么处于中等生产率水平的企业则可能会减少出口，反之，出口的减少也可以缓解外部融资需求。而 Chaney（2016）则强调，影响企业出口量的因素只有企业的生产率水平。实际上，企业只要拥有充足的流动资金，足以支付出口的固定成本，就会通过扩大生产规模，降低可变成本。此外，Chaney（2016）还指出企业为了缓解信贷市场上的约束，将会使用外部信贷支付出口的固定和可变成本。

Muûls（2008）以上述研究为基础，从企业层面对一般均衡情况进行了分析。他指出企业的生产率越高、融资约束越低，则企业出口的可能性更大；从出口目的国上来看，融资约束只对是否出口有约束力，但是对出口数量却没有太大的约束性，这在一定程度上证实了出口市场的排序情况；此外，汇率升值会使企业的出口量减少，而潜在的融资约束也会有出口的可能，但是随着出口市场的不断成熟，将逐步淘汰生产率较低的出口者。此外，在 Buch et al.（2008）通过对企业借款成本异质性的研究，在局部均衡研究架构下分析企业的融资约束对出口的影响。

此处，也有文献从不同的角度来分析融资约束对企业出口的影响，具有不同的结论。Feenstra et al.（2013）从银行方面，对企业在出口过程中所受的融资约束问题进行了衡量，发现出口比重与企业所面临的融资约束具有一定的相关性，且海运等耗时较长的企业可能会面临更大的融资约束。Manova and Yu（2016）在研究金融摩擦如何影响出口企业具体出口行为选择时，也提出了与本书类似的选择机制。他们认为，同样的出口贸易，一般贸易和加工贸易（包括进料加工和来料加工）在盈利能力和融资能力上存在差异。一般贸易的盈利性和融资能力最高，进料加工次之，来料加工最弱。

二、融资约束影响企业出口：实证研究

根据融资约束与出口的相关实证研究可知，部分研究证实两者之间有影响，也有部分研究通过实证检验发现两者之间并无影响。认为二者有影响关系的文献，又多从以下两个不同的角度进行检验。

其中一个分支的研究从企业出口将使融资约束得到缓解这一角度进行检验。实际上，在 Hirsch and Lev（1971）的研究中可以发现，因不同国家存在经济周期方面的差别，出口到不同的市场常常会为企业带来更为稳定的销售收入，也会给企业带来更多的现金流。Campa José and Shaver（2001）用20世纪90年代的西班牙制造业企业数据对融资约束和出口行为之间的关系进行实证分析。通过 Tobit 模型对现金流和投资间的关系进行验证，发现与非出口企业相比，出口企业的现金流稳定性更高，且出口企业受到的融资约束更少，这表明一个企业发展为出口企业之后，将具备更稳定的现金流，也会在一定程度上缓解所受的融资约束。

Greenaway, Guariglia and Kneller（2007）通过实证研究，分析了英国1993—2003年十年间9292个制造业的财务数据，发现只有持续出口，才能保证企业金融状况的健康发展。此外，金融健康度越高的企业出口的可能性更大，不过出口却可以对企业的融资约束进行改善。进一步地研究，他们未找到证据证明融资约束较弱的企业更有出口的可能，但是参与出口的企业却可以使自身的金融状况得到改善。通过这些研究可知，加强出口可以使企业的融资约束问题得到有效改善，并从间接角度促进投资，提升生产力水平，且对于受融资约束的中小企业，这就显得更为关键。

Bastos, Silva and Verhoogen（2014）对葡萄牙制造企业的数据进行了研究，对于新出口的企业来讲，企业的融资约束问题可以通过出口得到改善。Bridges and Guariglia（2008）则通过1992—2002年英国制造业数据的研究，考察企业进入、退出与融资约束的关系，得出参与国际竞争的企业更易因受融资约束而失败的结论。Guariglia and Mateut（2010）

通过存货投资方程对参与国际市场竞争的企业的融资约束进行了考察，Bridges and Guariglia（2008）也得出了相同的研究结果。

另一个分支的文献则认为融资约束制约了企业的出口。其中以Manova（2008）最具代表性，该文采用2003—2005年的海关数据，对出口行为和融资约束之间的关系进行了分析。通过实证研究可以发现，由于我国金融市场存在一定的不完全性，对国际贸易产生不利影响，企业沉没成本的融资制约影响贸易特征。融资约束使企业的销售额受到极大的影响，使企业进入市场的能力受到严重阻碍，也限制了企业的产品贸易范围（Manova，Wei and Zhang，2015）。

Minetti and Zhu（2011）对意大利的制造业数据进行了分析和研究，通过实证对信贷配给影响企业的出口决策和出口量进行分析。通过信贷配给反馈所取得的调研数据来衡量信贷约束。通过控制企业生产率和其他企业的特征，考虑企业信贷配给的内生性问题，发现对于存在信贷配给的企业，其出口概率下降了39%，此外，信贷配给使39%的出口交货值降低，比国内销售的影响更大。除此以外，他们还对不同产业的信贷配给进行研究，对于技术含量较高外部金融依赖较高的行业的阻碍更为明显。

Besedeš and Prusa（2011）对美国10位HS码的产品数据进行了研究，分析了信贷带来的出口影响。根据他们建立的动态局部均衡模型可以得知，在决定出口水平时，信贷约束在不同阶段所扮演的角色不同，信贷约束对新出口企业的影响更大。根据经验分析实证结果可知，金融欠发达的国家和地区对外部融资的依赖性更大，且有形资产与出口增长速度成正比，增长率会随着企业年龄的增加不断降低。因此，融资约束对出口增速的影响不具有持续性，稳定的出口关系对出口影响的显著性降低。此项研究最大的政策启示在于，对融资约束的缓解措施，在出口活动初期是适用的，但是随着企业出口的稳定，所受融资约束的影响力将会下降。

Bellone et al.（2010）对法国制造业的企业数据进行了研究，分析了企业出口行为与融资约束之间的关系。通过研究可知，相比非出口企业，出口企业更容易获得金融优势，但是其金融状况并未得到有效改善，即便有企业已进入国际市场，也并不表明企业可以获取更多的金融资源。还得出企业越接近金融市场，越容易进入国际市场。此外，根据子样本的研究结果，如果企业同时进入不同的市场，不仅会增加企业的沉没成本，还会恶化企业的金融状况，所以企业的出口比重越高，金融健康状况就越差。

Muûls（2008）使用比利时制造业企业的信用等级作为对企业所受融资约束的衡量，并得出融资约束会影响企业出口的结论。Berman and Héricourt（2010）通过对9个发展中国家数据的研究，对企业出口扩展和集约边际受融资约束的影响进行了分析，支持融资约束对出口决策造成影响。

持相反观点的研究认为融资约束并不影响企业的出口决策。Manole and Spatareanu（2010）以投资加速模型为基础，对出口是否能缓解融资约束进行了验证，发现企业受融资约束越少，选择出口的可能越大，此外，出口并不能使企业的融资约束得到缓解。Forlani（2010）对意大利的中小企业数据进行了分析，并依照是否受到融资约束将企业划分为两大类，而研究结果表明企业的融资约束问题并未因进入国际市场而得到改善。但是 Bellone et al.（2010）和 Forlani（2010）尚未采用投资加速模式，因此所采用的实证研究方式较为简单。

Brown et al.（2009）指出，研发的资金投入表现出持续性的特征，而由于其风险较高且价值形态较低，因此很难通过这种方式向银行融资，为了避免自身资金链的断裂，企业很容易放弃这种高风险投资方式，这也在一定程度上影响企业生产率的提升。Himmelberg and Petersen（1994）指出，对企业研发起决定作用的因素是企业的内部融资和现金流，很多学者都对该结论表示认可（Hall，2002；Hall and Lemer，2010；Bond et al.，2005）。Gorodnichenko and Schnitzer（2010）也通过研究指出，融资约束对企业的出口行为和创新活动具有显著相关性，在特定融资环境下，企业会在出口与创新中选择更具优势的方式；如若缺乏融资约束，企业在出口行为和创新活动上就有一定的互补性；企业所受的融资约束达到一定程度，那么企业的出口行为和创新活动就会相互替代，源于两者都需要一定的资金做支撑。

Feenstra, Li and Yu（2014）, Li（2009），于洪霞、龚六堂和陈玉宇（2011）等所做的研究，是目前进行的对中国较有代表性的研究。Li（2009）在研究过程中，将企业的信贷约束异质性融入一般均衡模型中，通过研究可知，企业的生产率越高，项目的成功率越高，则更有能力通过金融中介取得外部融资，受到的信贷约束更少，更容易出口。此外，外商投资企业对能否获得外部融资并不是很敏感，这主要是因为他们可以从母公司获得更多的资金支持。他们还通过中国制造业的数据样本对以上理论假设进行了验证，并对企业的生产率和外部借贷能力的内生性加以控制。于洪霞、龚六堂和陈玉宇（2011）通过分析2000—2003年间的工业企业数据，将企业应收账款作为融资约束的代理变量，分析对企业出口行为的影响。通过研究结果可知，我国企业在出口时是存在一定的融资约束，由于企业受到的融资约束比较强，企业出口的可能也不是很大，这制约了我国企业的出口能力。Feenstra, Li and Yu（2014）通过企业在生产前所获得的工作资本（Working Capital）对生产率进行了私人信息的假设，对企业面临国内销售和出口的信贷约束原因进行了分析。他们认为信贷约束同时存在于出口企业和国内企业中，但是与 Amiti and Weinstein（2009）的研究却有一定的差异，后者关于日本的研究表明，银行的健康状况对企业出口的影响远高于对内销的影响。这些研究一般认为，非出口企业和出口企业对融资需求存在异质性，出口企业相比非出口企业，面临的融资约束更大，所以只有企业的融资能力较强，才能选择出口。

第三节　融资约束与企业生产率研究

相比其他发达国家，我国很多企业特别是民营企业所遭遇的融资约束问题更为严重,世界银行在依据58个国家中的3.2万多家企业对投资环境所做的调查中,发现我国七成以上的民营企业,均将融资约束视为其发展的核心阻力,自2008年金融危机后,因资金链断裂,温州、东莞等地大量民营企业纷纷倒闭。而当民营企业遇到融资约束难题时,国有企业却可以轻易地获得银行贷款或政府补贴。与国企相比,缓解融资约束难题是否更有助于民营企业提高生产率?在进行这方面的研究时,需要进一步地研究和探讨。

一、融资约束与企业生产率研究:理论研究

通过大量研究可知,缺乏对称的市场信息和严重的代理问题引发的融资约束问题,给企业的经营活动造成了严重影响。当遇到融资约束时,企业很难获得外部资金,或者即便获得了外部资金,也要付出极高的融资成本,因此受融资约束较大的企业主要依赖内源资金。如此,企业就可以选择最优质的资本架构,继而做出最佳经营活动抉择。

在资金出现短缺时,受融资约束越大的企业可能不得不放弃投资机会,继而对资源配置形成一定程度的扭曲并降低生产率。Caggese and Cuñat(2013)指出,由于融资约束使企业的市场准入和技术改进决策受到影响,造成了企业资源的错配和生产率的损失。Ayyagari et al.(2010)通过研究我国正规和非正规金融机构得知,虽然我国只有二成的企业融资是以正规金融机构为支撑,但是提高企业生产率和正规金融机构的融资具有明显的相关性,非正规融资通道影响企业生产率的效果并不十分显著。

二、融资约束与企业生产率研究:实证研究

相比有关融资约束给企业投资带来影响的理论研究,对融资与生产率关系的研究在国际上并不多见,而我国则更是少之又少。

根据大多数研究可知,获取外部资金有助于企业生产率的提升。Schiantarelli and Sembenelli(1997)指出英国和意大利企业生产率依赖于债务期限的长度,而长期的债务对于提高生产率有一定的帮助。

Nickel and Nicolitsas（1995）在 C-D 生产函数中引入融资变量，以分析生产率与融资之间的关系。该项研究采用是英国面板数据，并通过借款比率来表现财务压力、工资和就业对生产率带来的影响，发现借款比率越高，产出资本比率就越高。Harris and Trainor（2005）也采用了类似的方式，并通过北爱尔兰工业面板数据对政府补贴给生产率造成的影响进行了分析。Guan et al.（2006）通过生产率增长指数对丹麦农场的绩效进行了测量，发现债务的增加提升了农场的生产率。Gatti and Love（2008）通过比利时企业的截面数据，对信贷获得性对生产率的影响进行了分析，通过企业是否拥有信用额度或透支便利，将信贷获得性变量用虚拟变量表示，发现信贷获得性越高，企业生产率越高。Badia and Slootmaekers（2009）证明爱沙尼亚微观企业生产率与融资约束之间存在一定的关联。通过研究可知，该样本中的大部分公司，尤其是新兴企业和高负债企业，均受到融资约束不同程度的影响；在大多数部门中，融资约束并未降低生产率，不过研发部门的生产率却有着明显的下降，这与研发部门需要不断投入资金才能保证技术的创新有明确关系。Ayyagari et al.（2010）指出，虽然我国正规金融系统的发展存在很多问题，且企业都依赖内部融资，但融资与生产率呈现一定的正相关关系，其他可替代性的渠道并未得出显著结论。

以上所述的研究在国内尚为少见，国内的学者张军和金煜（2005）认为金融的深化与企业生产率的增长趋势之间有着明显的正相关性。项松林和魏浩（2014）运用国内 1998—2008 年的微观企业相关数据进行检验后，发现融资约束的确存在制约企业创新投资的效果，从而阻碍企业生产率的持续提高。

同时也有部分相关研究认为，债务融资对于生产率来说并无帮助，甚至还产生了负面的影响。Pushner（1995）发现日本企业的杠杆和生产率这两者之间具有很大程度的负向关联。Smith et al.（2004）对丹麦企业的研发项目资金来源与生产率的关系做出了分析，认为所研发的项目借助公共资金和借助自有资金对企业生产率的影响没有明显差异，说

第二章 融资约束、企业生产率与企业出口的相关文献综述

明只要促进生产率的活动有其他相关的融资途径，那么政府直接的资金资助不一定会提高企业的生产率。和 Pushner 杠杆（1995）的研究一致，Nucci et al.（2005）采用意大利企业的面板数据详细讨论了企业的资本结构和全要素生产率之间的关系，并发现企业杠杆与生产率之间存在负向的关联关系，短期债务的占比与融资能力趋低的相关企业中，这类负向关联关系更强，结论认为债务融资对于企业生产率并无帮助。而 Sequeira et al.（2007）运用葡萄牙企业的面板数据分析对比了企业杠杆与劳动生产率之间的关系，认为两者之间存在的关系是非线性的，杠杆更偏向于负向影响的劳动生产率较低的企业，然而对于劳动生产率较高的企业则产生正向的影响。国内学者何光辉与杨咸月（2012）则采用 2003—2009 年的国内制造企业上市公司的相关面板数据探究发现，上市公司的生产率在大体上并不受内源融资的牵制，然而民营企业的相关内源融资的约束问题则明显地对生产率存在负向关系。金祥荣、胡赛（2017）将融资约束引入异质企业模型，认为中国出口企业主要通过出口比重的边际调整来最大化融资约束与企业生产率之间的得失。

总的来说，首先，我国有关融资约束对企业生产率的影响方面的研究并不是很多；其次，即便是西方国家，对企业生产率是否受融资约束影响的研究也还没有得出统一的结论。

现有结论存在差异的主要原因在于样本选择与研究内容的关注存在差别，尤其是研究方法选择上的差异。采用实证性研究方法对企业生产率和融资约束两者之间的关系进行分析，探索了融资约束和企业生产率之间的内生性问题，对融资约束和企业生产率要素之间的选择性偏差和混杂偏差等问题进行了深入探索，偏差的存在可能会对研究结果产生消极影响。存在融资约束问题的企业本身由于资金不足难以实现员工培训、技术改进和科技研发等工作（Czarnitzki and Hottenrott, 2011），从提高企业生产率的角度进行了分析，指出生产率高的企业在自身外部融资和资本管控等方面都具备更好的能力，可能存在的融资约束较小。与此同时，融资约束程度小的企业自身在技术吸收能力、企业规模以及资

本密集程度等方面都存在更大优势，相比之下在面对相同状态的融资约束时具备更高的生产率和企业效益。在样本选择的过程中如果缺乏详细的思考将会导致选择性偏差和混杂偏差现象，因此对于融资约束本身是否会影响企业生产率，不能明确企业生产率之间的差异与企业融资约束之间的相互影响。由此可见我们在对企业生产率和企业融资约束之间的关系进行分析时必须解决选择性偏差，从而降低可能出现的结果偏差。

第四节 融资约束、企业家才能与生产率研究

将企业家才能引入本书，试图分析在不同融资约束环境下，企业通过包销、代理等外生中介的出口方式，将导致企业家才能得不到发挥，因而伤害了企业的创新机制，损害了企业的生产率，本节将总结现有研究中与此相关的文献。

一、企业家才能的定义与相关理论

早在18世纪80年代，法国经济学家理查德·坎梯龙就提出了"企业家"的概念，随后社会各界纷纷展开了关于"企业家"的研究，提出的相关理论有如下几个方面：萨伊关于企业家的解释为将全部生产要素，如劳动力、资本、土地等有机结合开展经济活动的人。熊彼特和柯斯纳分别从两个相反的视角，对市场均衡发展中企业家发挥的作用进行了验证。熊彼特研究发现在市场均衡发展中，企业家发挥了消极作用，借助于市场的不平衡发展获得利润。柯斯纳得出了相反的结论，肯定了市场均衡发展中企业家的积极作用，并在市场均衡发展的环境中更有利于企业家获得利润。彼得·德鲁克肯定了熊彼特的观点，同时指出创新是企业家才能的主要组成部分，企业家的领导能力同管理同样重要。

企业家才能具有较强的独特性。经济发展层面中的核心要素，就是企业家的独特性特征，这个特征能够帮助企业家产生对问题的合理认知，能够有效地发现问题，借助市场需求要素协调知识性。企业家在相

第二章 融资约束、企业生产率与企业出口的相关文献综述

关的决策层面中，主要是基于直观感受进行判断，而在比较复杂的环境之中，可以通过对决策内容予以简化，从而在环境变换之中快速地发现商机，进而获得丰厚的经济收益，推动企业发展。对于一些知识专家来说，企业独有的是较强的投资力，并且，企业家可以利用自己的知识能力，有效地对于隐藏知识进行合理的优化配置，从而借此获得更为丰厚的收益。

由于现阶段的企业家，普遍在竞争层面具有一定局限性。企业的竞争优势在于企业拥有得天独厚的资源，而这种资源能够为企业带来较强的经济收益。对于企业家来说，其本身就是一种资源。在经济利益的驱使之下，如果企业没有获得对应的经济租金，那么企业就会选择向具有优势的其他企业学习，最终所形成的结果就是企业具有一定的趋同性，其租金最后消失。但是，由于因果关系、模仿性等等诸多问题的存在，其本质上会影响企业的发展，因此企业之间会存在相互模仿的行为。

现阶段，企业因为面临着多元化的环境转变，企业家本身具有较强的复杂性。而劣势企业有可能存在不知如何模仿的情况，并且会因为模仿获得的租金过少，而相对于观察成本来说造成两者抵消的情况。由于环境的不断转变，很多企业家最终会发现，即便是自己进行模仿，也不能够获取其精髓，并且模仿的观察成本仍旧存在，如果成本大于收入，那么就会存在得不偿失的情况了。

目前，企业家的精神是一种不完全流动的模式。企业家并不是一种固化的物体，不是能够随意搬运的，其本质上是一种精神领域的内容，是企业的一种文化，从根本上来说，是很难进行复制的，是需要孜孜不倦地进行培养的，是一步一步构建起来的企业文化精神层面的内容。所以，对于企业家来说，是存在不完全的流动性特质的。

对于企业家来说，其本质上是企业不可或缺的资源。企业家身上存在一定的创新、实干精神。同时，企业家也能够不断突破自我，推动企业的逐步发展，有些时候甚至能够挽救企业。毋庸置疑，很多企业是因

为缺少了企业家，从而慢慢地走向衰败。企业家本身就是一种稀有资源，企业只有拥有企业家，才能够长久地立足市场。

二、企业家才能与生产率研究综述

在现有文献中，对于企业家才能对企业生产率的促进作用已经做出了一些分析，但更多的研究侧重于分析企业家才能与经济增长之间的关系。Arrow（1962）认为企业家才能通过知识溢出而促进企业生产率的提高。Delong et al.（1998）将企业家才能引入生产函数，分析1870—1979年的世界经济发现企业家才能（在文中被称为"资本主义精神"）与经济增长具有显著的相关关系。Baumol（1990）通过分析企业家才能在生产性部门与非生产性部门的配置差异来研究对经济的影响，发现企业家才能是否配置到创新等生产性活动中是经济能否实现持续增长的关键。在对于出口企业的研究中，Zahra（1991）研究了企业家才能对企业出口绩效的影响，并进一步研究发现研发投入越多的企业，长期出口绩效也将越高。在内生增长理论的发展中，Audretsech and Thurik（2001）作为代表人物运用最优产业结构模型研究企业家才能对经济增长的推动作用。随后Gries and Naude（2011）在刘易斯模型中加入企业家创业，在内生增长模型中加入经济转型与企业家创业，发现在经济转型与经济规模发展中企业家创业起到重要作用。

随着企业家才能理论的不断发展，有部分学者将研究重点转移到一国或一个地区企业家才能对经济增长的作用。Yu（1997）利用中国香港的数据实证检验了企业家才能与香港地区经济总量的增加、经济结构的变化存在密切的关系。Audretsch and Keilbach（2005）采用1992—2000年德国327个地区的数据，验证了企业家才能通过劳动生产率促进经济增长。随后Grilo and Irigoyen（2006）采用美国及15个欧盟国家的调查数据也发现企业家才能与经济增长之间存在紧密联系。

Schumpeter曾将企业家才能视为重要的生产要素之一，国内学者庄子银（2005）将这一观点深入分析，证明了企业家才能与经济增长之间的密切关系，并认为企业家才能的核心内容是持续的技术模仿与创新。杨宇、郑垂勇（2008）发现创业对东、西部地区经济增长的作用明显，而创新对中部地区经济增长作用明显。李宏彬等（2009）发现创业精神对生产率有正向促进作用；李杏（2011）也发现企业家才能对地区生产率有重要影响。马晓静、周亚军（2013）在衡量企业家才能时采用自我雇佣比率及私营部门经济规模，同样验证了企业家才能对经济增长的促进作用。王垒、刘新民和董啸（2016）发现企业家才能对区域经济增长具有显著正向影响，但企业家创业精神却与全要素生产率显著负相关，认为企业家集群整体呈现出急速扩张的势态，当集群规模超过其资源承载力时会出现"拥挤效应"，导致创新资源价格上涨，创新风险增加，抑制企业家创新精神，使得集群所在行业的整体创新能力和技术水平下降。程虹、陈川（2017）通过 DEA 方法计算湖北、广东等 8 个省份的生产率数据，发现湖北依靠质量创新实现了全要素生产率不断提高。

三、融资约束、企业家才能与生产率研究综述

由 Schumpeter（1912）提出的企业家创新精神是经济发展的关键，但经济的发展同样离不开金融的支持，具有潜力的企业家通过信贷解决企业的融资约束问题，从而影响生产促进经济增长。King and Levine（1993）在 Schumpeter 的基础上，认为金融中介通过评估发掘有潜力的企业家，并为促进其成长提供资金支持和分担创新风险，从而推动经济增长。

此后，大量学者们的研究丰富了这一观点。Rajan and Zingales（2003）通过研究发现较为发达的金融市场可以降低创业的难度，并降低创业者的年龄门槛。Guiso et al.（2002）采用意大利的数据证实了在金融更发达的地区，企业主的平均年龄低于金融欠发达地区 5.5 岁。Buera，Kaboski and Shin（2009）得出金融体系是限制企业家才能及企业发展的重要原因之一的结论。在对金融市场发展与企业家才能的关系研究中，学者们从多方面证明了缓解融资约束有助于提高企业成活率和总产出，并且融资约束是支持企业家创新、创业行为的重要因素（Rajan and Zingales，1998；Quadrini，2009；Bohacek，2007）。Bianchi (2010) 认为经济的发展在很大程度上受到企业生产率的影响，通过取消信贷限制，金融发展可以有效促进企业生产率、创造就业机会和维持社会流动性。只有当足够多的企业家开始创业，劳动力需求足够高，以确保资本有效地投资时，大量的信贷供应才能够保持均衡。

在对中国的研究中，Jeanneney、Hua and Liang (2006) 通过统计发现中国的金融部门起到的作用多在于提高了资源配置的效率，而对于推动创新、技术进步等方面的作用则不明显。Dollar and Wei (2007) 采用2002—2004年中国企业的调查数据，发现私有企业受到的正规金融的歧视是阻碍企业家才能发挥的重要原因。官兵（2008）在金融制度中引入企业家才能，认为企业家才能对于推动金融制度的创新与发展有重要作用。张小蒂、王永齐（2009）通过对金融市场中企业家的形成以及产业集聚的过程进行研究，发现二者均在很大程度上受到金融市场效率的影响。江春、张秀丽（2010）对金融发展通过资金支持企业家创新进行研究，发现企业家创新才能对经济增长、提高就业有明显的改善作用。尹宗成、李向军（2012）通过实证检验发现金融发展除了推动经济增长之外，还能够为企业家提供创新、创业支持，从而间接推动经济发展。谢慧明（2015）通过对全国东中西不同区域的面板数据进行实证检验，首先验证了企业家精神对经济增长的作用，又从金融发展指标对企业家精神发挥效果的角度进行检验，得到东部地区银行信贷规模、资本市场规模均高于其他地区，促进了企业家精神的发挥，且企业家创新和创业活动对经济增长的作用在东部资本市场活跃的地区显著。

国内外学者从理论与实证两方面都验证了金融在企业家才能促进经济发展中起到的重要作用，通过对企业提供融资服务，分担风险，为企业家的创新、创业行为提供了良好的金融环境。但此前的研究多从企业总体的角度来研究，在这一基础上，本书将研究深入细化到微观企业层面上，通过异质性企业理论分析融资约束问题在对企业家才能的发挥中仍具有重要的作用，并进一步影响微观企业的生产率。

第五节 文献评述

本书针对融资约束的相关内容进行了探讨，并且对异质性企业生产率与出口之间的关系进行研究。企业异质性的存在导致了不同企业在融资约束与企业生产率等方面存在很大的差异性，同时由于沉没成本致使企业在出口决策方面存在着融资约束与生产率两个方面的限制。

目前相关文献在异质性企业出口决策相关理论和实证性分析方面成果突出，并且获得了学术界的广泛认可。学者们大多运用传统贸易理论中大卫·李嘉图的比较优势理论以及赫克歇尔与俄林提出的要素禀赋理论对贸易的决定因素做出了解释。对于比较优势理论国内外学者进行了大量的研究，因为比较优势主要来源于要素禀赋和相对技术差异，分别研究了要素禀赋和技术差异对贸易结构的影响，也有文献介绍研究要素禀赋和相对技术差异的重要性。针对我国实际情况，主流观点认为要素禀赋的不同是我国贸易产生的重要原因，并以此分析贸易结构，制定贸易政策。传统的比较优势理论认为，各个国家间存在优势差异，而导致的价格差异是国际贸易产生的动力，但是比较优势在国家间并非一成不变。在国际贸易竞争的过程中我国最主要优势来源于廉价的劳动力，这也是中国能够在短期内超越其他国家获得资本投入的重要因素。过去中国拥有廉价的劳动力，但随着国外资本的不断进入以及沿海地区劳动力成本的上升，周边国家的劳动密集型产业比较优势逐渐凸显，2000年起我国劳动密集型产业的竞争力已逐渐出现颓势，以资源为主的产品优势逐渐降低，以资本和技术密集为基础的产品出口类型逐步增多，如何才能够在劳动密集型和高端技术优势产品方面实现有效调节，成为我国贸易增长和结构转变的重要挑战。

"新贸易理论"除了强调传统贸易理论中对比较优势的重视外，也考虑了不完全竞争、规模经济和产品差异性等其他因素对出口贸易的影响（Krugman，1983）。有理论模型正式表明，规模经济和贸易成本之间的相互作用鼓励企业集中在某一个国家生产某些制造业产品，再出口到其他国家，并证实了"本土市场效应"在中国制造业出口中的存在，即产品出口量增加的越快，在国内的相对需求规模就越大。因此，规模经济或是企业规模成为影响出口绩效的重要因素。

但上述国际贸易理论多站在发达国家的角度来分析出口贸易的决定因素，忽略了发展中国家在经济全球化中与发达国家贸易进行的博弈和竞争，同时也忽视了发展中国家的内部制度因素对出口的作用与影响，并不能完全解释发展中国家的出口扩张行为。随着经济和生产的迅速全球化，跨国公司（MNEs）或外商直接投资（FDI）成为发展中国家贸易的决定性因素（Markusen and Venables, 1998）。在全球国际分工的环境下，中国许多企业因缺乏国际竞争力而主要以贴牌加工或代工（OEM）的形式，参与全球价值链分工，由跨国公司和国际大卖家支配、控制，主要参与一些低技术和劳动密集型的生产、加工、装配和组件，以此来推动进出口贸易的爆炸式增长。因此，以南北贸易为主的中国，主要贸易对象为美国、日本及欧盟等发达国家，而目前研究企业出口与生产率的理论模型多基于 Melitz 的理论，研究发达国家与发达国家之间的贸易关系，本书第四章的理论部分将对这一领域中的南北贸易做出补充。

中国企业的出口不仅与产品供应链中的分工有关，也受到当时中国制度的影响，与1998年前中国对各类企业进出口经营权的严格管理有分不开的关系。在此之前，进出口均依赖于外贸代理公司，直到20世纪90年代末期，中国开始逐步放宽对各类企业进出口经营权的审批，对大型工业企业全部实行进出口经营权登记备案制，并对民营企业放开自营进出口权，生产企业才开始拥有更多出口方式的选择，生产企业通过比较外贸代理的费用与自营出口的成本，开辟了进入国际市场的新途径。由于中国企业自营出口起步较晚，创立自己的品牌、建立销售网络难度较大，因此获得自营进出口权的生产企业在短时间内仍无法取代外贸代理公司的优势。因此中国企业通过外包订单形式接受发达国家，甚至是新兴国家（地区）制造业转移的生产或加工环节，逐渐形成了以国外承包商为主的加工贸易供应链体系,导致了我国出口交易成本的显著下降,使得进入国际市场的壁垒下降,从而成为中国本土制造业企业出口的竞争优势。另外,考虑到引进发达国家技术,若不加以吸收和消化,无法转化成自主创新能力的获取,最终将会导致自我创新能力的丧失。

在国际贸易领域中融资约束的相关理论已经逐渐成熟并且得到了广泛应用,融资约束会对企业出口产生显著影响这一点也得到了认可。大多数的研究指出融资约束小的企业才有能力承担企业出口的沉没成本,因而融资约束小的企业在出口量方面具备的潜力更大。仅有 Feenstra et al. (2014) 发现,出口企业所面临的融资约束与其出口比重呈正相关。除 Manova and Yu (2016) 稍有涉及外,几乎没有文献讨论过,将中国企业从事加工贸易的实际状况考虑在内之后对企业的融资约束行为进行分析。另外,虽然存在大量对融资约束、生产率和出口问题的研究,但对于出口决策的两大门槛——生产率和融资约束,与企业出口后绩效影响机理的相关文献研究不足,缺乏足够的研究针对融资约束与出口行为以及企业出口 TFP 变化状况进行深入探讨和分析,大多数研究将企业改变出口行为前后的状况忽略,简单地探讨融资约束与企业出口行为之间的关系,具体带来了怎样的影响,使企业发生了何种改变没有深入说明,而本书将在第四章与第五章中分别运用理论模型与实证检验的方法来弥补这一领域的空白。

另外,多数研究大都用人均 GDP 的增长来代表经济的增长,很少有研究从企业层面分析企业家才能对企业生产率的影响,本书第六章将在微观层面上介绍企业家才能对企业生产率及经济增长的影响。

第三章 中国出口贸易变化的特征性事实

我国在2010年就已经超越美国,成为世界第一贸易大国,每年两位数的递增速度在让世界震惊的同时也让中国获得了"世界工厂"的称号。但我国的贸易结构与发达国家中的贸易大国,如美国、德国却有很大的不同,我国特有的国情与历史原因是造成这种不同的决定因素。以下章节将首先分析中国出口的实际与造成该现状的决定因素,接着从融资约束的角度分析中国企业出口的逻辑与实际情况。

第一节 中国出口的实际与决定因素

一、中国出口对经济增长的贡献

中国对外开放的大门打开源于1978年的改革开放,由近乎完全封闭的状态转而逐步融入世界经济之中,并成为全球市场的积极参与者。我国经济在1978—2010年间增长速度一直保持在10%以上,而相比之下世界上其他经济共同体的增长速度只有3%,这也与我国的外贸经济快速发展存在密切的关联。随后2011—2016年中国经济增长速度略有下降,也与后金融危机世界出口贸易的大量减少有密切关联。

我国1978年的出口总额仅为167.6亿元,到了2015年出口总额达到141166.83亿元,是1978年的842倍。从总体上来看,在经济高速增长时期,出口增长速度高于经济增长速度;而在经济增长较缓时,出口增长速度低于经济增长速度,甚至出现出口负增长。1979—2000年中国出口占 GDP 比重呈上升趋势，由 5% 增长到 20% 左右。2000—2015 年呈先增后减的倒"U"型，其中 2000—2008 年处于上行区间，一路攀升，在 2006 年达到 35.4%，增长近 50%，加入 WTO 后外需所致的出口增长对中国经济的高速增长提供了动能，这一时期内中国经济保持 10% 左右的速度增长。以 2008 年金融危机为拐点开始下行区间，2008 年出口占 GDP 比重下降至 31.4%，更在 2009 年直降至 23.5%，随后在波动中继续下降，2015 年这一指标仅为 20.6%（见图 3.1）。

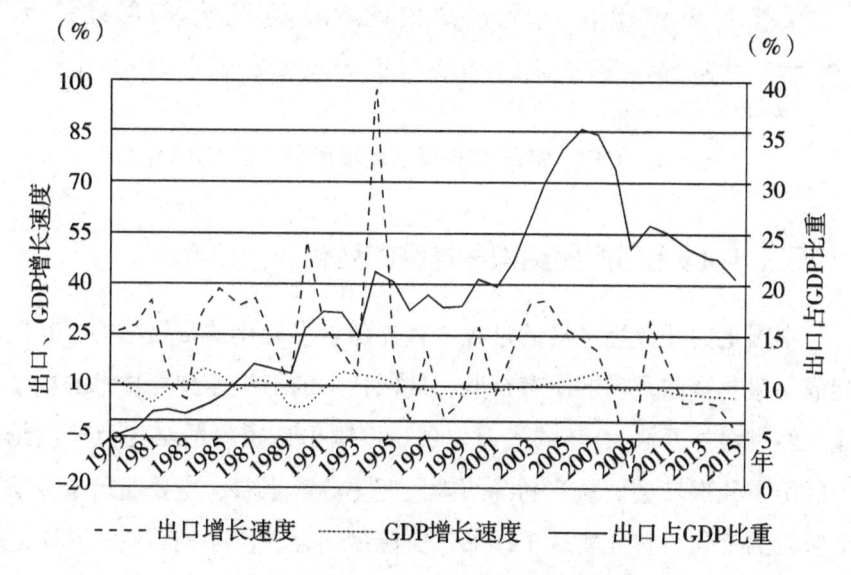

图 3.1 1979—2015 年出口与 GDP 关系变化

随着国际环境的调整和市场结构的转换，中国不再仅仅在国际贸易中大量出口初级加工产品，而是努力实现产品多样化，以此来带动本国经济增长。为了具体分析全球价值链下中国出口呈现的新特征，我们在图 3.2 中进一步考察 1995—2015 年中国出口的初级产品和非初级产品占 GDP 比重的变化趋势。初级产品出口占 GDP 比重在 1995 年达到 3%，随后一路下降，在 2000—2006 年间在 2% 水平上略有波动，自 2007 年起逐年下降，最终在 2015 年不足 1%。中间产品和最终产品的出口比重随着国际分工的深化越来越大。

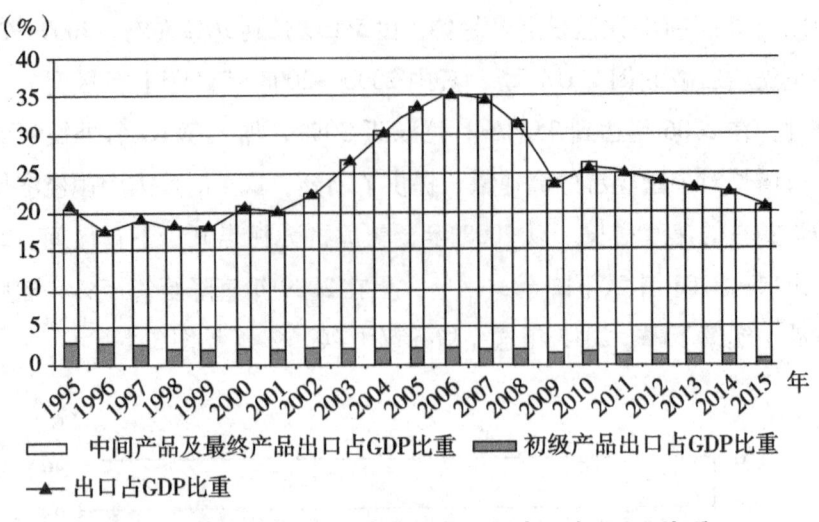

图 3.2　1995—2015 年中国国家层面出口占 GDP 比重

二、中国出口产品结构多样性的变化

中国走向开放型经济的过程一直伴随着多元化的贸易结构，其出口制成品遍及全球贸易的所有行业，从低技术的纺织业到高技术的电子行业。经过对外开放 40 年的飞速发展，中国出口贸易的结构及产品结构均经历了几次转型。从产品的结构性变化趋势来看，主要经历以下三个阶段的变化：首先实现了产品从资源型向轻纺产品型转变；其次是用轻纺型产品代替资源型产品；最后在机电和高新技术产品的出口方面做了调整和转型。改革开放以来，可以将进出口商品结构的转变视为是初级产品快速向工业制成品的转变。在总体商品销售结构中，出口的商品销售额持续上升，初级产品的销售远不及工业制成品。相比于改革开放初期不到 50%，如今我国工业制成品出口比重已经占 94.5%，真正实现出口从初级产品向工业制成品的转变，同时劳动密集型产品也逐渐被资本密集型产品取代。在出口商品中，制成品出口的主要成分已经转变为以机电产品出口为主，从 2013 年开始，机电产品的比重已经占据制成品产品的一半；在 20 世纪 90 年代中期开始，高新产品出口势如破竹，超过了 30%。

第三章　中国出口贸易变化的特征性事实

为具体分析出口产品结构的变化趋势，我们使用 WIOD 数据库进一步考察 1995—2014 年中国产业层面出口对 GDP 的贡献及其变化趋势。结合 WIOD 数据中的行业分类法及 Rahman et al.（2013）的要素密集度分类法，将 2000 年的 35 个产业及 2000 年后按照新方法分类的 56 个产业分为 8 个大类，具体分类方法见表 3.1。

将所有 WIOD 产业分为三大类：农业、制造业、服务业，并分析三类产业出口额占 GDP 的比重，具体结果见图 3.3。与图 3.2 类似，图 3.3 中各产业出口占 GDP 比重也与总出口一样呈现倒"U"型，1995—2008 年间呈上升趋势，表明对外开放全方位地影响了中国经济的增长。在三大产业中，制造业所占比重最高，平均值达到 12.17%，最高值在 2006 年达到 17.86%；服务业其次，由于公共服务的特殊性，将公共服务业从全体服务业中剔除后，均值为 7.78%，在 2006 年达到高峰为 11.24%；初级产业（包含农业和采矿业）最小，均值仅为 2.75%，最高值在 2005 年为 3.62%。将产业进一步细分后，得到图 3.4 和图 3.5 中的变化趋势。

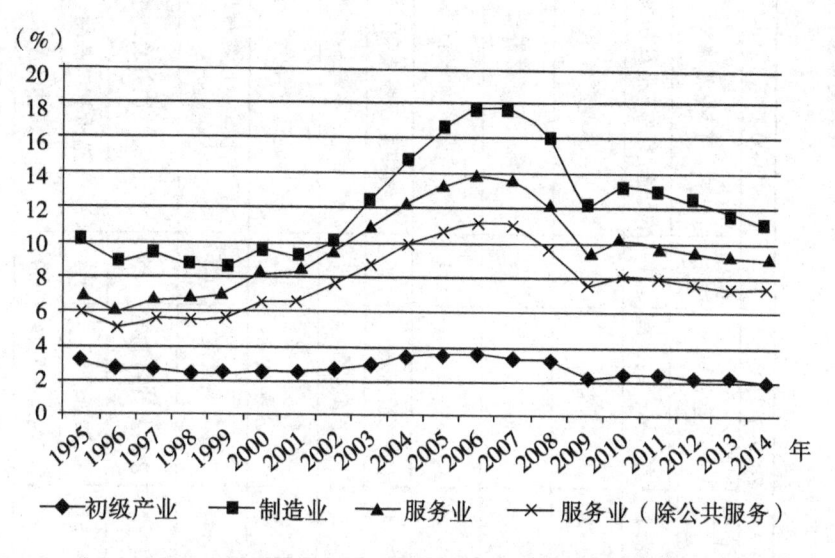

图 3.3　1995—2014 年中国各产业出口占 GDP 比重

资料来源：WIOD 于 2016 年 11 月发布的统计数据。

表 3.1 要素密集度产业分类和 WIOD 产业分类对照表

要素密集度分类	2000年前 WIOD分类	2000年前 产业名称	2000年后 WIOD分类	2000年后 产业名称	要素密集度分类	2000年前 WIOD分类	2000年前 产业名称	2000年后 WIOD分类	2000年后 产业名称
初级产品	c1	农、林、牧、渔	r1	农、畜牧、狩猎及相关服务	劳动密集型服务业	c18	建筑	r27	建筑
			r2	林业和伐木		c19	汽车及摩托车	r28	汽车、摩托车批发零售及修理
			r3	渔业和水产养殖		c20	燃油零售（除汽车、摩托车）	r29	批发业（除机动车辆、摩托车）
	c2	采矿	r4	采矿和采石		c21	零售（除汽车、摩托车）	r30	零售业（除机动车辆、摩托车）
劳动密集型制造业	c4	纺织及服装	r6	纺织业、服装和皮革		c22	住宿和餐饮	r36	住宿和餐饮
	c5	皮革制造	r7	木材加工、木制品和草编结		c26	旅行社服务	r46	建筑和工程活动
	c6	木材加工及木制品	r22	家具制造及其他制造业		c35	私人雇佣的家庭服务	r55	私人雇佣的家庭服务
	c16	废品及其他	r26	污水收集、废物处理、物料回收				r56	城外组织和机构的活动
资本密集型制造业	c3	食品及饮料制造	r5	食品、饮料和烟草	资本密集型服务业	c17	电力煤气水供应	r24	电力、煤气、蒸汽和空调供应
	c7	造纸及纸	r8	造纸和纸制品		c23	内陆运输	r25	水的收集、处理和供应
	c8	石油及核燃料	r9	媒体印刷		c24	水路运输	r31	陆路运输和管道运输
	c10	橡胶及塑料	r10	焦炭和精炼石油产品		c25	航空及其他运输	r32	水路运输

— 56 —

续表

要素密集度分类	WIOD分类	2000年前产业名称	WIOD分类	2000年后产业名称	要素密集度分类	WIOD分类	2000年前产业名称	WIOD分类	2000年后产业名称
资本密集型制造业	c10	橡胶及塑料	r10	焦炭和精炼石油产品	资本密集型服务业	c25	航空及其他运输	r32	水路运输
	c11	非金属矿物	r13	橡胶及塑料制品		c27	邮政与通信	r33	航空及其他运输
	c12	金属	r14	非金属矿物制品		c29	房地产	r34	运输仓储及支援活动
			r15	基本金属制品				r35	邮政与快递
			r16	金属制品（除机械设备）				r37	出版服务
								r38	电影、电视及节目制作、录音及音乐出版活动；节目及广播活动服务活动
								r39	电信
						c28	金融业	r44	房地产
知识密集型制造业	c9	化学原料及制品	r11	化工产品制造	知识密集型服务业	c30	租赁与商务服务	r40	计算机程序设计、咨询和相关活动；信息服务活动
	c13	机械制造	r12	基础医药产品和医药制剂				r41	金融服务（除保险和养老基金）
	c14	电气及电子机械	r19	机械设备等制造				r42	保险、再保险和养老基金（除强制性社会保障外）

续表

要素密集度分类	WIOD分类	2000年前 产业名称	WIOD分类	2000年后 产业名称	要素密集度分类	WIOD分类	2000年前 产业名称	WIOD分类	2000年后 产业名称
知识密集型制造业	c15	交通运输设备	r17	电脑、电子及光学产品				r43	金融服务及保险活动辅助活动
			r18	电气设备制造				r45	法律及会计、管理咨询活动
			r20	机动车、挂车和半挂车	知识密集型服务业			r47	科学研究与发展
			r21	其他运输设备制造				r48	广告与市场研究
			r23	机械设备修理与安装				r49	其他专业、科学技术活动
公共服务业	c31	公共管理和国防、社会保障	r50	行政及支援服务					
	c32	教育	r51	公共行政、国防和强制社会保障					
	c33	卫生和社会服务	r52	教育					
	c34	其他社区及个人服务	r53	健康和社会服务					
			r54	其他服务					

在我国的出口商品结构中,资本密集型和知识密集型制造业所占出口比重整体呈现出上升趋势,尤其是知识密集型制造业虽然在 2005 年略有下降,但整体上升趋势最强劲,而劳动密集型制造业有下降趋势。造成这种变化趋势的原因主要有三个方面:一是中国加入 WTO 后逐渐开放外商直接投资等贸易政策,吸引外资进入中国制造业行业,资源进行优化配置,资本密集型行业快速发展,生产率得到提高的同时其国际市场竞争力也得到提高。具体表现在食品及饮料制造、石油及核燃料加工、金属制品这三个行业。二是外商直接投资和中间商品进口所带来的技术溢出,使得知识密集型产业的制造业蒸蒸日上,其中电气行业的出口所占比重从 1995 年的 3% 增长到 2005 年的 4.5%,其后虽有下降但总体仍呈现出上涨趋势。另外,交通运输设备制造行业的增速也十分抢眼。三是加工贸易的繁荣,劳动密集型产业以近半比重进入出口市场,造成劳动密集型制造业所占出口比重仍然较为庞大。但由于劳动密集型制造业多处于全球生产链下游,产品附加值不高,随着中国人口红利的逐步消失和劳动力成本的逐步上升,劳动密集型制造业占的出口比重缓缓降低。

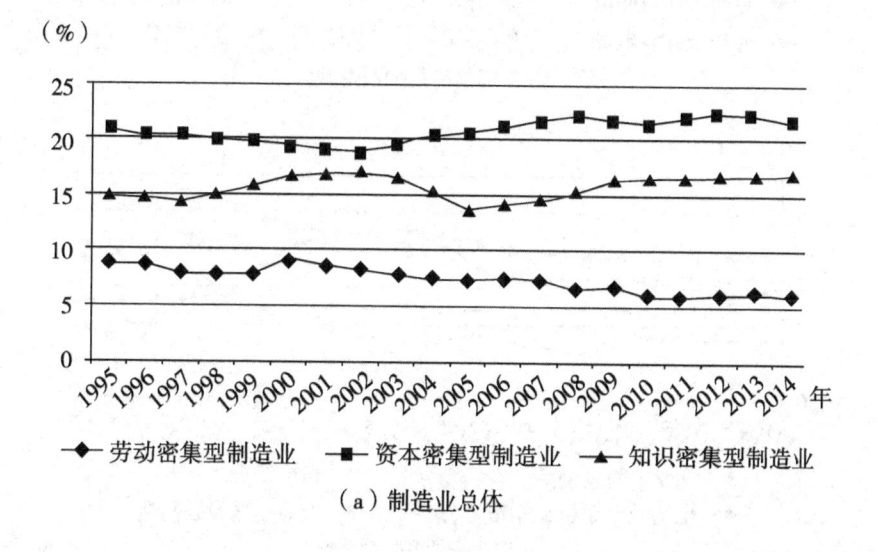

(a)制造业总体

融资约束与企业出口行为

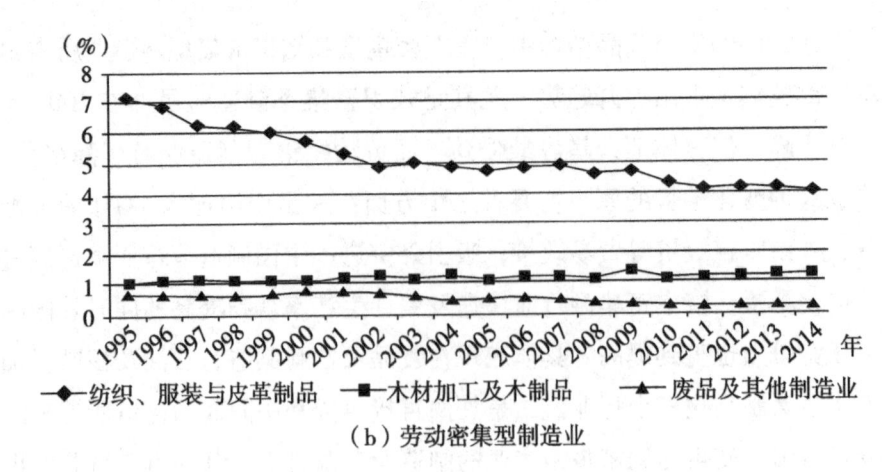

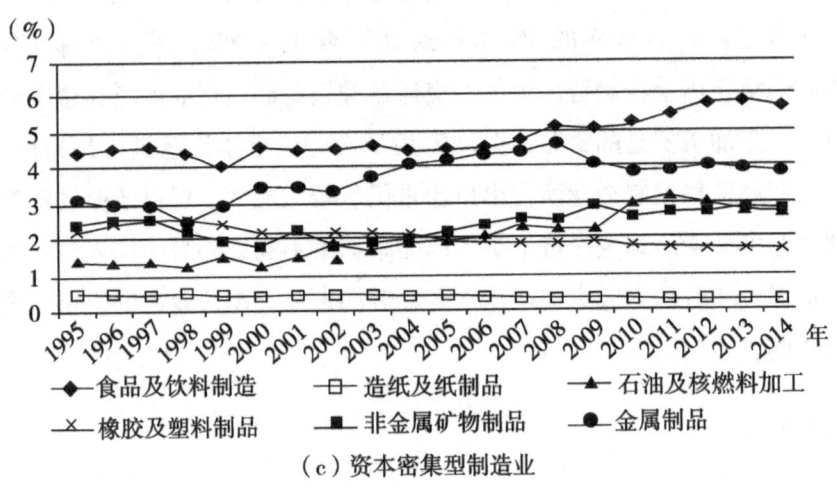

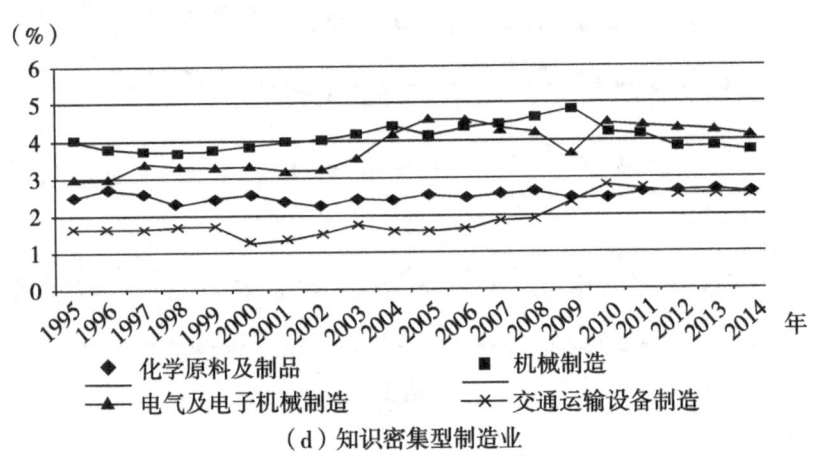

(b) 劳动密集型制造业

(c) 资本密集型制造业

(d) 知识密集型制造业

图 3.4 各制造业产业和制造业总体所占出口比重

第三章 中国出口贸易变化的特征性事实

在图 3.4 中，我国的资本密集型制造业和劳动密集型制造业的出口比重都很大，这与我国大量的加工贸易和外界商业投资有很大的关系。改革开放初期，中国倡导以贸易为主的贸易方式，然后慢慢允许并倡导加工贸易对外联系，鼓励外商投资企业发展，并大面积注入中国市场。所以到了 20 世纪 90 年代的时候，加工贸易发展迅速，进出口商品所占比重增大。在 1981 年的时候，加工贸易总值为 25 亿美元，占进出口总额的 5.7%，到了 2015 年，总额达到了 16865.7 亿美元，占进出口总值的 46%。可能因为加工贸易已经处在一个高峰期，所以它的上升趋势变得缓慢，在 2007 年以前，加工贸易出口比重占总出口比重的 50%，并保持这个数据一直没有大的变动。但从 2008 年起加工贸易方式出口商品的比重已低于 50%，一般贸易及其他方式的出口比重以小幅度增长比例上升。

随着改革开放的进一步发展，服务业出口比重逐渐增加，尤其是 2006 年服务业出口占 GDP 比重达到 13.92%（WIOD 产业分类统计口径与国家统计局不同），服务业比重越来越大将是未来出口发展的趋势。通过对图 3.5（a）的分析，可以看出劳动密集型服务业占服务业出口比重较大，平均值达到 20.12%，其出口比重在 2001 年以前在 16%～17% 波动，2001 年中国加入 WTO 后，其出口占比提升超过 20%，并向 25% 靠近。值得注意的是，在劳动密集型服务业中，燃油零售和旅行社服务的出口比重却下降了，这也从另一个方面反映了中国服务行业劳动生产率较低、国际竞争力较弱的事实。资本密集型服务业出口所占比重在统计年度中缓慢上升，其中电力煤气水供应、水路运输和航空及其他运输这三个产业的上升尤为明显，是拉动整个行业上升的主要因素。知识密集型服务业中，无论是金融业还是租赁和商务服务行业的出口比重均有明显的上升。公共服务业出口整体呈上升趋势，其中教育、卫生和社会工作是主要的拉动因素。

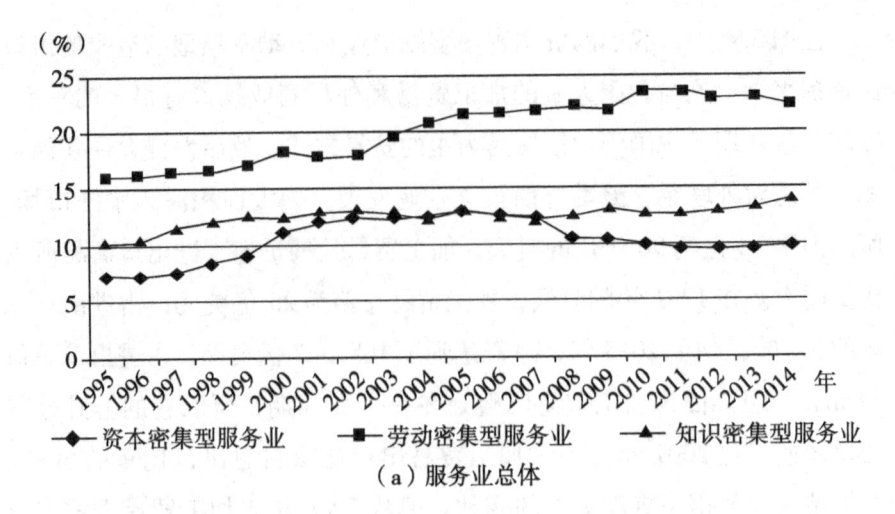

融资约束与企业出口行为

(a) 服务业总体
◆ 资本密集型服务业　■ 劳动密集型服务业　▲ 知识密集型服务业

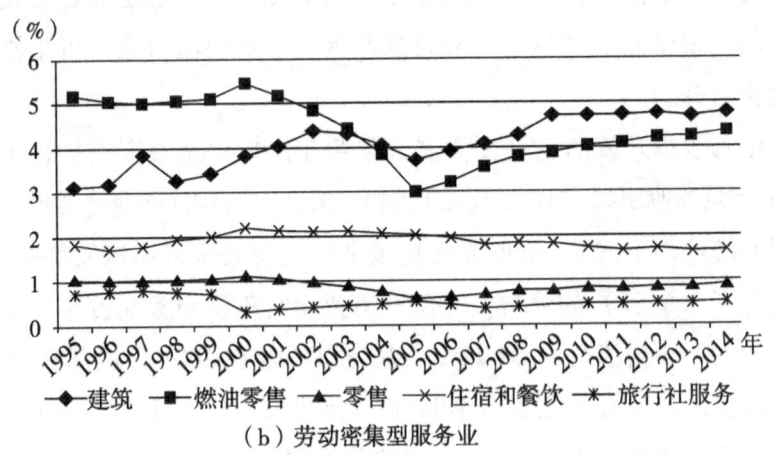

(b) 劳动密集型服务业
◆ 建筑　■ 燃油零售　▲ 零售　✕ 住宿和餐饮　＊ 旅行社服务

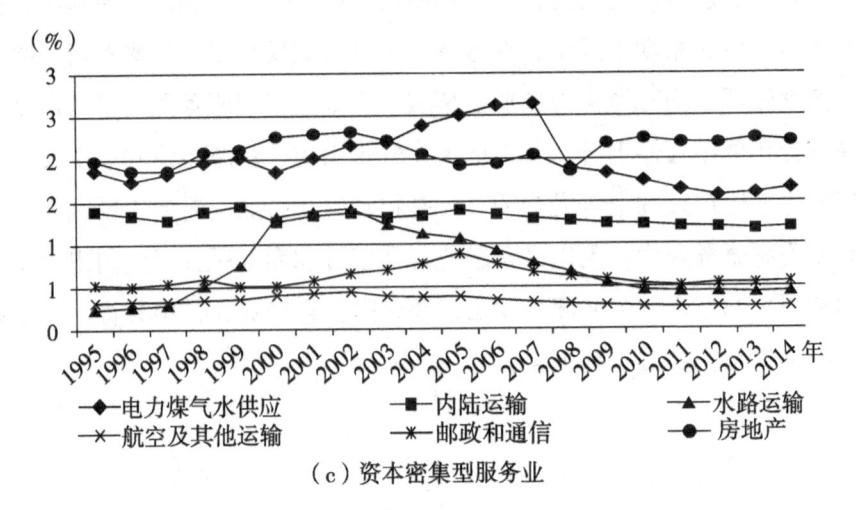

(c) 资本密集型服务业
◆ 电力煤气水供应　■ 内陆运输　▲ 水路运输
✕ 航空及其他运输　＊ 邮政和通信　● 房地产

(d) 知识密集型服务业

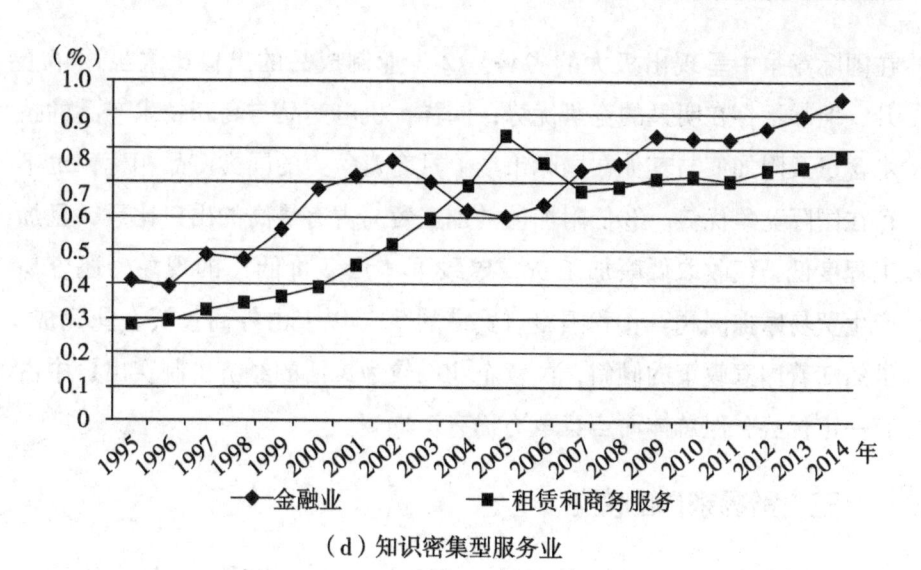

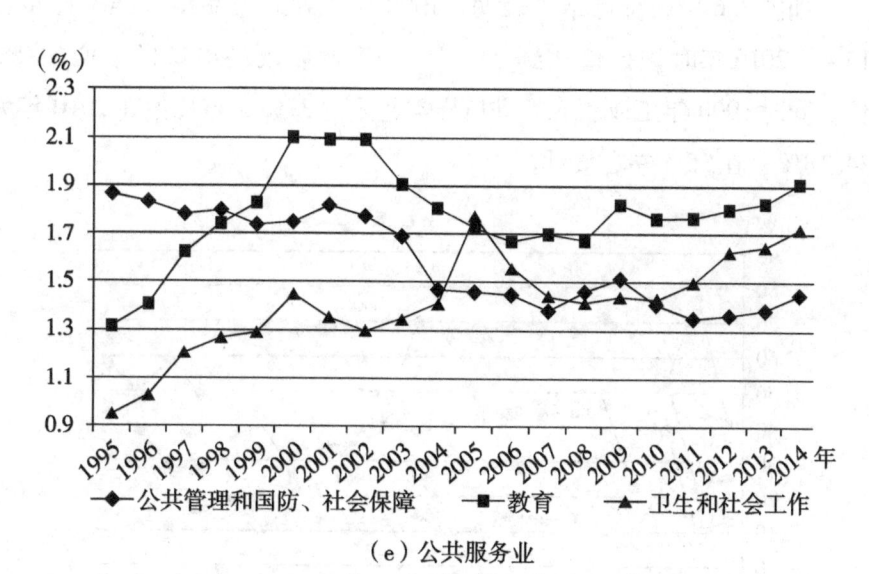

(e) 公共服务业

图 3.5 各服务业产业和服务业总体所占出口比重

中国出口的高速增长推动了经济的快速发展，但仍难掩其背后传统的粗放型经济发展模式中存在的问题。在这种模式下，出口贸易也表现为加工贸易比重高、获取低利润率的低价竞争模型以及存在巨额"双顺差"的国际收支等现象，呈现出一种"重数量、轻质量"的出口模式。具体来说：①我国出口的一大项目仍为资源密集型产品，该类产品在国际竞争中呈现出极大的劣势。②工业制成品的出口比重虽逐年上升,但却不存在明显的竞争优势;同样,机电产品与高新技术产品的技术含量及附加值与其他在国际市场上具有竞争力的同类产品相比,也不存在国际竞争优势。③低附加值的加工贸易占有最高的出口比重,且加工程度低,仅收取低廉加工费,导致了"量多价低"的现象,还容易产生贸易摩擦问题。④我国出口贸易的50%以上由外商投资企业完成,虽然随着国家政策的倾斜,民营企业以较为灵活的经济机制在出口中占有一定优势,但总体而言竞争力仍有待提高。

三、贸易条件的变化

如图 3.6 中,统计结果表明,1990 年工业制成品出口样本比重占 13%,2010 年时该比值达到 45.22%,工业制成品出口样本增加 2.5 倍。同时 1990 年工业制成品进口样本比重占 37%,该比值在 2010 年为 34.18%,在 35% 左右波动。

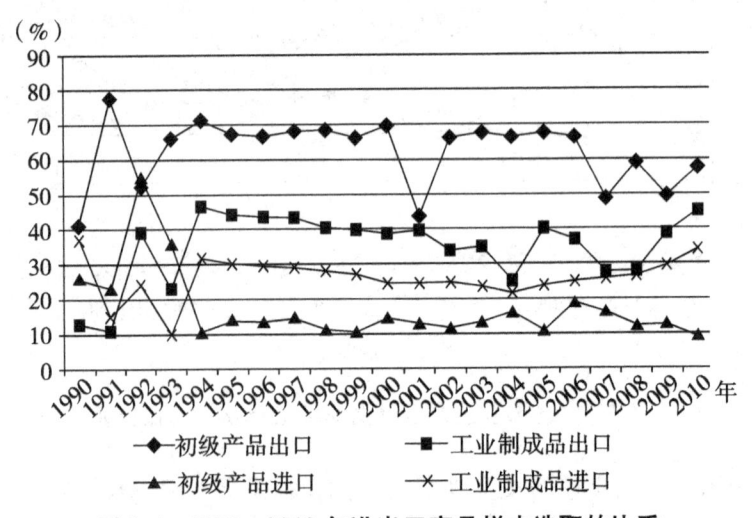

图 3.6　1990—2010 年进出口商品样本选取的比重

数据来源:《中国统计年鉴》,WTO 统计数据整理。

本书同时选用初级产品和工业制成品的进口价格指数和出口价格指数计算价格贸易条件指数,具体数据见图 3.7。

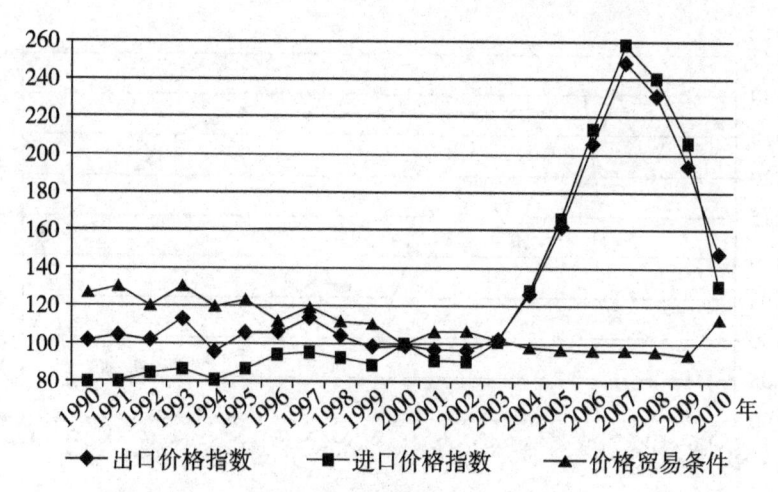

第三章　中国出口贸易变化的特征性事实

图3.7　1990—2010年的出口价格指数、进口价格指数、价格贸易条件

数据来源：《中国统计年鉴》，WTO统计数据整理。

从整体上看，价格贸易条件指数逐步下降，1990—1993年基本在120与130之间波动，但从1994年开始，我国贸易条件开始逐渐走下坡路，到2009年一路跌到94.13，2010年略有回升到112.95。从图3.7中可以看到，我国进口价格指数在1993年仅为80.21，远低于出口价格指数113.14的水平，随着进口价格指数的上涨、出口价格指数下跌，在2000年形成第一个交点，2003年后两种价格指数飙升，在2004年进口价格指数超过出口价格指数，一直到2008年产生转折点，二者开始下降，在2010年进口价格指数下降幅度大于出口价格指数，使得出口价格指数再次高于进口价格指数。综上所述，进口价格的增加、出口价格的降低影响了贸易的发展，导致贸易价格不断恶化。

对多数国家来说，本国货币贬值可能是该国贸易条件恶化的原因（琼·罗宾逊；1947）。分析人民币汇率变化与贸易条件的波动，由图3.8可以看出，在1994年美元兑人民币汇率由5.76上升至8.61后，价格贸易条件不断恶化，在2005年后，人民币汇率逐步下降，在2010年达到6.62，与此同时价格贸易条件在2005—2009年间在95左右波动，2010年快速上升至112.95。这表明人民币汇率的适度升值有助于改善不断恶化的贸易条件。

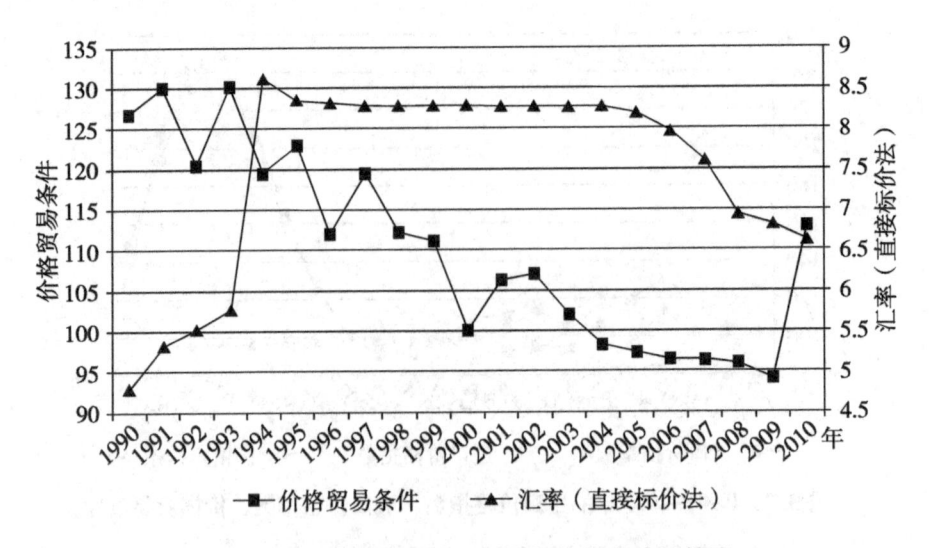

图 3.8 汇率与价格贸易条件指数的波动趋势图

数据来源：《中国统计年鉴》。

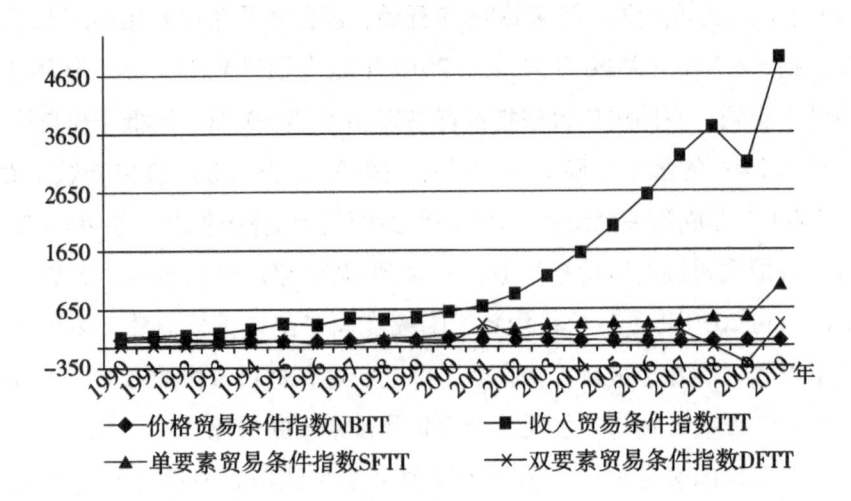

图 3.9 1990—2010 年我国四大贸易条件变化趋势图

数据来源：《中国统计年鉴》，WTO 数据库，《中国工业年报》及其他资源网站。

最后将进一步考虑其他衡量贸易条件的方法，在图 3.9 中同时报告了价格贸易指数、收入贸易条件指数、单要素贸易条件指数和双要素贸易条件指数的变化趋势。其中收入贸易条件指数呈持续增长趋势，除了在 2009

年略有下降,在2001年加入WTO以前保持较为平稳地增长,2001年后增速大有提升,在2008年达到3754.3,是2001年的5倍。收入贸易条件的改善,不仅意味着我国出口企业从贸易中获得更多的利益,也提高了国内经济运行的效率。以劳动生产率计算的单要素贸易条件指数和考虑世界平均劳动生产率的双要素贸易条件指数均有一定改善,在2001年后有较明显的上升。在价格贸易条件下降的不利情况下,两类要素贸易条件均呈上升趋势,表明此期间我国劳动生产率及劳动效益得到了提高。

影响中国贸易条件的因素有很多,下面主要从经济增长、汇率、产品结构变化、收入转移、贸易政策这五个方面进行总结:

第一,从经济增长的角度考虑,我国国内生产总值近20年来都呈现出高速增长的趋势,但贸易条件却不幸呈现出恶化的趋势。前20年的发展中,我国有大量剩余劳动力,为解决就业问题而发展劳动密集型产业,因此低技术含量、高劳动密集度的加工贸易产品出口增长迅速。根据国际经济学理论,以出口偏向型增长为基础的中国出口贸易,在一定程度上使我国贸易条件在经济增长的情况下反而恶化。

第二,汇率通过影响我国进出口商品的成本比价以及名义价格来影响我国的贸易条件。我国出口的产品仍以中间产品为主,在价值链中所占份额较小,需求弹性较小,这就导致最终产品的价格不会因为人民币的升值而产生过大幅度的震荡。从目前的情况看来,人民币的稳定升值使得我国的收入贸易条件得到改善。

第三,出口商品结构影响我国的贸易条件。在国际一体化的生产体系中,处于生产下游或终端的我国企业出口产品多具有高替代性、低技术含量的特征,出口价格难以上涨。相反,进口需求随着加工贸易迅速增加,对国际原材料、燃料等初级产品的需求也随着国内加工企业的发展而大幅度上升,最近20年中初级产品价格在国际市场中基本趋于上扬,从而使得初级产品进口价格指数呈现上升趋势。另外,根据图3.6我国初级产品相对于工业制成品的出口比重已有明显下降,初级产品的贸易条件有所改善,而工业制成品的贸易条件降低,这一变化致使我国整体价格贸易条件恶化。

第四，作为全球吸引 FDI 最多的收入转入国，我国的贸易条件却没有趋于改善，这主要有两方面的原因：一是劳动密集型行业是吸收 FDI 的主要行业，不利于产业结构的升级，且易产生价格恶性竞争。二是 FDI 使得跨国公司的进出口行为演变成跨国公司的内部贸易，影响了我国的进出口价格。在我国投资的跨国公司，为减轻税负、提高利润、逃避管制，往往以高价进口中间产品，而以低价出口产成品，导致我国产品进口价格上升而出口价格下降，进而使得我国价格贸易条件恶化。

第五，在贸易政策方面，关税与出口补贴对贸易条件影响重大。中国加入 WTO 以后，进口产品的关税税率大幅下降，我国的贸易条件一定程度上受进口关税的降低而恶化。但是同时我国作为一个贸易大国，其他国家在进口我国商品时，也大幅降低对我国出口商品的进口关税，使得我国贸易条件得到改善。从我国实际看来，双方均降低进口关税时，显然我国贸易条件得到的改善的程度远远高于恶化的程度，使我国在世界经济一体化进程中受益。而出口补贴政策使得我国制造的商品在国际市场上的价格低于国内市场，且多补贴于低端制造业企业直接导致了出口偏向性经济增长，这两方面的共同作用则导致我国贸易条件的恶化。

受以上五个因素对贸易条件的影响，造成近 20 年来我国贸易条件的恶化，要尽快转变经济增长方式，调整产业结构，加速发展高新技术产业，利用出口补贴的发放方向促进产业转型升级。

第二节　中国企业出口行为的特征性事实

一、问题提出

自从有关出口贸易的文献 Melitz（2003）出现，世界上各国的专家学者从各个方面检验了企业的"出口学习"效应和"自我选择"效应，还有很多学者就中国的出口贸易活动进行了实质性的研究，提出了很多假说，例如，中国出口企业生产率之谜，即中国的出口企业有悖于Melitz异质性企业贸易理论。

本书从中国的企业出口一般缺乏自主品牌，依靠外生的贸易中介，这种出口体系缺少了创新与企业家才能等高端优势的角度解释了中国出口贸易和Melitz理论中企业的不同。本书认为中国企业做出这种似乎不理性选择的原因在于中国企业受到普遍且严重的融资约束。在金融与国际贸易联系的现有研究中，Chaney（2016）受到了Melitz的启发，进行了前所未有的创新，将融资约束和异质性企业结合在一起，发现只有那些融资约束小的企业才会付出沉没成本成为出口企业；Manova（2008）也发现了只有经济发达的国家才会更轻松地进行双边出口大宗货物贸易；还有很多专家发现出口企业在信贷方面面临更大的挑战，例如经常用海运等耗时较长运输方式的出口企业，它要面临更大的信贷约束。李志远和余淼杰（2013）证明一个企业的项目成功率越高外部融资的机会就越大；阳佳余（2012）认为，改善企业融资状况，不但可以提高企业出口的概率，而且可以扩大企业出口的规模，这些文献从融资约束能缓解沉没成本的角度验证了Melitz的"自我选择"效应，但是却不能验证"中国出口企业生产率之谜"。戴觅、余淼杰和Madhura（2014）研究并分析2000—2006年的海关数据报告，"中国出口企业生产率之谜"是由于中国具有大量加工贸易企业的存在。分析国内情况，大约有20%的企业仅从事贸易加工，这些企业的生产率比非出口企业的生产率低了10%~22%。传统理论中认为出口企业生产率更高的结论，在剔除加工贸易企业的影响后再次成立。这些文献为我们提供了关于中国贸易研究分析必需的资料，因为中国的融资约束普遍存在，中国的企业选择以贸易中介的方式出口，导致了企业实际生产率的降低，而调整的企业边际出口比例则是融资约束和生产率之间的权衡结构。在剔除加工贸易出口方式的企业后，这一现象在一般贸易出口方式中仍然存在。我们希望通过一些基础性研究工作来弥补现有文献的不足，并同时能为从微观企业视角研究我国的出口贸易做出微薄贡献。

二、数据来源及处理方法

本章所使用的数据资料是国家统计局1998—2013年间的工业企业数据。其中包括39个行业，31个省（自治区、直辖市）以及所有国有企业和规模以上非国有企业，年主营业务收入超过500万元的企业为规模以上企业，2011年该标准提高到2000万元。该数据包含三大会计报表的完整信息（即资产负债表、损益账户、现金流量表），并包含"出口交货值"信息，使我们得以判断企业是否出口。剔除其中电、热、水、燃气的生产和供应行业，各类采矿行业和废弃资源回收加工业这三个非制造业行业后，我们选取全部的制造业行业作为研究的样本，并对数据进行处理。

首先，根据Cai and Liu（2009），我们使用以下标准来整理样本和缺失值。删除企业总产值、工业增加值、资本存量、出口交货值以及企业各项投入值为负的样本；删除缺少关键的金融变量的样本；删除逻辑错误的观察值：本年折旧大于累计折旧；工业增加值或中间投入大于总产出。其次，根据Brandt（2012）删除公司员工少于8人的企业，因为他们不符合一些法律制度。再次，和Feenstra et al.（2014）一样，我们根据一般公认会计原则（GAAP）删除符合以下任何一种情况的样本：①总固定资产大于总资产；②流动资产大于总资产；③固定资产净值大于总资产；④公司成立时间无效，或公司的识别号码丢失。最后，删除关键指标（工业总产值与职工人数之比、工业总产值与固定资产年平均余额之比）前后1%的极端值。

由于2003年起中国行业代码采用了新的国民经济行业分类，因此参照Brandt et al.（2012）对2003年前后的行业分类代码进行重新整理，使得前后数据的行业分类同一。最终，样本所涵盖的制造业部门涉及所有的29个大类，425个小类。从样本的代表性看来，本章所选用的样本基本能够代表我国制造业企业的整体情况，具体统计结果见表3.2。

表 3.2 采用的样本及样本代表性

	1998	1999	2000	2001	2002	2003	2004	2005
企业数（个）	155099.0	152227.0	159362.0	166089.0	179523.0	195935.0	268944.0	270324.0
样本企业出口额（亿元）	10327.1	11247.3	14596.6	16181.3	20045.1	26909.4	—	47797.1
中国的总出口额（亿元）	15223.6	16159.8	20634.4	22024.4	26947.9	36287.9	49103.3	62648.1
样本企业出口额所占比重（%）	67.8	69.6	70.7	73.5	74.4	74.2	—	76.3

	2006	2007	2008	2009	2011	2012	2013
企业数（个）	301025.0	336033.0	366315.0	295686.0	262326.0	269256.0	321275.0
样本企业出口额（亿元）	60551.6	73313.2	76846.3	58754.2	89701.3	92636.7	105274.2
中国的总出口额（亿元）	77597.2	93627.1	100394.9	82029.69	123240.6	129359.3	137131.4
样本企业出口额所占比重（%）	78.0	78.3	76.5	71.6	72.8	71.6	76.8

— 71 —

三、中国出口企业的生产率特征

中国的劳动生产率近30年拥有接近8%的增长，令人印象深刻。由最初的农业部门改革推动，自20世纪80年代中后期以来，非农业部门已成为增长的发动机。到了2006年非农业对GDP的贡献已经接近90%，且雇佣劳动力占到劳动力总量的2/3以上。对这种增长的解释之一便是全要素生产率（TFP）的增长，其增长调动了更多的物质资本与人力资本，对经济的增长功不可没。另外，中国的出口存在一个聚集问题，中国非农业部门与工业部门的总和占全国GDP的一半，并且占到出口的90%，这从另一个方面体现了出口对于一国经济的重要影响。对企业来说也可促进企业的转型升级，并对生产率起到作用。

对生产率的测算是很多实证研究的基础，它通常被解释为总产出中不能由要素投入所解释的"剩余"。这个剩余一般被称为全要素生产率（TFP），它反映了生产率作为一个经济概念的本质（Masimo et al.，2008）。TFP反映了生产过程中各种投入要素的单位平均产出水平，也就是投入转化为最终产出的总体效率。虽然TFP在很多研究中被用来表示技术水平，但是这并非是一个准确的描述，TFP除了与技术进步有关之外，还反映了物质生产的知识水平、管理技能、制度环境以及计算误差等因素，因此将其统称为生产率水平更为恰当。

一般而言，计算全要素生产率首先就是设定一对生产函数，而这个最常用的函数的形式就是Cobb – Douglas生产函数：

$$Y_{it} = A_{it} L_{it}^{\alpha} K_{it}^{\beta} \tag{3.1}$$

Y_{it}表示产出量，劳动的投入和资本的投入分别用L_{it}和K_{it}表示，A_{it}表示需要计算的全要素生产率（TFP），A_{it}与各种要素的边际产出水平正相关。通过对数的形式将（3.1）式转化为如下线性方程：

$$y_{it} = \alpha l_{it} + \beta k_{it} + u_{it} \tag{3.2}$$

其中y_{it}、l_{it}和k_{it}分别表示产出Y_{it}，劳动L_{it}和资本K_{it}投入的对数形

式。TFP（A_{it}）的对数形式通过残差项 u_{it} 表示。因此全要素生产率的计算可以转变为对（3.2）式中残差项的估计。

（一）Olley and Pakes 法

本书主要采用 Olley and Pakes 法（简称 OP 方法），在半参数估计值方法的基础上，假设企业做出投资决策的依据是当前自身的生产率状况，因此生产率冲击的代理变量采用企业当期投资，从而使得同时性偏差问题得到解决。

要用这个方法应该先要建立企业当前资本存量与投资之间的关系，根据 Olley and Pakes（1996）建立下式：

$$K_{it+1} = (1-\delta) K_{it} + I_{it} \tag{3.3}$$

K_{it} 为当期资本存量，I_{it} 为当期投资，由（3.3）式可以看出企业的当期资本与投资是正交的。另外，若对部分的残差 ω_{it} 有较高的预期，则企业将会提高当期投资 I_{it}，从而可以构建 ω_{it} 与投资的函数：

$$i_{it} = i_t (\omega, k_{it}) \tag{3.4}$$

利用反函数可以得到 ω_{it} 的表达式为：

$$\omega_{it} = h_t (i_{it}, k_{it}) \tag{3.5}$$

利用上式可将生产函数估计方程改写为：

$$y_{it} = \alpha l_{it} + \beta k_{it} + h_t (i_{it}, k_{it}) + e_{it} \tag{3.6}$$

在上式中，αl_{it} 可以看成是劳动对产出的贡献。将 $\beta k_{it} + h_t (i_{it}: k_{it})$ 投资与资本存量两个部分对产出的贡献定义为资本对产出的贡献，e_{it} 表示为残差，并定义为 Ψ_{it}，同时定义其估计值为 $\hat{\Psi}_{it}$，因此生产率函数可以被改写为：

$$y_{it} = \alpha l_{it} + \Psi_{it} + e_{it} \tag{3.7}$$

根据（3.7）式可以估计出劳动对产出的估计系数，之后重点在于用估计出的系数来拟合代表资本对产出贡献的 $\hat{\Psi}_{it}$ 的值，并估计出资本对产出的贡献系数。定义 $V_{it} = y_{it} - \hat{\alpha} l_{it}$，进一步将 V_{it} 表示成：

$$V_{it} = \gamma k_{it} + g(\Psi_{t-1} - \gamma k_{it-1}) + \mu_{it} + e_{it} \qquad (3.8)$$

其中 g(·) 是包含了 Ψ 和资本滞后期的函数，该函数同时含有当期资本存量和滞后期，因此为使估计值有用，资本存量的估计系数相同，可由非线性最小二乘法估计得到。

最后利用（3.8）式的估计结果与方程（3.1）进行比较，可获得相应的对数值，也就是所需要的全要素生产率的对数值。

本书在此基础上采用修正的 Olley and Pakes（1996）方法估计企业生产率，仍然假设企业生产函数满足 Cobb - Douglas 形式。由于进口原料的价格和国内原料的价格不同，利用本地平减物价指数测量进口原料将产生新的不必要的估计偏差。根据 Feenstra et al.（2012），假设生产函数中不包括原料，利用企业生产附加值代替企业生产总值，来估计企业生产率。从而，企业 f 的生产函数满足：

$$\ln Y_{ft} = \beta_0 + \beta_1 \ln L_{ft} + \beta_k \ln K_{ft} + \varepsilon_{ft} \qquad (3.9)$$

其中，Y_{ft} 表示企业 f 在 t 年的生产附加值；K_{ft} 表示企业 f 在 t 年的资本存量；L_{ft} 表示企业 f 在 t 年的雇员数量；企业生产率被吸收到残差项 ε_{ft} 中。

传统生产率估算是通过计算产出真实值与通过 OLS 方法预测的拟合值之间的差所得。这个残差称为"索洛残差"。用 OLS 估算的"索洛残差"存在两个问题：同步偏差和选择性偏差。企业生产要素投入受到企业生产率水平的影响，同步偏差得以产生；企业的动态行为使得选择偏差得以产生；低生产率企业退出市场使得样本选择丧失了随机性。而 Olley - Pakes（1996）通过半参数估计成功地解决了上述两个问题。接着，大量文献（如：Ackerberg, Caves, and Frazer, 2006; Amiti and Konings, 2007; Delocker, 2011 等）修正了 Olley - Pakes 的估算方法。

本书基于以上内容，选择修正的 Olley - Pakes 方法进行有关企业的生产率评估，其本质上仍旧选择了假设企业满足函数关系 Cobb - Douglas 的形式。本质上来说，因为进口原料等诸多内容的价格波动，因此可以利用本地的物价指数进行评估。基于 Feenstra et al.（2012）所提出的,对于假设函数当中不存在原料这一内容来说,可以利用现阶段企业的生产附加值所形成的替代企业总值,进行企业生产率的有效评估,其本质上企业是能够满足以下函数公式的:

$$\ln Y_{ft} = \beta_0 + \beta_1 \ln L_{ft} + \beta_k \ln K_{ft} + \varepsilon_{ft} \qquad (3.10)$$

Y_{ft}表示生产附加值;K_{ft}代表了资本存量;L_{ft}表示企雇员数。

基于传统的生产率层面来说,可以通过估算出真实值,并和 OLS 之间所形成的方法予以拟合评估。对于残差这个概念来说,普遍称之为"索洛残差"。而选择用 OLS 进行对"索洛残差"的内容估算,其本质上是存在两个重要的问题的,分别是:同步偏差、选择性偏差。企业的本身要素投入是会影响到企业的综合选择偏差的,而较低的生产率会促使企业市场丧失随机性。1996 年,学者 Olley - Pakes 通过不断的研究,逐步解决了以上所涉及的相关问题。之后,通过对于更多的文献进行研究,逐步修整了与此相关的评估方法。

本书在使用修正的评估方法之后,将其用来进行企业生产率的评估。Amiti - Konings(2007)提出,对于企业来说,是否进出口将在本质上影响企业的投资决策。所以,本书主要基于企业的进口和出口作为虚拟变量,构建投资决策方程。最终所获得的 TFP 系数,本质上和 Feenstra et al. 所获得的结果是一致的。

第一,对数据进行处理,根据 Brand et al.(2012)提供的投入品平减物价指数和产成品平减物价指数,计算企业的实际生产附加值以及企业所用的实际性劳动力和资本。平减物价指数来源于 Brandt et al.(2012),产成品平减物价指数使用了中国统计年鉴中的"参考价格"进行计算,投入品平减物价指数则基于产成品平减物价指数和中国国家投入—产出表得到。

按照 Brandt et al.(2012)的做法,本书继续利用永续盘存法计算企业实际性投入,其中,使用企业数据库提供的实际折旧来代替固定折旧率,即,企业实际性投入 I_t = 下期资本存量 - 当期资本存量 + 实际折旧。

第二,根据 Olley and Pakes 方法估算企业生产率。Olley and Pakes 认为

(3.9) 式中的残差项 $\varepsilon_{ft} = \omega_{ft} + \mu_{ft}$ 包括两部分：ω_{ft} 为企业生产率；μ_{ft} 为白噪声。基于企业动态最优，Olley and Pakes 假设企业生产率 ω_{ft} 服从一阶马尔科夫过程以及企业通过动态投资过程积累资本。企业利润最大化暗含着企业最优投资是企业资本存量和生产率的函数，即 $I_t = f(\ln K_{ft}, \omega_{ft})$。考虑到只有高生产率的企业才会从事国际贸易，本书假设企业的最优投资还受到企业进出口状态的影响。另外，加入 WTO，减少了进出口关税，促使更多企业从事国际贸易。同时假设企业的最优投资决策在加入 WTO 前后是不同的。通过以上两个扩展，Olley and Pakes 方法中的企业最优投资方程被修正为：

$$I_{ft} = f(\ln K_{ft}, \omega_{ft}, FM_{ft}, FX_{ft}, WTO) \quad (3.11)$$

其中，FM_{ft} 是衡量企业 f 在 t 年进口的虚拟变量；FX_{ft} 是衡量企业 f 在 t 年出口的虚拟变量。2001 年以后 WTO 虚拟变量等于 1，之前等于零。公式（3.10）的反函数是 $\omega_{ft} = f^{-1}(\ln K_{ft}, I_{ft}, FM_{ft}, FX_{ft}, WTO)$。把公式（3.10）代入公式（3.9）中，可得：

$$\ln Y_{ft} = \beta_0 + \beta_1 \ln L_{ft} + \phi(\ln K_{ft}, I_{ft}, FM_{ft}, FX_{ft}, WTO) + \mu_{ft} \quad (3.11)$$

其中： $\phi(\ln K_{ft}, I_{ft}, FM_{ft}, FX_{ft}, WTO)$
$= \beta_k \ln K_{ft} + f^{-1}(\ln K_{ft}, I_{ft}, FM_{ft}, FX_{ft}, WTO)$

第三，分两步估计参数。第一步，我们估计参数 β_1。通过关于投资、资本存量、进口虚拟变量、出口虚拟变量和 WTO 虚拟变量的高阶多项式来代替 $\phi(\ln K_{ft}, I_{ft}, FM_{ft}, FX_{ft}, WTO)$，从而得出估计系数。第二步，我们估计参数 β_k。根据（3.9）式，可知：

$$\ln Y_{ft} - \bar{\beta}_1 \ln L_{ft} = \beta_k \ln K_{ft} + \omega_{ft} + \mu_{ft} \quad (3.12)$$

考虑到 ω_{ft} 服从一阶马尔科夫过程以及只有企业生产率较高的企业才能存活，用 $E_t(\omega_{ft} | \omega_{ft-1}, \omega_{ft-1} > \underline{\omega}_{ft-1})$ 来估计企业 t 期的生产率水平 ω_{ft}。其中，$\underline{\omega}_{ft-1}$ 表示在 t-1 期企业存活的临界值。任何企业生产率低于 $\underline{\omega}_{ft-1}$ 在 t 期将退出市场。引入企业存活概率，更正 OLS 估算中的选择偏差。通过使用资本 $\ln K_{ft}$ 和投资 I_{ft} 的高阶多项式估计企业存活

概率指标 P_{ft-1}。企业 t 期的期望生产率水平 ω_{ft} 可写为：

$$E_t(\omega_{ft} \mid \omega_{ft-1}, \omega_{ft-1} > \underline{\omega}_{ft-1}) = g(\omega_{ft-1}, P_{ft-1})$$
$$= g(\ln Y_{ft-1} - \bar{\beta}_1 \ln L_{ft-1} - \beta_k \ln K_{ft-1}, P_{ft-1})$$

从而，(3.12) 式可表达为：

$$\ln Y_{ft} - \bar{\beta}_1 \ln L_{ft} = \beta_k \ln K_{ft} + g(\ln Y_{ft-1} - \bar{\beta}_1 \ln L_{ft-1} - \beta_k \ln K_{ft-1}, P_{ft-1}) + \mu_{ft}$$

通过 $\ln Y_{ft-1} - \bar{\beta}_1 \ln L_{ft-1} - \beta_k \ln K_{ft-1}$ 和 P_{ft-1} 的高阶多项式代替函数 $g(.,.)$，我们得到估计系数 $\bar{\beta}_k$。从而，得到修正后的 Olley and Pakes 方法的企业生产率：

$$TFP_{ft} = \ln Y_{ft} - \bar{\beta}_1 \ln L_{ft} - \bar{\beta}_k \ln K_{ft}$$

（二）Levinsohn and Petrin 方法

Olley and Pakes 法的使用需要假定代理变量——投资与总产出始终保持单调关系，但由于在实际中并不是所有企业每一期都拥有投资，这就导致了在使用 OP 方法进行估计时，丢失了一部分投资为零的企业。对解决这一问题，Levinsohn and Petrin（2003）提出了使用中间产品投入作为代理变量的 LP 方法来估计全要素生产率。

在采用数据进行具体的估计时，需要对产出、劳动、资本存量和投资进行度量，我们选用工业企业数据库中的"工业增加值"作为衡量产出的指标（Y1），2008 年后工业增加值没有统计，因此，根据营业利润、折旧、生产税净值三个指标计算出工业增加值，并同时用"销售额"作为衡量产出的指标（Y）进行比较。用"全部职工数"作为衡量劳动投入的指标（L）；用"固定资产年平均余额"作为衡量企业固定资本存量的指标（K）。由于《中国工业企业调查数据库》中没有固定资产投资这一指标，所以参考宏观经济中资本存量的核算方法，对于在位企业根据（3.3）式的变形 $I_t = K_t - K_{t-1} + D_t$ 进行计算，其中，K 为固定资产合计，D 为固定资产本年折旧，对于新进入的企业则直接使用第一期的总资产作为投资指标（I）。

为了消除通货膨胀的影响，以上采用的所用数据都以 1998 年的实际数据值为准，其中通过企业所在地区工业品出厂价格指数平减得到工业增加值，使用固定资产投资价格指数平减得到固定资本存量，平减指数均取自《国家统计局数据库》。表 3.3 报告了各项主要指标的描述性统计结果。

表 3.3 主要变量的统计描述

变量	变量名称	观测值	均值	标准差	最小值	最大值
工业增加值	lnY1	2548202	8.63	1.46	−0.44	18.52
销售值	lnY	2882831	10.25	1.39	2.19	19.49
资本	lnK	2882831	8.50	1.66	−0.24	18.43
劳动力	lnL	2882831	4.93	1.10	2.30	12.32
投资	lnI	2188957	7.29	2.15	−1.56	18.03
企业年龄	age	2882831	9.83	10.32	0	449.00

在利用上述变量估计 TFP 的过程中，为了与 OP 方法进行比较，本书还采用了最小二乘法进行计算，并且三种方法都同时控制了行业、年份、是否国有企业以及出口变量，具体估计系数见表 3.4。

表 3.4 两种方法的资本和劳动估计系数比较

	OLS 方法		OP 方法	
	lnY1	lnY	lnY1	lnY
logL	0.406665	0.4421619	0.358429	0.4042686
	(511.32)	(689.77)	(297.73)	(395.62)
logL	0.3927976	0.3257624	0.2631246	0.2993681
	(766.27)	(793.79)	(139.86)	(113.91)

在表 3.4 中，以 OLS 方法计算的劳动系数、资本系数显著大于 OP 方法计算的估计值，这说明在处理样本数据存在的偏差问题所引起的内生性问题和选择样本方面的偏差问题上 OP 是一个很好的方法。

接下来通过估计出的资本系数与劳动系数，对中国工业企业全要素生产率进行估计，与此同时更将企业分为出口企业与非出口企业，并分析两种不同类型企业的生产率变化趋势。从图 3.10 中可以看出，

第三章 中国出口贸易变化的特征性事实

1998—2013年间，中国工业企业全要素生产率总体呈上升趋势，以工业增加值计算的TFP在2009年有明显的下降，这是由于在2009年的统计数据中缺少累计折旧这一指标，因此对于工业增加值计算不够准确。而以销售额计算的TFP，无论是OLS方法还是OP方法都呈平稳的上升趋势。在后文中采用OP方法计算的TFP值作为本书衡量企业全要素生产率的指标。

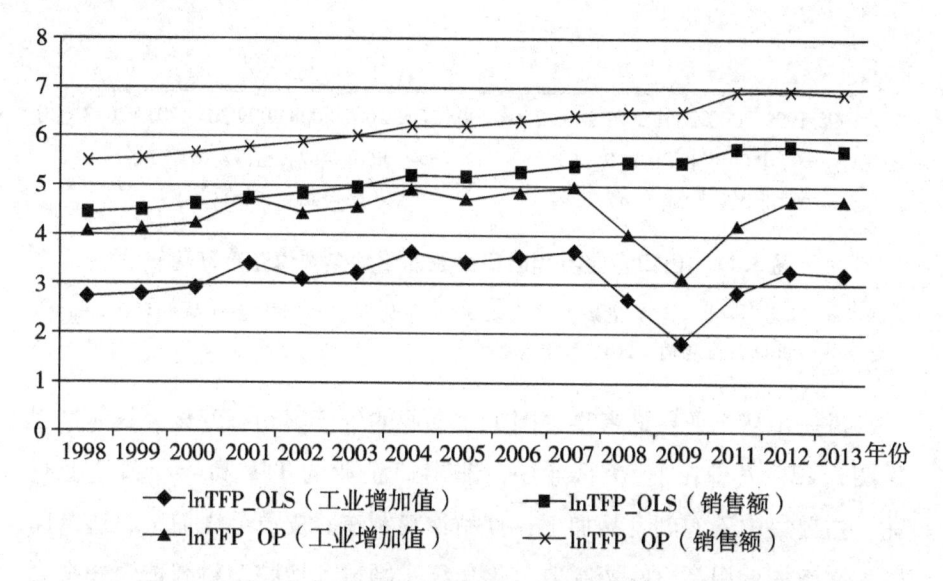

图3.10 两种方法分别用工业增加值、销售额估计的TFP结果比较

注：2009年以工业增加值计算的TFP水平中缺少累计折旧这一指标。

图3.11为OP方法计算的出口企业TFP与非出口企业TFP的比较，由计算可知，由工业增加值计算的出口企业的资本系数为0.259，低于非出口企业的0.265，出口企业劳动系数为0.340，也低于非出口企业的0.378，最终估计得出的TFP估计结果，出口企业较高于非出口企业。而以销售额计算的出口企业资本系数为0.321高于非出口企业0.290，劳动系数则正好相反，出口企业为0.371低于非出口企业0.429，由此估计的TFP值几乎相同，非出口企业比出口企业略低，这种现象的出现可能是因为出口企业在出口之前就具有较高的生产率，且出口后由于包销、代理等方式挤出的企业创新能力具有的滞后效应。

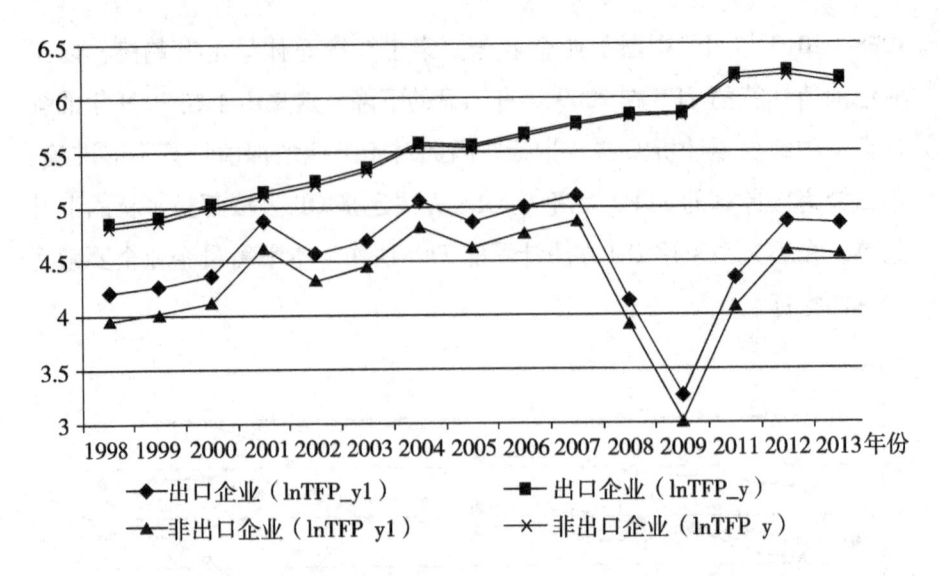

图 3.11　出口企业与非出口企业的平均全要素生产率比较

注：2004年出口交货值缺失，因此2004年的取值为所有企业的lnTFP，出口企业与非出口企业相同。2010年数据缺失。

进一步从产业层面考察中国工业企业的生产率动态变化，具体结果见图3.12。其中在16个行业中，非出口企业的TFP高于出口企业行业，主要集中于农副食品加工、食品饮料制造、皮革毛皮加工、造纸印刷、文教体育用品、医药制造、化学纤维制造、橡胶塑料制造、非金属矿物、金属制造等生产技术水平要求较低的行业。在另外13个相对技术水平较高的行业中，非出口企业的TFP低于出口企业，这些行业包括：仪器仪表制造业、计算机通信和其他电子制造业、电气机械及器材制造业、专用设备制造、黑色金属冶炼和压延加工、化学原料和化学制品、石油加工、烟草制品、纺织服装等。对于技术水平较高的行业，进入出口市场的生产率门槛较高，因此出口企业的生产率水平高于非出口企业；而对于技术水平较低的行业，出口资源型产品，进入出口市场的门槛较低，因此这类行业的出口企业生产率水平并不会明显高于非出口企业。

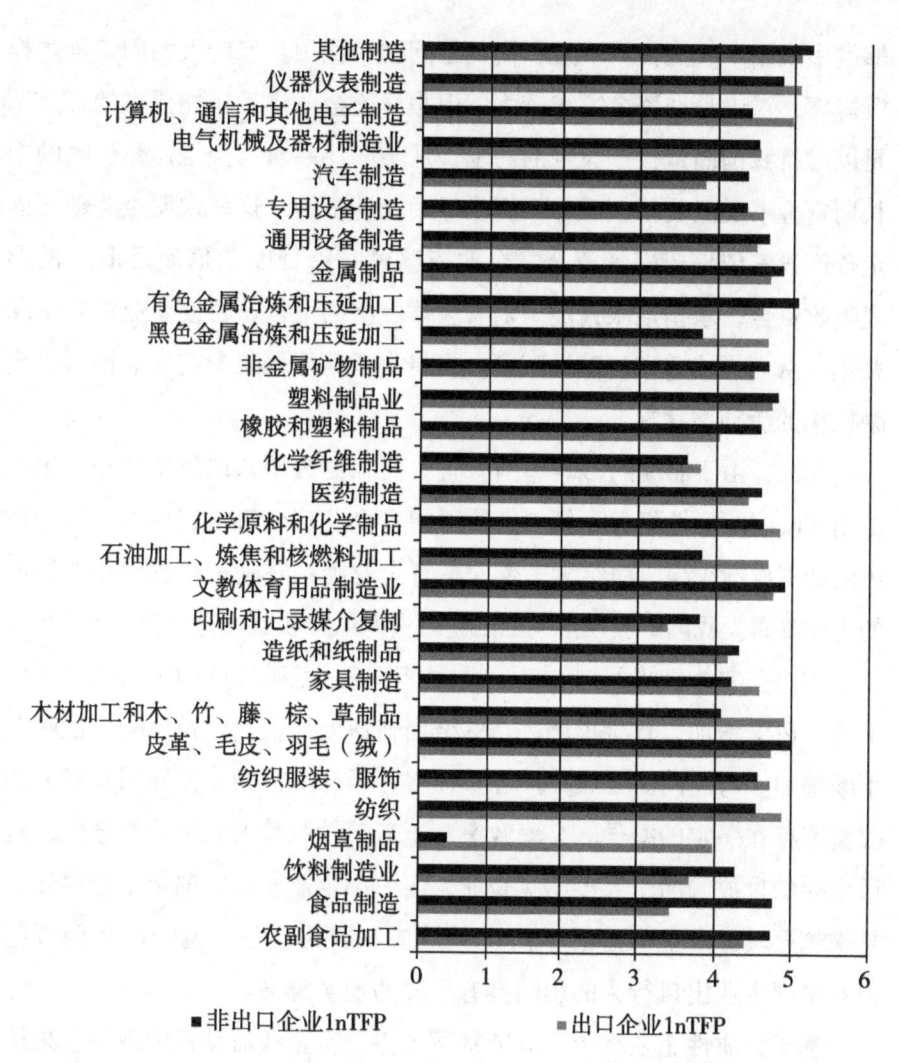

第三章 中国出口贸易变化的特征性事实

图3.12 各行业间出口企业与非出口企业的平均全要素生产率比较

四、中国出口企业的流动性事实

由于处于发展阶段的中国银行体系（央行、监管部门和商业银行）和金融体制尚不完善，存在流动性管理的缺陷，因而中国流动性特征存在着一些鲜明的特点。

第一，我国企业面临的流动性风险较大，因为我国存在期限错配的问题。从实际来看，我国的投资资金远远小于储蓄资金，而由于缺乏足够的中长期金融工具，引发了流动性问题。我国具有较大的固定资产投资规模，对中长期资金需求较大，但是目前金融体系所能提供的资金不足以维持我国固定资产投资的需求。从金融体系看，金融体系吸收的中长期资金不足以支持金融体系提供的中长期资金。这就说明企业部分固定资产投资依赖于短期资金，企业依赖民间借贷以"借新还旧"的形式吸收资金，承担期限错配。随着整体经济的下行，将使企业资金状况恶化，从而导致出现流动性问题，更将由于信用风险影响商业银行等金融机构的流动性状况。

第二，由于制度的影响非国有企业面临更为严重的融资约束。银行信用在政府的隐性担保下倾斜，使得国有企业现金流流转顺利，即使付出的融资成本较高，而绝大多数非国有企业则将融资约束视为企业发展的主要障碍。我国的流动性问题因金融资源风险收益配置的扭曲而加剧。

如今，实体经济的周转率、投入产出率、基础资产的平均收益率均下降，风险增加，且规模增大、资金周转速度加快，以及风险补偿收益不断增加。与此同时导致资产和负债双方矛盾加深的主要原因是双方的收益率存在一定的差异。金融政策对于流动性风险的防范效果甚微，货币金融的投放倾向于大型国有企业，而中小企业所面临的货币金融环境越来越严峻，产生明显的"挤出"效应。因此，考察流动性和融资约束对中国企业出口行为的影响具有重要的现实意义。

基于异质性企业理论，本节接下来将分析企业流动性的现状。采用企业的资产负债比来衡量流动性，该比值越低说明企业的融资能力越强。另外，也采用企业的财务费用与总资产的比重、利息支出与固定资产比重来衡量流动性，以上两项指标均从一定程度上反映了企业贷款能力的大小。

图 3.13—3.15 报告了三种流动性指标在全体样本与国有企业、非国有企业之间的不同变化趋势。国有企业的资产负债比在 2001 年之前与非国有企业相近，此后几年有较大的波动远高于非国有企业，尤其是 2003 年达到峰值，是非国有企业的 1.7 倍，2008 年以前非国有企业的

资产负债比在3~4.5之间，波动较小；2008年以后国有企业资产负债比明显下降，而非国有企业比值上升；2013年非国有企业的资产负债比是国有企业的1.5倍。

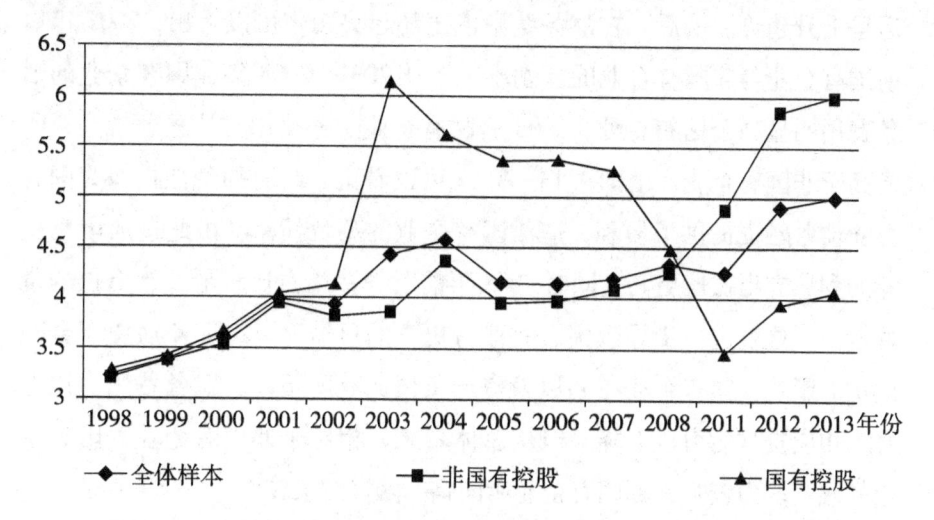

图3.13 全体样本、非国有企业、国有企业的资产负债比趋势图

注：2009年对于国有企业与非国有企业的区别缺失，下同。

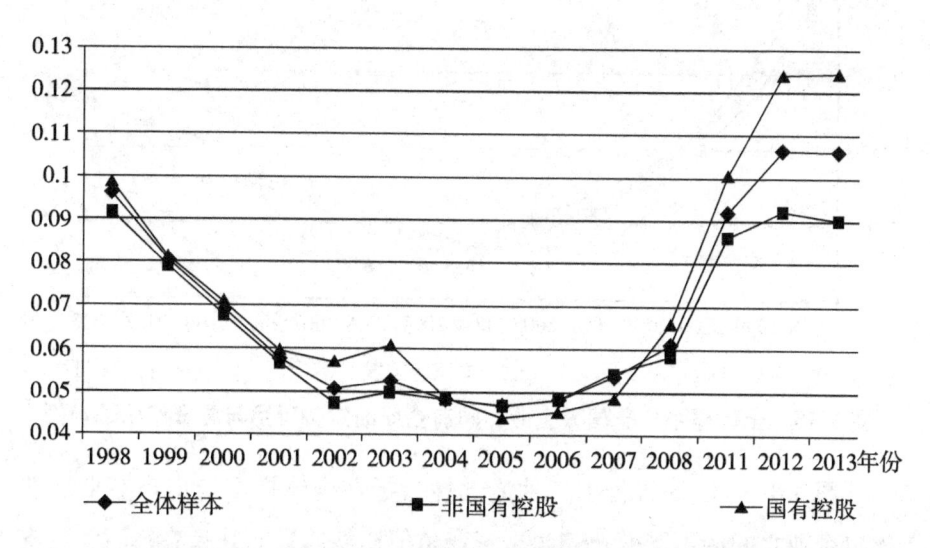

图3.14 全体样本、非国有企业、国有企业的利息支出与固定资产比趋势图

从图 3.14 中可以看出，2008 年以前国有企业与非国有企业的利息支出占比相差不大，2008 年后国有企业的利息支出占比略高于非国有企业。除此之外，在 1998—2007 年间利息支出占比从 0.1 下降到 0.04，2008 年后呈上升趋势。最后，在财务费用占比的趋势图中可以看出，2003 年以前国有企业与非国有企业的差别不大，从 2004—2008 年非国有企业的财务费用明显高于国有企业，2008 后国有企业财务费用占比显著提高，明显高于非国有企业。由图 3.13—3.15 可以看出，政府的隐性担保为国有企业债务融资提供了便利，造成国有企业的高负债率，由此造成国有企业的利息支出占比更高，同时 2008 年前财务费用占比较低，有更强的贷款能力，这就进一步导致国有企业有更高的负债率。2008 年后由于金融危机的影响，国有企业控制风险资产负债比有所下降，财务费用占比上升，相应贷款能力也下降。但从总体看来，相比于非国有企业，国有企业的融资能力较强，非国有企业所面临的融资约束较大。

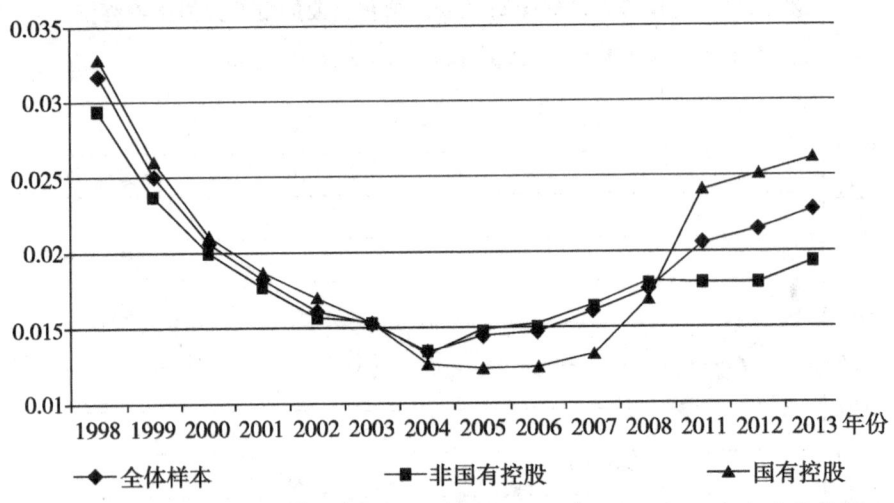

图 3.15 全体样本、非国有企业、国有企业的财务费用与总资产比趋势图

图 3.16—3.18 报告了三种流动性指标在全体样本与出口企业、非出口企业之间的不同变化趋势。资产负债比整体呈上升趋势，而利息支出比与财务费用占比在全部时间段内呈 U 型，2006 年前下降而在之后有所上升。具体来说，出口企业的资产负债比一直低于非出口企业，利

息支出占比和财务费用占比在2008年前出口企业较低,而在2008年后出口企业赶超非出口企业,表明非出口企业的负债比率一直大于出口企业,贷款能力在2008年前较非出口企业更强,其融资约束小于非出口企业,但在经历金融危机后,对出口企业的冲击更大,导致出口企业的贷款能力有所下降。

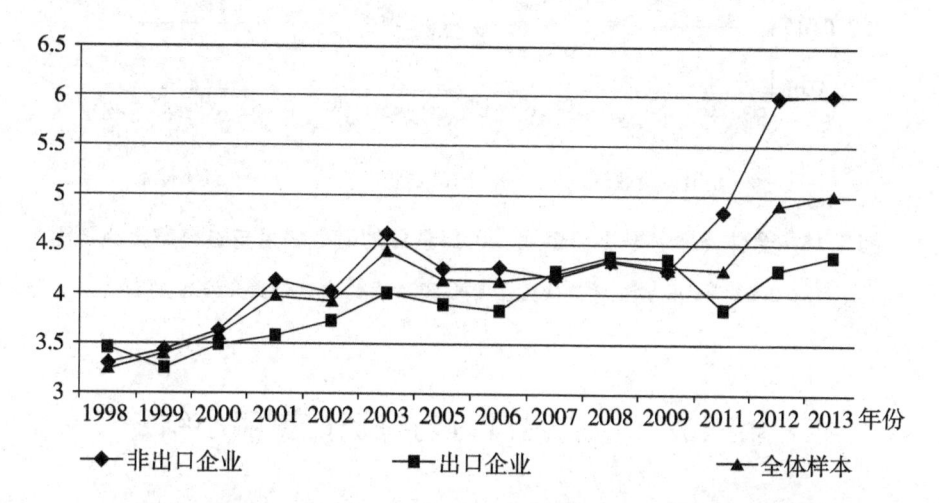

图3.16 全体样本、非出口企业、出口企业的资产负债比趋势图

注:2004年的出口交货值缺失,因此2004年的出口企业数据无法获取。

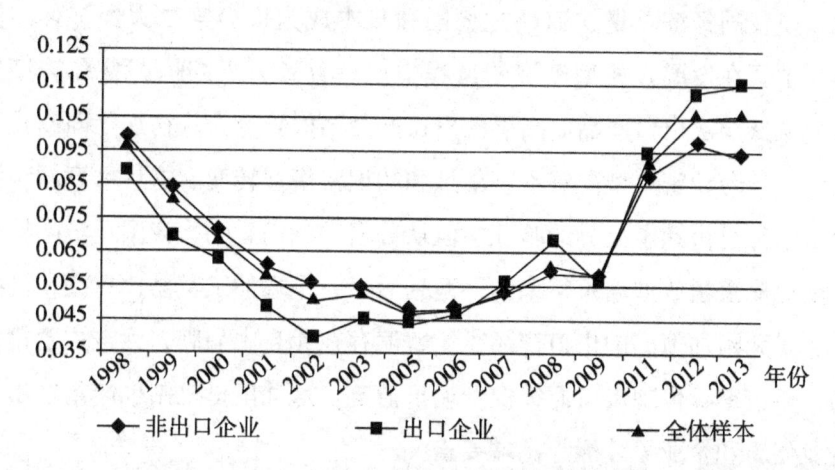

图3.17 全体样本、非出口企业、出口企业的利息支出与固定资产比趋势图

注:2004年的出口交货值缺失,因此2004年的出口企业数据无法获取。

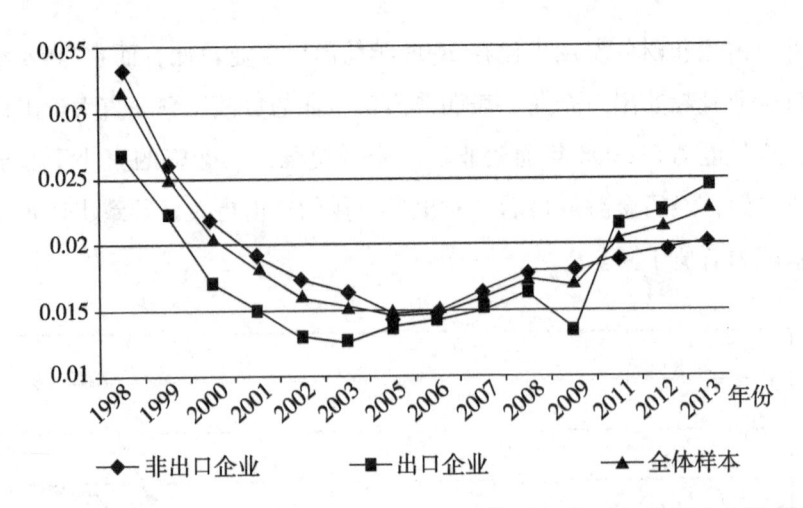

图 3.18 全体样本、非出口企业、出口企业的财务费用与总资产比趋势图

注：2004 年的出口交货值缺失，因此 2004 年的出口企业数据无法获取。

第三节 企业出口行为特征性事实小结

改革开放以来，我国的出口规模呈现了高速增长的局面，到 2010 年就已成为全球第一贸易大国，出口的增长也有效地拉动了经济的增长，使我国经济总量快速超过德国和日本成为世界第二大经济体。同时，中国在发展开放型经济的过程中也一直致力于结构调整和转型升级。从低层次出口产品向高层次出口产品结构转变，从初加工向高技术转变，从劳动密集型向资本密集型和知识密集型转变。这从本章的统计分析中都已得到了充分的验证。但从分析中我们看到，我国经济的快速发展也掩盖粗放型增长带来的一系列后果，呈现加工贸易比重高，高技术含量和附加值高的出口产品少，普遍存在无自主品牌、无自主营销网络，靠包销、代理出口而锁定低端价值链。这种出口机制也严重挤出了企业创新和企业家才能等高端要素。

图 3.19 和图 3.20 比较不同出口类型企业的生产率和融资约束，从图 3.19 中看出，在 2004 年之前，非出口企业的生产率一直低于其他两

类企业，在2004年飞速上升，超越其他两类成为生产率最高的企业，并在之后一直处于领先水平；一般贸易企业与加工贸易企业的生产率变化趋势相近，但一般贸易企业一直高于加工贸易企业。图3.20描述了三类企业的融资约束水平，加工贸易企业的融资约束一直高于一般贸易企业，这两类企业的融资约束变化幅度较小，而非出口企业的融资约束在2004年以前远低于其他两类，在2003—2004年快速变强，在2004年之后维持较高水平，但仍略低于其他两类企业。

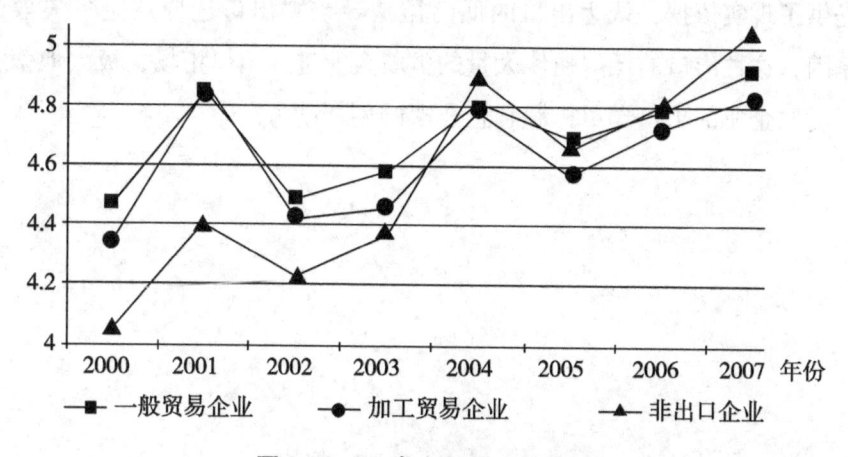

图3.19 三类企业生产率比较

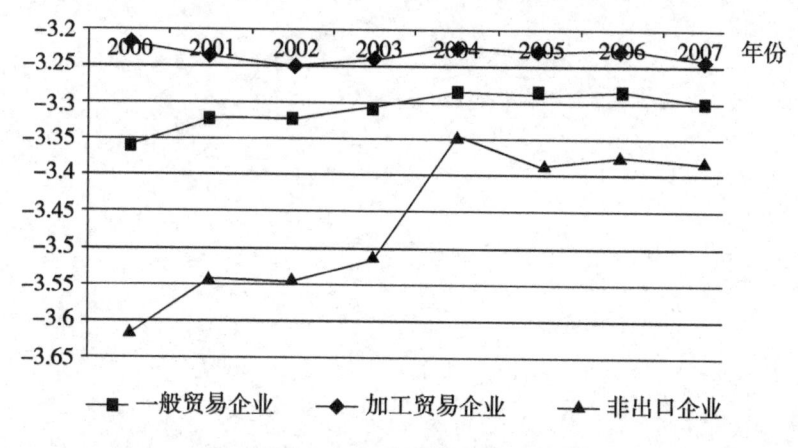

图3.20 三类企业融资约束比较

本章通过对企业生产率、融资约束与企业出口行为的关系进行收集和技术分析得出：中国出口企业由于承担大量的流动性风险，融资约束严重而不得不选择以外生性贸易中介为主的出口方式。因为低效率企业通过以包销、代理为主的外生性贸易出口方式，在无需支付额外成本、无需更多融资的情况下，自由进入出口市场，扩大出口贸易规模，并以出口规模的扩大来缓解流动性或融资约束。

上述分析结果为我们真正揭开中国出口企业缺乏"出口学习效应"提供了现实依据，认为出口的低门槛是导致"出口选择效应"失效的原因，这种出口的低门槛使大量的劣质企业进入出口市场，极大地伤害了优质企业的出口学习机制和企业家的创新动力。

第四章 融资约束、企业生产率与出口行为：机理分析

基于上一章对中国出口实际情况的分析，本章拟从理论上厘清不同融资约束条件下，企业生产率对企业出口行为的调整功能，由于融资约束的不同导致不同生产率水平的企业选择不同的出口行为，反过来企业出口行为的变化又会对企业生产率和融资约束这两个方面产生影响。基于此，本章第一节首先研究出口贸易与企业生产率的机理分析；第二节将视野集中于融资约束与企业出口的机理分析；接下来在第三节中研究融资约束、企业生产率与企业出口行为三者的机理综合，最后对融资约束与企业生产率导致的企业出口行为转变进行了简短的总结。

第一节 企业出口与生产率的机理分析

近年来无比充实的实证研究采用纵向或是用几个国家企业层面的数据来检验在同一行业之间的企业存在着较大的持续性的生产率差异。还有一些研究进一步表明，这些生产率差异与现存的出口状况密切相关：更高效的企业相对更容易出口（即使在所谓的"出口行业"也有相当一部分企业不出口）。另有一些研究强调了发生在同一行业中的大级别资源重新分配，并将再次分配与已建立的出口状况进行联系。

直到 Meltz（2003）提出一种异质性企业的动态产业模型来分析国际贸易的产业内影响。该模型显示了为何贸易将导致只有更高生产率的企业入驻出口市场，而另一些效率不高的企业只在国内市场进行生产，同时将迫使最低生产率的企业慢慢退出市场。通过采用 Hopenhayn（1992）提出的单一产业内异质性企业内生选择模型，在一般均衡的背

景下把该模型与垄断竞争相结合，并在这样做的同时结合企业层面的生产率差异对 Krugman 的贸易模式进行扩展，分析得出在同一个行业中存在不同的生产率水平的企业，是因为在每个公司都需要做出不可逆的投资且进入一个行业之前都面临着初始生产率的不确定。进入出口市场同样也需要付出昂贵的成本，但公司在做出出口决策之后，将获得生产率的提升。

一、消费者需求与生产者函数

在消费者需求函数中，将由 C.E.S 效用函数来表示代表性消费者偏好，ω 表示商品的种类：

$$U = \left[\int_{\omega\in\Omega} q(\omega)^\rho d\omega\right]^{1/\rho}$$

在上式中，Ω 表示所有商品的集合，商品均可替代意味着 $0<\rho<1$，并且两类商品之间的替代弹性为 $\sigma=1/(1-\rho)>1$。根据 Dixit and Stiglitz (1977)，通过考虑把消费的商品集看作是和总价格相关的总产品 $Q=U$，我们可以模型化消费者行为，得到总的价格函数：

$$P = \left[\int_{\omega\in\Omega} p(\omega)^{1-\sigma} d\omega\right]^{1/(1-\sigma)}$$

然后，每一类商品的最优消费和支出决定可以通过价格总函数得到：

$$q(\omega) = Q\left[\frac{p(\omega)}{P}\right]^{-\sigma}, \quad r(\omega) = R\left[\frac{p(\omega)}{P}\right]^{1-\sigma}$$

其中，总支出 $R = PQ = \int_{\omega\in\Omega} r(\omega) d\omega$。

接着考虑生产者行为，一些连续存在于市场中的企业，每家企业生产存在差异的 ω 产品，劳动力作为生产函数内唯一要素，可以无限向总体水平 L 供给，也是衡量企业经济规模的一项指标。通过成本函数表示企业技术水平，其中包括固定简介费用、固定编辑成本。劳动力是产出的线性函数，可表示为 $l = f + q/\varphi$，企业生产力存在差异 $\varphi > 0$，固定成本基本相同，可表示为 $f > 0$。通过构建更高生产率模型，简化分析，实现以最低的边际成本生产多种对称产品。更高生产率的含义是在成本相同的条件下，生产产品量最多。排除企业生产率问题，所有企业均面临常弹性 σ 剩余需求曲线，由此可以得出利润最大化条件：$\sigma/(\sigma-1)=1/\rho$。设置企业定价规则如下：

$$\rho(\varphi)=\frac{w}{\rho\varphi}$$

其中，w 表示标准化为 1 后的共同工资率，因此企业利润可表示为：

$$\pi(\varphi)=r(\varphi)-l(\varphi)=\frac{r(\varphi)}{\sigma}-f$$

在这里 $r(\varphi)$ 是企业收入，$\frac{r(\varphi)}{\sigma}$ 是可变利润。$r(\varphi)$ 和 $\pi(\varphi)$ 同样也可由总价格水平和总收入表示为：

$$r(\varphi)=R(P\rho\varphi)^{\sigma-1}$$

$$\pi(\varphi)=\frac{R}{\sigma}(P\rho\varphi)^{\sigma-1}-f$$

另外，由于其他条件相同，任意两家企业的产出比和收入比仅与他们的生产率之比有关：

$$\frac{q(\varphi_1)}{q(\varphi_2)}=\left(\frac{\varphi_1}{\varphi_2}\right)^{\sigma},\ \frac{r(\varphi_1)}{r(\varphi_2)}=\left(\frac{\varphi_1}{\varphi_2}\right)^{\sigma-1}$$

因此，具有较高生产力水平的企业与较低生产力水平的企业相比将会有更高的产出水平，获得更多的收入，制定较低的产品价格，并获得更高的利润。

二、开放市场均衡

考虑贸易对模型的影响，在前面说过产业内企业平均的生产率是由临界生产率决定的，与由一国规模大小所决定的均衡状态企业数量 M

没有关系，因此一国经济规模的扩大并不影响企业层面的产出。于是贸易的加入并不影响任何企业层面的变量：如同在封闭经济中一样，同样数量企业生产相同的产量，获得同样的利润。另外，有很多证据表明企业希望出口并不仅仅面临每单位的成本（Per-unit costs），也面临不变的固定成本。企业必须自己寻找外国买家并告知有关产品信息，以及学习外国市场、外国规制环境，保证产品必须符合国外的标准。出口企业还必须在国外建立新的销售渠道，确定所有的销售规则符合外国市场规则并满足消费者需求。除了这些无法避免的成本，还有一些政府为了设立非关税壁垒所施加的成本，这些成本的模型化必须独立于企业出口数量决策。

当出口市场存在不确定时，沉没成本就会和出口决策相关（前面提到的这些成本很多是在进入市场前就沉没了）。企业出口和生产率之间的经验研究表明，企业在了解其生产率后才能做出进入出口市场的决策，因此出口市场的不确定性并不源于生产率。因此假定希望出口的企业在了解其生产率水平后，需要付出一定的固定投资，并用 $\tau > 1$ 表示每单位的冰山成本。

为了保证要素价格相同，假定贸易团体由相同的国家组成，从而分析的重点在于和工资差异相独立的企业选择效应。在加入贸易成本的模型中，国家规模的差异会导致均衡工资水平的不同，工资差异又进一步导致了企业选择效应，并产生国家间的生产率水平差异。因此假设研究企业可以出口到 $n>1$ 的任意其他国家，进入每个国家的出口市场要支付一个以劳动力衡量的固定投资成本 $f_{ex}>0$。如果企业不出口，则面临相同的总生产成本 f_x。

对称的假设保证了所有国家享有相同的工资水平，且标准化为1，同时加总变量也相同。每个企业的定价规则与封闭条件下一样，在国内市场上的定价为 $P_d(\varphi) = w/\rho\varphi = 1/\rho\varphi$，出口企业会在出口市场上设定更高的价格以反映增加的边际成本 τ，$P_x(\varphi) = \tau/\rho\varphi = \tau P_d(\varphi)$。于是，国内销售收入和出口销售收入分别是 $r_d(\varphi) = R(P\rho\varphi)^{\sigma-1}$，以

第四章 融资约束、企业生产率与出口行为：机理分析

及 $r_x(\varphi) = \tau^{1-\sigma} r_d(\varphi)$，① R 代表了国家的总收入，P 代表的总价格。收支平衡的条件意味着 R 也代表了任何国家中企业的总收入，以及国民总收入。而一个企业的收入取决于它的出口状况：

$$r(\varphi) = \begin{cases} r_d(\varphi) & \text{如果没有出口} \\ r_d(\varphi) + n r_x(\varphi) = (1 + n\tau^{1-\sigma}) r_d(\varphi) & \text{出口到所有国家} \end{cases}$$

如果一些企业不出口，就不会存在一个对所有产品都统一的世界市场。尽管对称性假设保证了产品的特征在每个国家是相近的，但实际产品却因国家而异：每个国家的消费者均能够获得一些（由那些不出口企业生产的）别国没有的商品。

第一，考虑企业进入、退出和出口状态，所有影响企业进入、退出和生产率水平的外生性因素并不随贸易而发生变化，进入出口市场前，企业的事前生产率分布 $g(\varphi)$ 相同，用 δ 来表示坏的冲击概率。在静态均衡中，生产率水平为 φ 的任何企业出口到某一国获得的每一期可变利润为 $r_x(\varphi)/\sigma$，假定企业对每个国家的出口成本都相同，则企业要么出口到所有国家，要么选择不出口，企业了解自己的生产率水平 φ 后做出口决策，因为假定不存在出口市场不确定性，企业一次性支付投资成本 f_{ex}，或者是每一期分摊支付是无差别的 $f_x = \delta f_{ex}$。② 在静态均衡中，每一期用于弥补出口成本的总劳动力资源不依赖于选择如何支付这个成本，出口企业每一期的利润都反映了该期的固定成本 f_x。

由于没有企业会只选择出口而放弃在国内市场上的销售，因此企业的利润可以分成从国内市场获得的利润 $\pi_d(\varphi)$ 和出口利润 $\pi_x(\varphi)$：

$$\pi_d(\varphi) = \frac{r_d(\varphi)}{\sigma} - f, \quad \pi_x(\varphi) = \frac{r_x(\varphi)}{\sigma} - f_x$$

当企业的国内利润大于 0 时将会进入出口市场，因此企业的利润可

---

① 这个结论的前提假设是每个国家的收入水平相同，都为 R。
② 因为 $f_{ex} = f_x \sum (1-\delta)^t = f_x/\delta$。

以表示为 $\pi(\varphi) = \pi_d(\varphi) + \max\{0, n\pi_x(\varphi)\}$，开放市场条件下企业的价值为 $v(\varphi) = \max\{0, \pi(\varphi)/\delta\}$，$\varphi^* = \inf\{\varphi: v(\varphi) > 0\}$ 确定了进入出口市场的临界生产率水平。另外，出口企业的临界生产率水平则为 $\varphi_x^* = \inf\{\varphi: \varphi \geq \varphi^*, \pi_x(\varphi) > 0\}$，[1] 如果 $\varphi_x^* = \varphi^*$，那么产业中的所有企业都出口，在这种情况下，企业获得的总利润为零：$\pi(\varphi^*) = \pi_d(\varphi^*) + n\pi_x(\varphi^*) = 0$，且出口利润 $\pi_x(\varphi^*) \geq 0$。如果 $\varphi_x^* > \varphi^*$，那么生产率水平介于两者之间的企业只为国内市场生产而不出口，[2] 他们在出口市场销售中获得的利润为负。生产率水平在 φ_x^* 以上的企业在国内和国外市场上同时获得正利润。由定义，临界水平必须满足 $\pi_d(\varphi^*) = \pi_x(\varphi_x^*) = 0$。

当且仅当 $\tau^{\sigma-1} f_x > f$ [3] 时企业出口才会分离，贸易成本必须高于总制造成本。另一点值得注意的是如果出口没有固定的成本，就没有变量使得 $\tau > 1$ 导致这种企业出口分离。往往足够大的出口固定成本 $f_x > f$ 也会导致企业参与出口，即便不存在贸易成本 τ。普遍存在企业出口分层时，假设可变成本和固定成本的乘积足够大，因此 $\tau^{\sigma-1} f_x > f$。

在位企业均衡的生产率水平分布 $\mu(\varphi)$ 由事前的生产率水平分布决定，$\mu(\varphi) = g(\varphi) / [1 - G(\varphi^*)]$，$\forall \varphi \geq \varphi^*$。事前进入出口市场的概率是 p_{in}，而企业会选择出口的事前概率是 $p_x = [1 - G(\varphi_x^*)] / [1 - G(\varphi^*)]$，用 p_x 表示出口企业事后的比率，均衡时任一国家的在位

---

[1] 这是说出口企业的临界生产率水平必须满足两个条件：第一必须是自动地属于超过封闭经济中临界生产率水平 φ^*，这是一个必要条件，第二个是充分条件，即选择出口有利可图 $\pi_x(\varphi) > 0$。

[2] 由于 φ^* 是封闭经济的临界生产率水平，φ_x^* 是开放经济出口企业的临界生产率水平，因此如果 $\varphi_x^* > \varphi^*$，那么显然介于这两者之间的企业将会是那些在国内市场有利润但是出口没有利润的企业，于是他们选择在国内市场销售。

[3] 企业出口状态的分离充要条件是，封闭条件下临界生产率企业国内利润为零，而开放条件下出口企业临界利润为负，于是 $\pi_d(\varphi^*) = \dfrac{f_d}{\sigma} - f = 0$，得到：$r_d = \sigma f$，而 $\pi_x(\varphi_x^*) = \dfrac{r_x}{\sigma} - f_x < 0$，得到：$r_x < \sigma f_x$，又因为 $r_x(\varphi) = \tau^{1-\sigma} r_d(\varphi)$，所以企业出口状态分离充要条件是：$\tau^{\sigma-1} f_x > f$。

企业数量用 M 表示，出口企业的数量用 $M_x = p_x M$ 表示，而 $M_t = M + nM_x$ 则为任一国家内消费者能够消费的全部商品种类。除了临界企业外所有的在位企业都能获得大的利润，平均利润水平 $\bar{\pi}$ 一定大于 0，实际上，未来正的利润期望只是那些考虑进入市场所需要的沉没投资成本 f_{ex} 企业的唯一目标。用 $\bar{v}$ 表示平均利润流的现价：$\bar{v} = (1/\delta)\bar{\pi}$，企业得以进入的平均价值为 $\bar{v} = \int_{\varphi_x^*}^{\infty} v(\varphi^*) \mu(\varphi^*) d\varphi^*$，进入的净价值 v_{ex} 为：

$$v_{ex} = \int_{\varphi_x^*}^{\infty} v(\varphi^*) \mu(\varphi^*) d\varphi^* - f_{ex} = p_{in}\bar{v} - f_{ex} = \frac{1 - G(\varphi_x^*)}{\delta}\bar{\pi} - f_{ex}$$

因此，企业的自由进入条件为：

$$\bar{\pi} = \frac{\delta f_{ex}}{1 - G(\varphi_x^*)} \quad (\text{FE})$$

如果进入的净价值 v_{ex} 小于 0，那么愿意进入的企业将不存在，在不受约束的均衡中，净价值也必然是负的，因为可能的进入者将没有限制。

第二，分析加总的情况，任何生产率水平 $\varphi_x^* > \varphi^*$ 的出口企业会马上退出并再也不进入出口市场，由于假定企业的退出和生产率无关，因此均衡时的生产率分布 $\mu(\varphi^*)$ 并不受退出过程的影响，该分布由初始的生产率决定，且以成功进入出口市场为基础。最后，$\mu(\varphi^*)$ 是 $g(\varphi^*)$ 在 $[\varphi_x^*, \infty)$ 上的条件分布：

$$\mu(\varphi^*) = \begin{cases} \dfrac{g(\varphi^*)}{1 - G(\varphi_x^*)}, & \text{if } \varphi^* > \varphi_x^* \\ 0 & \text{if } \varphi^* \leq \varphi_x^* \end{cases}$$

其中，$\int_{\varphi_x^*}^{\infty} \dfrac{g(\varphi^*)}{1 - G(\varphi_x^*)} d(\varphi^*) = 1$

而 $p_{in} = 1 - G(\varphi_x^*)$ 是事前进入出口市场的概率，临界水平 φ^* 的函数是总的生产率水平 $\tilde{\varphi}$（即平均生产率水平）：

$$\tilde{\varphi}(\varphi^*) = \left[\int_{\varphi^*}^{\infty} \varphi^{\sigma-1} \mu(\varphi) d(\varphi)\right]^{1/\sigma-1}$$

$$= \left[\frac{1}{1-G(\varphi^*)} \int_{\varphi^*}^{\infty} \varphi^{\sigma-1} g(\varphi) d\varphi\right]^{1/\sigma-1}$$

由上式可知用 $\tilde{\varphi} = \tilde{\varphi}(\varphi^*)$，$\tilde{\varphi}_x = \tilde{\varphi}(\varphi_x^*)$ 分别表示所有企业和只有出口企业的平均生产率水平，企业的平均生产率水平只基于市场份额（由企业生产率水平差异来反映）。如果一些企业不出口，那么这个平均水平则不会反映生产率较高企业额外的出口份额。无论是 $\tilde{\varphi}$ 还是 $\tilde{\varphi}_x$ 都不反映在出口转移中"消失"的部分产出 τ，用 $\tilde{\varphi}_t$ 表示所有企业市场份额和出口转移成本 τ 的加权平均生产率：

$$\tilde{\varphi}_t = \left\{\frac{1}{M_t}\left[M\tilde{\varphi}^{\sigma-1} + nM_x(\tau^{-1}\tilde{\varphi}_x)^{\sigma-1}\right]\right\}^{\frac{1}{\sigma-1}}$$

由于对称性，$\tilde{\varphi}_t$ 也是同一国家内部所有企业的加权平均生产率（出口商的生产率由贸易成本 τ 所调节），在强调生产率分布 $\mu(\varphi)$ 对总产量的影响时做了完整性的概括。于是总价格指数 P 和总支出 R，以及任一国家工人福利水平都可以写成平均生产率水平 $\tilde{\varphi}_t$ 和消费品种类 M_t 的函数：$P = M_t^{1/1-\sigma} p(\tilde{\varphi}_t) = M_t^{1/1-\sigma} \frac{1}{p\tilde{\varphi}_t}$，$R = M_t r_d(\tilde{\varphi}_t)$，$W = \frac{R}{LP} = \frac{R}{L} M_t^{1/1-\sigma} p\tilde{\varphi}_t$。

平均生产率水平 $\tilde{\varphi}$ 和 $\tilde{\varphi}_t$ 也能用来表达不同企业集团的平均利润和收入水平：国内企业在自己国家中销售的收益和利润分别为 $r_d(\tilde{\varphi})$、$\pi_d(\tilde{\varphi})$。同样，在给定出口目的地国所有国内出口企业的平均出口收入和利润分别为 $r_x(\tilde{\varphi}_x)$、$\pi_x(\tilde{\varphi}_x)$。因此，所有国内企业[①]的总平均收益为 $\bar{r}$，利润为 $\bar{\pi}$[②]（从国内和出口销售中获得）。

$$\bar{r} = r_d(\tilde{\varphi}) + p_x n r_x(\tilde{\varphi}_x), \quad \bar{\pi} = \pi_d(\tilde{\varphi}) + p_x n \pi_x(\tilde{\varphi}_x)$$

随后，考虑均衡条件，在封闭经济均衡中，企业平均利润和临界生

---

① 包括所有的国内出口企业和国内不出口企业，用总平均总生产率水平 $\tilde{\varphi}_t$ 来刻画。

② 总平均利润由两部分构成：第一部分是以概率 1 获得的国内销售利润；第二部分是以概率 p_x 获得的出口销售利润，因为进入出口市场事后概率为 p_x，在国家对称假设下，进入每个市场的概率是相同的，因此还要乘 n。

第四章 融资约束、企业生产率与出口行为：机理分析

产率水平间的关系用零利润条件表示：

$$\pi_d(\varphi^*) = 0 \leftrightarrow \pi_d(\tilde{\varphi}) = fk_x(\varphi^*)$$
$$\pi_x(\varphi_x^*) = 0 \leftrightarrow \pi_x(\tilde{\varphi}_x) = fk_x(\varphi_x^*)$$

其中，$k(\varphi) = [\tilde{\varphi}(\varphi)/\varphi]^{\sigma-1} - 1$，临界零利润条件也意味着 φ_x^* 可以写成 φ^* 的函数①：

$$\frac{r_x(\varphi_x^*)}{r_d(\varphi^*)} = \tau^{1-\sigma}\left(\frac{\varphi_x^*}{\varphi^*}\right)^{1-\sigma} = \frac{f_x}{f} \leftrightarrow \varphi_x^* = \varphi^*\tau\left(\frac{f_x}{f}\right)^{\frac{1}{1-\sigma}}$$

根据总平均收益为 $\bar{r}$ 和利润 $\bar{\pi}$ 的式子，平均利润可重新表达为 φ^* 的函数：

$$\bar{\pi} = \pi_d(\tilde{\varphi}) + p_x n \pi_x(\tilde{\varphi}_x) = fk(\varphi^*) + p_x n f_x k(\varphi_x^*) \quad (ZCP)$$

上式确定了新的开放经济的零临界利润条件。

用 $\bar{v} = \bar{\pi}/\delta$ 表示平均利润流的现值，$v_e = p_{in}\bar{v} - f_e$ 是进入的净价值。不考虑企业之间利润的差异，在均衡中未来利润的期望价值必须和固定的投资成本相等。

第三，在均衡中的决定可做如下分析，在封闭的经济中，自由进入条件（FE）和新的零利润临界条件（ZCP）界定了唯一的 φ^* 和 $\bar{\pi}$：新的 ZCP 曲线将和 FE 曲线只相交一次。均衡的 φ^* 决定了出口的临界生产率 φ_x^* 以及平均的生产率水平 $\tilde{\varphi}$、$\tilde{\varphi}_x$、$\tilde{\varphi}_t$，成功进入市场概率和出口事先概率是 p_{in} 和 p_x。如同封闭经济的均衡那样，自由进入条件和总稳定条件是 $p_{in}M_e = \delta M$，保证了对投资工人 L_e 的总支付和总利润水平 Π 相等。于是，总的收入 R 由劳动力规模外生固定 R = L。再一次，企业平均收益是

---

① 由临界零利润条件可以得到：$r_d(\varphi^*) = \sigma f$，$r(\varphi_x^*) = \sigma f_x$，因此，$\frac{r(\varphi_x^*)}{r_d(\varphi^*)} = \frac{f_x}{f} = \tau^{1-\sigma}(\frac{\varphi_x^*}{\varphi^*})^{1-\sigma}$，因此 $\tau^{1-\sigma}(\frac{\varphi_x^*}{\varphi^*})^{1-\sigma} = \frac{f_x}{f} \leftrightarrow \tilde{\varphi}_x^* = \varphi^*\tau(\frac{f^*}{f})^{\frac{1}{\sigma-1}}$。这里可以清楚地看到出口企业的零利润临界生产率水平 φ_x^* 和非出口企业零利润临界生产率水平 φ^* 关系是由进入出口市场固定成本和进入国内市场固定成本大小决定的，很显然，如果出口的进入固定成本很高，那么门槛效应十分明显，自然 φ_x^* 就会较大。

由 ZCP 和 FE 条件决定：

$$\begin{cases} \bar{\pi} = \pi_d(\tilde{\varphi}) + p_x n \pi_x(\tilde{\varphi}_x) \\ \pi(\tilde{\varphi}) = \dfrac{r(\tilde{\varphi})}{\sigma} - f \end{cases} \to \bar{r} = r_d(\tilde{\varphi}) + p_x n r_x(\tilde{\varphi}_x) = \sigma(\bar{\pi} + f + p_x n f_x)$$

它决定了均衡中在位者企业数量[①]：

$$M = \frac{R}{\bar{r}} = \frac{L}{\sigma(\bar{\pi} + f + p_x n f_x)}$$

反过来，这决定了每个国家的种类，$M_t = (1 + np_x) M$，它们的价格指数是 $P = M_t^{1/1-\sigma}/p\tilde{\varphi}_t$，尽管所有的均衡条件也同样适用于所有出口企业，唯一的区别是 $\varphi_x^* = \varphi^*$（$p_x = 1$，所有企业都出口）。

上面的数据说明出口市场进入成本对贸易影响很大，还有它是怎样作用于不同种类的企业；也表明出口成本的变化如何改变企业之间贸易收益的分配。更有效率的企业通过增加市场份额和利润的方式获得好处，而效率较低的企业在两方面都遭受损失，进入出口或者出口额的增加，迫使最没有效率的企业被淘汰出局。由贸易引起的资源问题，使企业的效率受到很大的影响，如果企业的倾斜不提高单个企业的生产率，贸易将会对总体企业的生产率的增加起到很大的作用。

第二节 融资约束与企业出口的机理分析

在分析企业出口与生产率的关系后，进一步考虑如果企业必须支付一些出口进入成本，那么他们将面临流动性约束和融资成本，只有流动性足够的公司能够出口。一些企业可以在出口贸易中获得利益，但是他们没有这么做，就是因为缺乏足够的流动性。从国内销售中获得更多流动性的高生产率企业更有可能出口，因此在这一小节根据 Chaney

---

[①] 产业均衡时的企业数量取决于 $\bar{\pi}$、p_x、f、f_x，又 $\bar{\pi}$、p_x 是内生决定的，所以企业数量最终由企业生产率事先分布函数、坏冲击发生概率、国内外市场进入成本 $g(x)$、f、f_x 这些外生变量决定。

(2016) 在异质企业模型基础上建立流动性约束的国际贸易模型，使用该模型预测缺乏流动性的企业出口总额较低。

模型假定在两个国家间，仅使用劳动力要素进行生产，且商品同时销往国内、国外两个市场。外国市场所有变量加星号表示，本国人口数量为 L（L^* 为外国）。假设存在两个部门，一个部门在规模报酬不变的情况下生产单一的可以自由交换的同质商品，以此作为计价商品，其价格为 1。在国内生产同质的商品需要每单位劳动 $1/\omega$（在外国是 $1/\omega^*$）。因此若每个国家都生产同质的商品，工资将为 ω 和 ω^*。而另一部门生产不同质的商品，因此每个公司在其生产的商品领域中是垄断者。

一、消费者需求与生产者函数

生产中的工人即为所有的消费者，每个人都有一个劳动单位，对不同商品都有着相同的 CES 偏好。消费者消费 q_0 单位同质的商品，$q(x)$ 单位每种不同质的 x 商品，对于集合 X 中的所有 x 商品，其效用函数为：

$$U = q_0^{1-\mu} \left(\int_{x \in X} q(x)^{\frac{\sigma-1}{\sigma}} dx \right)^{\frac{\sigma}{\sigma-1} \mu}, \quad (\sigma > 1)$$

其中 σ 表示两种不同质商品间的替代弹性。如果集合 X 中的所有商品均可在国内市场销售，每种商品的价格定义为 $p(x)$，则国内市场上所有商品的总价格指数可以表示为：

$$P = \left(\int_{x \in X} p(x)^{1-\sigma} dx \right)^{\frac{1}{1-\sigma}}$$

代表性消费者对每种不同质商品具有相同弹性的需求函数，他将在每种 x 商品中消费 $r(x)$：

$$r(x) = \mu \omega L \left(\frac{p(x)}{P} \right)^{1-\sigma}$$

其中 $\mu \omega L$ 是每种不同质商品的总花费。

另外，考虑生产者行为，在遵守计价规则支付或者外国劳工条款支付固定成本的情况下，企业是可以进行出口的。而可变成本则是某一单位将异质商品出口国外，但在运输途中会消耗掉一大部分，只有其中 $1/\tau$ 部分达到目的地，因此贸易成本将会增加。以上两种情况就是贸易壁垒：可变成本和固定成本。

假定国家间生产的技术水平无差异，为了启动生产公司必须依照国内劳动条款规定支付固定的进入成本 C_d，或者依照计价方式支付 ωC_d，固定进入成本的存在意味着企业的经营是规模报酬递增的。每个企业的不同部门随机得出单位劳动生产率 $x \geq 0$。对于一个生产力为 x 的企业，在国内市场上生产 q_d 单位的产品所付出的成本为 $c_d(q_d)$，在国外市场生产 q_f 单位产品的成本为 $c_f(q_f)$：

$$c_d(q_d) = q_d \frac{\omega}{x} + \omega C_d$$

$$c_f(q_f) = q_f \frac{\tau\omega}{x} + \omega^* C_i$$

企业是价格的制定者，已知需求函数是弹性不变的，最优价格是不变成本的加价，给出如下定价策略：

$$p_d(x) = \frac{\sigma}{\sigma - 1} \times \frac{\omega}{x}, \quad p_f(x) = \frac{\sigma}{\sigma - 1} \times \frac{\tau\omega}{x}$$

具有更高生产率的企业可以更低的价格占领更多的市场份额，并同时在国内与国外市场获得更高的利润。一家生产率为 x 的企业，可在国内市场获得 $\pi_d(x)$ 的利润，在外国市场获得 $\pi_f(x)$ 的利润。

$$\pi_d(x) = \frac{r_d(x)}{\sigma} - \omega C_d = \frac{\mu}{\sigma}\omega L \left(\frac{\sigma}{\sigma - 1} \frac{\omega}{xP}\right)^{1-\sigma} - \omega C_d$$

$$\pi_f(x) = \frac{r_f(x)}{\sigma} - \omega^* C_f = \frac{\mu}{\sigma}\omega^* L^* \left(\frac{\sigma}{\sigma - 1} \frac{\tau\omega}{xP^*}\right)^{1-\sigma} - \omega^* C_f$$

只有那些既可以在国内市场生存，又能够出口并获得盈利的企业才选择继续出口。定义两种不同的生产率，用 $\bar{x}_d$ 表示在国内市场得以生存的企业，$\bar{x}_f$ 表示进入国外市场的企业。只有那些从国内销售中获得正利润的企业才能生存，在国外市场上销售且利润为正的企业才能出口。临界生产率定义为：

$$\pi_d(\bar{x}_d) = 0, \quad \pi_f(\bar{x}_f) = 0$$

二、融资约束

上述模型的一个关键假设是，国际贸易存在一个固定成本，并表现为贸易壁垒中的一部分。此类费用大都需在事前支付，由此造成的成本是巨大的。所以，企业支付进入国外市场的成本必须依靠现有的流动性。此外依据传统的理论（融资约束较高的企业将无法进行出口），Chaney（2016）假设企业继承了外生的流动性（即得以进入金融市场的一个可信资本），将融资约束简化。这样的假设依赖于两个先决条件：首先，在融资约束方面，国际贸易比国内贸易严重得多；其次，每个企业不管怎样都会受到融资约束，他们面临的约束与目前生产率水平不完全相关。

进一步假设，每个企业都有一个随机的国内融资冲击 A，同时衡量国内单位劳动，依照计价规则为 ωA，从国内销售中获得的利润为 $\pi_d(X)$。(A, x) 联合分布得出在 $R^+ \times R^+$ 上的累积分布函数为 $F(A, x)$，且 $F_x(x) = \lim_{A \to \infty} F(A, x)$。一个公司的生产力水平和融资约束可能会相关或可能不相关，这取决于 F 分布的具体形状。

企业要支付出口的固定成本 $\omega^* C_f$，必须拥有足够的融资能力，国内销售会产生部分融资 $\pi_d(x)$，另一部分来自外部融资 ωA。因此，出口商受到以下融资约束：

$$\pi_d(x) + \omega A \geq \omega^* C_f$$

更高生产率水平的企业在国内市场获得更大的利润，因此对外部融资能力的依赖较小。用 $\bar{x}(A)$ 表示生产率最低的企业，在融资约束为 A 时不足以进入外国市场，$\bar{x}(A)$ 可以定义为：

$$\pi_d(\bar{x}(A)) + \omega A = \omega^* C_f$$

任何生产率低于 $\bar{x}(A)$ 的企业即使能够从出口中获得额外的利润

也无法出口，因为受到较强的融资约束。

三、开放市场均衡

由于我们更关注的是国内市场，因此假设外资企业并不受到融资约束。在此基础上对假设进一步完善：市场上的总价格指数仅取决于国内企业的价格。换言之，外国出口商的价格对国内物价指数的影响微乎其微。在这样一个相对封闭的经济环境中，用下式近似代替前文提到的价格指数方程：

$$P \approx \left(\int_{x \geq \bar{x}d} p_d(x)^{1-\sigma} L dF_x(x) \right)^{\frac{1}{1-\sigma}}$$

用方程 g（·）来表示以下式子：

$$g(\cdot): \bar{x}^{\sigma-1} = \left(\frac{\sigma}{\mu} \int_{x \geq \bar{x}} x^{1-\sigma} dF_x(x) \right) \times C \leftrightarrow \bar{x} = g(C)$$

显然可以得到 g'>0，重新整理企业进入出口市场的最低生产率条件和融资约束条件：

$$\bar{x}_d = g(C_d)$$

$$\bar{x}_f = \left(\frac{\tau\omega}{\omega^*} \right) \left(\frac{C_f}{C_d^*} \right)^{\frac{1}{\sigma-1}} g(C_d^*)$$

$$\bar{x}(A) = \left(\frac{C_d + \frac{\omega^*}{\omega}C_f - A}{C_d} \right)^{\frac{1}{\sigma-1}} g(C_d)$$

生产率高于 $\bar{x}_d$ 的企业将在国内市场上进行销售，只有生产率高于 $\max\{\bar{x}_f, \bar{x}(A)\}$ 的企业，才有能力进行出口。

第三节 融资约束、企业生产率与出口行为的机理综合

一、机制与研究假设

基于前述研究，本书试图给出另外一种描述中国企业出口行为的机

第四章 融资约束、企业生产率与出口行为：机理分析

制和逻辑。中国企业出口较低的进入门槛，使得出口企业并不面临着比国内贸易更强的融资约束，甚至在大意义上情况正好相反，出口企业面临着比国内贸易更弱的融资约束。出口行为是企业在国内贸易面临高融资约束情况下的选择：企业通过出口或者提高出口比重（出口额占销售值比重），一方面改善了企业的融资状况；另一方面则以牺牲企业的生产率为代价。企业的出口行为选择，某种意义上是基于融资约束与生产率的一种两难抉择和权衡。

Manova and Yu（2016）在研究金融摩擦如何影响出口企业具体出口行为选择时，也提出了类似的选择机制。他们认为，同样的出口贸易，一般贸易和加工贸易（包括进料加工和来料加工）在盈利能力和流动性需求上存在差异。一般贸易的盈利性和流动性需求最高，进料加工次之，来料加工最弱。本书将试图在更一般意义上探讨企业出口行为选择中存在的这种权衡融资约束与生产率的机制，与大部分现有文献只进行静态分析不同，本书将进一步考察企业出口行为变化背后的融资约束因素，以及出口行为变化本身对企业融资约束和生产率影响。

另外，本书不仅讨论企业融资约束对出口行为的影响，而且考察企业出口行为对融资状况的影响，进一步完善了现有文献只单向讨论的融资约束对企业出口行为的影响（如 Manova，2008；Manova and Zhang，2008；Manova et al.，2014；Feenstra et al.，2014）。我们发现，融资约束强的企业更有可能在考察期内出现大幅度的出口比重增加，并且这些大幅度提高出口比重的企业与出口比重变化不大或者没有变化的企业相比，融资约束得到了明显的缓解。这些与已有文献不同的结果，有助于我们更加全面地理解企业的出口行为。

企业为何选择出口？经典的贸易理论阐述了一套堪称完美的机制，即出口可以使企业扩大市场、增加利润并提高生产率。但出口是有进入壁垒的，只有在国内市场有足够竞争力且较少存在融资约束的企业才能支付额外的成本并出口。这一解释机制的有效性依赖于以下三个条件的同时满足：一是出口企业必须有高于非出口企业的能力（包括较高的

生产率和较少的融资约束);二是出口存在一定的(甚至是较高的)门槛,能对上述不同能力的企业做出有效的筛选;三是出口企业获得了额外的报酬或补偿(更高的利润或者生产率)。可以说,发达国家企业基于国内市场竞争基础上,通过出口拓展国际市场,在直觉上十分吻合上述的条件。在中国企业出口的背景下审视以上三个条件,就会发现诸多的不一致性。现有的证据显示中国的出口企业既无法获得持续的生产率的提升(张杰等,2008,2009;金祥荣等,2012),也无法获得更高的利润率(苏振东和洪玉娟,2013)。就出口能力而言,现有的证据也无法支持高效率的企业实施了出口(Lu et al.,2010;汤二子和刘海洋,2011;李春顶,2010)。从出口筛选机制上看,高比例的加工贸易(Manova and Yu,2016;余淼杰,2010;Dai et al.,2011),以及出口导向的贸易产业政策使得出口筛选机制弱化甚至失效。

因此,中国企业出口行为可能呈现一种有别于经典贸易模型所描述的机制:一方面,中国企业出口进入门槛并不高,选择出口的企业并不需要支付高成本,因而出口并不需要企业具有很高的流动性。由于国内市场机制不完善等因素,国际贸易所带来的融资约束甚至弱于国内贸易。企业在国内贸易面临高融资约束情况下可以通过选择出口或者提高出口比重(出口额占销售值比重),从而改善企业的融资状况,缓解融资约束。另一方面,高出口依赖和贸易模式的转变,使企业无法或难以从出口中学习而获得效率的提升,相反弱化了企业创新能力,牺牲了企业的生产率。企业的出口行为选择,某种意义上是基于融资约束与生产率的一种两难抉择和权衡(见图4.1)。

二、机理分析

基于以上机制,本书将在 Melitz(2003)模型的基础上,将融资约束引入分析,完善现有理论模型并根据中国的实际情况同时考虑企业的两种出口行为——加工贸易与一般贸易,分析两种出口行为所带来的影响。

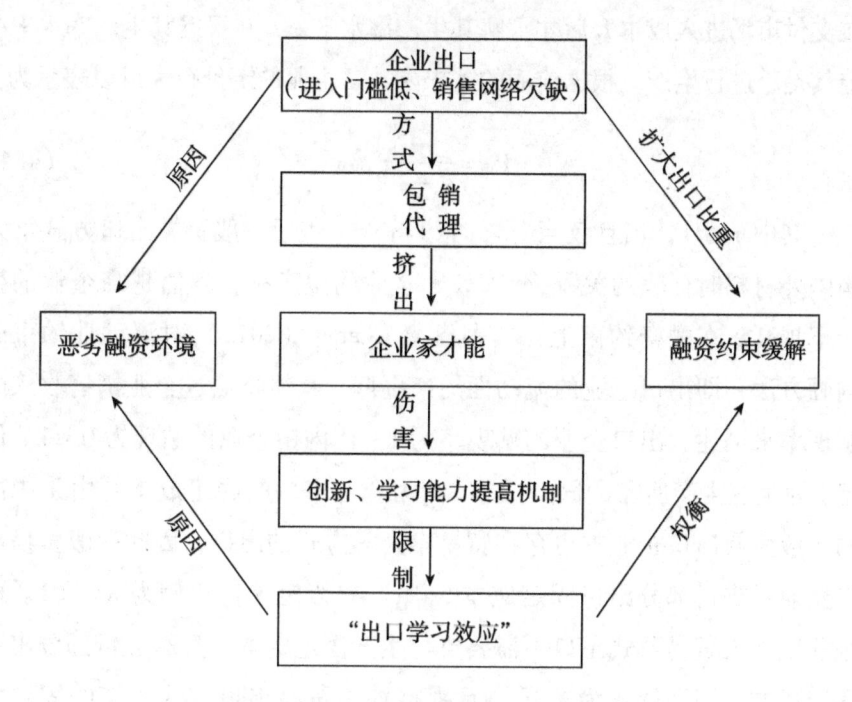

第四章 融资约束、企业生产率与出口行为：机理分析

图 4.1 企业出口的逻辑与机制分析

第一，分析消费者需求。本书将继续沿用 Melitz（2003）模型中的 D–S 需求函数，具体设定如下所示：

$$U_i = \left(\int_{\omega \in \Omega} \sum_{j \in J} [q_{jt}(\omega)]^{(\sigma-1)/\sigma} d\omega \right)^{\sigma/(\sigma-1)}, \quad \forall i \in J \tag{4.1}$$

其中，U_i 表示 i 国消费者的效用，ω 为产品种类，Ω 为商品集，J 为国家集，$q_{ji}(\omega)$ 表示 j 国出口到 i 国的产品种类为 ω 的消费量，$\sigma > 1$ 为商品替代弹性。不难得出，商品的需求函数为：

$$q_{ji}(\omega) = E_i P_i^{\sigma-1} [p_{jt}(\omega)]^{-\sigma} \tag{4.2}$$

E_i 为 i 国消费者的收入水平，P_i 为 i 国的物价水平，并且

$$P_i = \left(\int_{\omega \in \Omega} \sum_{j \in J} [p_{jt}(\omega)]^{1-\sigma} d\omega \right)^{1/(1-\sigma)}, \quad \forall i \in J \tag{4.3}$$

第二，在厂商行为的企业异质性假定中，本书与 Melitz（2003）提出的观点相同，即企业的异质性仅体现在边际成本上。假定企业在进入市场前是同质的，并不知道其生产率水平，只知道其生产率分布情况，而

在支付市场进入成本 f_E 后才了解其生产率水平 φ，并根据其生产率水平决定其是否进行生产。根据前面的需求函数，企业的定价行为可以表示为：

$$P_{ji} = \frac{\sigma}{\sigma - 1} \tau_{ji} / \varphi \tag{4.4}$$

其中 $\tau_{ji} \geq 1$，当且仅当 $i = j$ 时，[①] $\tau_{ji} = 1$ 表示一般贸易出口方式下采购国外材料时征收的关税，[②] φ 表示企业的生产率，其值越高企业的生产率越高。在融资约束上，本书借鉴 Chaney（2013）对流动性约束的刻画方法，即出口企业的流动性约束更低，具体将通过企业销售收入的贴现率来描述，出口企业的贴现率为 1，而内销企业的贴现为 $\theta < 1$。假定 f 为企业生产所需的固定成本，f_x 为企业出口的固定成本，由于中国的一般贸易出口企业中也存在贸易中介等方式的出口，因此一般贸易出口企业只支付部分出口固定成本 $\lambda_{OT} f_x$，并假定支付比例为 $\lambda_{OT} < 1$。而企业以加工贸易形式出口不需要支付生产固定成本，只需支付部分出口固定成本，同样假定为 $\lambda_{PT} f_x$，且根据加工贸易出口方式所需的固定成本更低可知 $\lambda_{PT} < \lambda_{OT}$。根据 Manova（2013）的假定，对于出口企业而言，选择不支付出口固定成本的贸易形式会使得其生产率有所下降，本书以生产率使用度 $\delta < 1$ 来刻画加工贸易企业的生产率变化。三类单一类型企业[③]的利润如下所示：

$$\pi_{D_i(\varphi)} = \frac{\theta \sigma + 1 - \sigma}{\sigma - 1} E_i P_i^{\sigma - 1} \left(\frac{\sigma}{\sigma - 1} \right)^{-\sigma} \varphi^{\sigma - 1} - f \tag{4.5}$$

$$\pi_{OT_{ji}}(\varphi) = \frac{1}{\sigma - 1} E_i P_i^{\sigma - 1} \tau_{ji}^{1 - \sigma} \left(\frac{\sigma}{\sigma - 1} \right)^{-\sigma} \varphi^{\sigma - 1} - \lambda_{OT} f_x - f \tag{4.6}$$

[①] $i = j$ 表示消费者对本国产品的消费量。
[②] 根据 1998—2011 年中国企业出口的实际，沿用 Manova and Yu（2016）的假定，在加工贸易方式下进口的外国材料，在出口时以退税的形式退还这部分税额，因此在加工贸易方式中不存在进口关税。
[③] 仅内销、仅以一般贸易形式出口和仅以加工贸易形式出口的企业。

第四章 融资约束、企业生产率与出口行为：机理分析

$$\pi_{PT_{ji}}(\varphi) = \frac{1}{\sigma-1}E_i P_i^{\sigma-1}\delta^{\sigma-1}\left(\frac{\sigma}{\sigma-1}\right)^{-\sigma}\varphi^{\sigma-1} - \lambda_{PT}f_x \quad (4.7)$$

为确保仅内销企业的存在性，提出以下假定：

假定1：$\theta > 1 - 1/\sigma$

也就是说，企业所面临的融资约束不能太强，否则内销企业将不能存活于市场。为简化分析，本书沿用 Melitz（2003）的假定，认为各国市场完全对称。从（4.5）式和（4.6）式中不难看出，从事一般贸易出口的企业一定会从事内销活动，这与 Melitz（2003）的分析一致。

假定2：

$$(\theta\sigma + 1 - \sigma)\frac{\lambda_{PT}}{\delta^{\sigma-1}}f_x < f < \frac{(\theta\sigma+1-\sigma)}{\sigma(1-\theta)}\tau_{ji}^{\sigma-1}\lambda_{OT}f_x$$

假定2：意味着在选择进入出口市场前，内销企业的生产率高于加工贸易企业，但低于一般贸易企业，这与戴觅等（2014）运用工业企业数据库和海关数据库匹配后所得出的结论相一致。记 φ_D^*、φ_{OT}^*、φ_{PT}^* 分别表示从事内销、一般贸易、加工贸易的企业生产率，依次由小到大排列可知：

$$\varphi_{PT}^* < \varphi_D^* < \varphi_{OT}^*, \quad \pi_{PT}(\varphi_{PT}^*) = \pi_{OT}(\varphi_{OT}^*) = \pi_D(\varphi_D^*) = 0 \quad (4.8)$$

假定企业的生产率分布函数为 $G(\varphi)$，$\varphi \in (0, \infty)$，可知市场自由进出条件为：

$$(J-1)\int_{\varphi_{PT}^*}^{\varphi_D^*}\pi_{PT}(\varphi)dG(\varphi) + \int_{\varphi_D^*}^{\varphi_{OT}^*}\pi_D(\varphi)dG(\varphi) +$$
$$(J-1)\int_{\varphi_{OT}^*}^{\infty}\pi_{OT}(\varphi)dG(\varphi) = f_E \quad (4.9)$$

为简化分析，记

$$\bar\varphi^{*\sigma-1} = (J-1)\left[\delta^{\sigma-1}\int_{\varphi_{PT}^*}^{\varphi_D^*}\varphi^{\sigma-1}dG(\varphi) + \tau^{1-\sigma}\int_{\varphi_{OT}^*}^{\infty}\varphi^{\sigma-1}dG(\varphi)\right]$$
$$+ \int_{\varphi_D^*}^{\varphi_{OT}^*}\varphi^{\sigma-1}dG(\varphi) \quad (4.10)$$

$\bar\varphi^*$ 表示平均生产率，可知：

$$p = \frac{\sigma M^{\sigma-1}}{(\sigma-1)\bar{\varphi}^*} \tag{4.11}$$

M 表示均衡时的厂商数，由 (4.8) 和 (4.10) 式可以求出均衡时的 φ_D^*、φ_{PT}^*、φ_{OT}^* 和 M。

由 (4.5)(4.6)(4.7)(4.8) 式可知：

$$\frac{\varphi_{OT}^*}{\varphi_D^*} = \left[(\theta\sigma + 1 - \sigma)\ \tau_{ji}^{\sigma-1}\ (\lambda_{OT}\frac{f_x}{f} + 1) \right]^{1/(\sigma-1)} \tag{4.12}$$

$$\frac{\varphi_{PT}^*}{\varphi_D^*} = \left[(\theta\sigma + 1 - \sigma)\ \delta^{1-\sigma}\lambda_{PT}\frac{f_x}{f} \right]^{1/(\sigma-1)} \tag{4.13}$$

结合 (4.9) 式对 θ 求导，可知：

$$\partial\varphi_D^*/\partial\theta > 0 \tag{4.14}$$

从而可知：

$$\partial\frac{\varphi_{OT}^*}{\varphi_D^*}/\partial\theta > 0,\ \partial\frac{\varphi_{PT}^*}{\varphi_D^*}/\partial\theta > 0 \tag{4.15}$$

这也意味着当融资约束越高（即贴现率 θ 越大）时，出口与内销之间的门槛差距越大，企业更愿意选择扩大出口规模，无论是以加工贸易的形式还是以一般贸易的形式，从而改善企业融资约束。

三、实证命题

命题一：面临更强融资约束的企业更有可能增加出口比重。

一般情况下，国内销售在交货和货款结算上相对国际贸易更为便捷（Djankoveet al., 2010; Amiti and Weinstein, 2011），[1] 但这是以完善的市场交易制度为前提的。受宏观经济波动和市场化改革及制度建设不到位的影响，中国国内交易中的货款拖欠、上游企业垫资、付款违约等情

---

[1] Djankove et al. (2010) 发现，出口交货结算则通常比面向国内的销售迟 30~90 天。

第四章 融资约束、企业生产率与出口行为：机理分析

况比较普遍，[①] 相当比例的企业遭受应收款和三角债的困扰。对企业而言，出口尽管面临一个较长的货款结算周期，但其相比国内贸易，风险更低且更可预期。出口不仅有助于企业避免货款拖欠、垫资等导致的流动资金被占用的风险，同时，由于出口货款结算周期的可预期性，也有助于企业对资金做出更为有效率的跨期安排，从而提高资金使用效率。另外，按照李志远和余淼杰（2013）的研究，出口企业比较稳定（但不一定更高）的盈利预期，有助于获得金融机构的贷款。因此，企业出口以及出口比重的增加可能有助于改善企业融资条件，缓解融资约束。

面临更高融资约束的企业在盈利能力、资金配置使用效率、市场竞争力等方面存在不足，即使企业融资约束是由短期随机冲击造成的，更高效率的企业可以通过选择更高利率贷款合同来解决融资问题（Feenstra et al.，2014）。相反，低效率的企业则无法通过相同的方法解决融资而继续停留在国内市场上，不得不选择利润更低和不具技术学习前景，同时也是融资约束相对较低的出口市场。为此，有别于以往文献，本书考察生产率类似的企业面临不同的融资约束时的出口决策问题。首先，将出口比重变化大的企业（观察期内出口比重增加超过30个百分点的企业）设为处理组。参照 Li and Harris（2007）以及 Heckman and Navarro - Lozano（2004）的建议，用 PSM 方法在其他不同出口比重变化的组别中，找到与处理组企业行业、地点相同，TFP 无差异的不同对照组，然后比较在样本考察期期初和期末处理组与不同对照组间的差异。我们试图证明，其他条件相同，较强融资约束的企业，可能更倾向大幅度提高出口比重。

命题二：出口比重增加可以缓解企业融资约束，同时降低企业生

[①] 据《中国企业经营者成长与发展专题调查报告（2012）》的调查数据显示，我国企业信用方面存在的问题主要表现为：拖欠货款、贷款、税款、违约、制售假冒伪劣产品以及其他问题等。其中，拖欠货款、贷款、税款问题在国内企业经营者看来最为严重，占比高达76.2%。（参见2012年6月19日《中国企业报》）

产率。

出口比重大幅度增加对企业的负面影响体现在两个方面：一是出口面临更低的利润率；二是出口企业的生产率会降低。

企业出口利润率较低的原因是多方面的。首先，较低的出口进入门槛本身就无法筛选高效率企业进入出口市场；其次，中国低出口进入门槛和政府鼓励出口政策也使得出口市场存在过度进入的情况，企业在出口市场上面临着比国内市场更为激烈的竞争和更弱的市场势力。事实上，广泛存在的加工贸易更使出口企业完全丧失了面对需求的定价权，企业仅依靠持续降低的加工费获取利润。另外，即便是一般贸易，大量出口代理和中介在便利企业出口的同时，也隔断了企业与最终市场的联系，使得企业无法通过建立品牌和销售渠道获取在国外的市场势力。

出口企业无法获得生产率提升的原因有：①由于出口选择机制丧失，出口企业本身并不高的生产率意味着其在学习创新上的效率更低，因此即便选择出口，其投入创新的动力也不足，提高效率的潜力有限；②出口更低的利润率，使得企业承担创新风险的能力弱化，进而也削弱了企业创新的能力和在创新上的投入；③大量出口代理和中介，隔断了企业与最终市场的联系，也降低了企业创新激励。

命题三：出口比重显著增加的企业的生产率高于高出口比重企业，但低于低出口比重企业。

按照 Manova and Yu（2016）的观点，融资约束不仅直接影响企业出口策略，而且进一步影响生产技术。由于不同出口比重的企业因不同出口形式和融资约束而存在生产率上的差异，结合下一章出口比重分组和贸易形式的关系，Manova and Yu（2016）的结果在本书中体现为低出口比重的企业相比高比重出口企业具有更高的生产率。但是，对于本书重点考察的出口比重显著增加的企业而言，其生产率应该是介于低出口比重企业和高出口比重企业之间。这是因为，从样本考察期期初来看，处理组企业与低出口比重企业没有显著差异，因此这些企业在生产技术上也与低出口比重企业相似。但是由于融资约束迫使企业大幅度提

第四章 融资约束、企业生产率与出口行为：机理分析

高出口比重，甚至是转变了出口模式（从一般贸易为主转变为加工贸易为主），在这种情况下，企业出口的学习效应大为弱化，同时融资约束也可能使得企业投入创新的能力和意愿下降，从而导致企业生产率的下降。而与一直是高出口比重企业相比，这些显著增加出口比重的企业期初的生产率较高，而且从事高比重出口时间较短，其生产率并未衰减到与长期高出口比重企业相同的水平。

命题四：融资约束较强的企业，出口比重更大，且对企业家才能的"挤出"效应更显著。

较强融资约束的企业，可能更倾向大幅度提高出口比重，而出口方式多以包销、代理等方式为主，锁定于低端价值链。这类企业会在有限时间内演化为车间意义上的、没有企业家的企业，也即在这类企业中存在企业家才能要素的"挤出"效应。

多数研究已经将产生于生产率与出口之间的"自我选择"效应和"出口学习"效应扩展到创新活动与出口之间，它们大都认为创新对出口有积极的作用。Silva et al.（2013）在研究葡萄牙高出口比重的企业时，发现与之不同的观点，认为这类企业的创新能力较弱。这一研究与本书的观点类似，或者说葡萄牙高出口比重的企业与我国出口企业的情况十分类似，具有高出口比重的企业往往依赖外包，更倾向于使用低价策略，而忽视了产品的创新和企业家的冒险精神。

命题五：所受融资约束较小的企业，企业家才能更容易得到展现，由此推动企业生产率的提高。

企业家才能是"出口学习效应"和出口企业生产率变化的核心机制，这更深层次地揭示了中国企业"出口学习效应"低下的原因。关注企业创新对生产率影响的研究较为丰富，Bruno and Cassiman（2010）使用西班牙制造业企业数据发现企业生产率收到产品创新的影响。在国内的研究中，戴觅、余淼杰（2011）采用中国规模以上制造业企业调查数据，发现出口前研发投入持续作用于出口企业的生产率水平。本书在创新的基础上，加入私营企业、小企业、新企业、新产品产值率这四

项指标，衡量企业家创新创业精神，并讨论不同贸易方式中，融资约束、企业家才能对出口企业生产率的影响。

第四节 企业出口行为的机制小结

本章在前述研究的基础上描述中国企业出口行为的机制和逻辑。中国企业出口较低的进入门槛，使得出口企业并不面临着比国内贸易更强的融资约束，甚至正好相反，出口企业面临着比国内贸易更弱的融资约束。本章通过在 Melitz（2003）模型的基础上边际创新，构建理论模型，揭示出口行为是企业在国内贸易面临高融资约束情况下的选择：企业通过出口或者提高出口比重（出口额占销售值比重），改善了企业的融资状况，却以牺牲企业的生产率为代价，并提出五个实证命题，为下面的实证检验提供理论依据。

第五章 基于中国企业数据的实证检验

基于上一章提出的机理分析及假设命题，本章运用数据进行检验，除了在第三章中使用的工业企业数据，本章还同时使用海关数据，并按照第三章的方法进行相同的处理。鉴于本书的重点在于考察出口、融资约束与企业全要素生产率的三角关系，因此，本章通过建立三个计量模型来检验。

第一节 数据来源、变量说明及描述性统计

一、数据的来源及处理

第三章已经交代了对工业企业数据的处理过程，本章主要介绍海关数据和工业企业数据的拼接过程，选取两个数据中重合部分的样本。这是采用2000—2011年间的数据。海关数据包含了企业税号、进出口产品的8位HS编码、进出口数量、价值、目的地（来源地）以及交通运输方式。以上获得的数据将会判断该企业是否以加工为主的重要依据。而且在一般规模较大的企业中是没有这一数据信息的。一般贸易企业是指主要从事一般贸易出口，而加工贸易企业是指主要从事加工贸易出口的企业。

合并两组数据库后得到的统计结果如表5.1所示。在海关数据库中，共有1680325条数据，在工业企业数据库中共有2837371条数据，根据Brandt（2012）删除掉不符合逻辑的企业后剩下2673687条数据，在这其中出口企业有600084条数据。根据企业名称、电话号码和地址

这三项将海关数据和工业企业数据中的出口企业进行匹配后，共有466381条数据成功匹配。

表5.1 合并工业企业数据库和海关数据库的企业样本数量结果

年份	海关数据库 企业总数量（1）	工业企业数据库 全体企业样本（2）	工业企业数据库 删除后的样本（3）	工业企业数据库 出口企业（4）	合并两个数据库 匹配的出口企业（5）
2000	61782	161634	138381	33483	19260
2001	67270	168232	158077	39689	21824
2002	74787	180917	171202	44544	22012
2003	89609	196137	187619	50124	28299
2004	109066	278895	262149	—	43055
2005	114549	271710	262625	74437	44149
2006	160418	301829	291467	78009	50339
2007	213533	336599	326469	77665	56225
2008	233816	379260	366245	88261	67576
2009	250542	299116	288442	62234	56277
2011	304953	263042	221011	51638	57365
合计	1680325	2837371	2673687	600084	466381

注：工业企业数据库中部分非出口企业样本，在对应的海关数据库中有出口值，因此，2011年成功匹配的出口企业样本数量多于工业企业数据库中的出口企业样本数量。

由于中国工业企业数据库中使用的数据包括所有国有工业企业和规模以上非国有企业，这就导致新进入的企业不一定是当年成立的企业，有可能是过去已经存在但并未达到数据库收录要求的企业；同时，退出的企业也有可能是在本年度未达到数据库收录要求的企业。因此，参照马弘等（2013）的方法，通过分析企业首次出现在数据库中的年份、企业成立年份以及营业状态等，来综合考虑企业的进入、退出状态，由此降低样本选择性偏误。因此，本书选取两个数据库中存在年份长于两年的企业来进行分析，在表5.2中报告了删除短期的样本数量。

表 5.2 删除只存活了一年和两年的企业

年份	合并后全部样本	删除仅存活 1 年企业剩余的样本	删除仅存活 2 年企业剩余的样本
2000	127347	99980	99980
2001	148700	146553	131155
2002	163205	162181	149397
2003	166365	165214	150746
2004	233362	232589	229105
2005	260847	260016	248072
2006	289111	288585	283159
2007	313976	311859	300487
2008	311629	305022	297401
2009	277271	274508	248303
2011	228960	156342	156342
合计	2520773	2402849	2294147

二、变量说明

（一）衡量企业生产率的指标

在第三章中已经详细介绍了衡量生产率的方法，在本章中使用"工业增加值"作为衡量产出的指标，用 OP 方法计算企业的全要素生产率（TFP）。在合并工业企业数据与海关数据后，比较不同类型企业的全要素生产率水平。

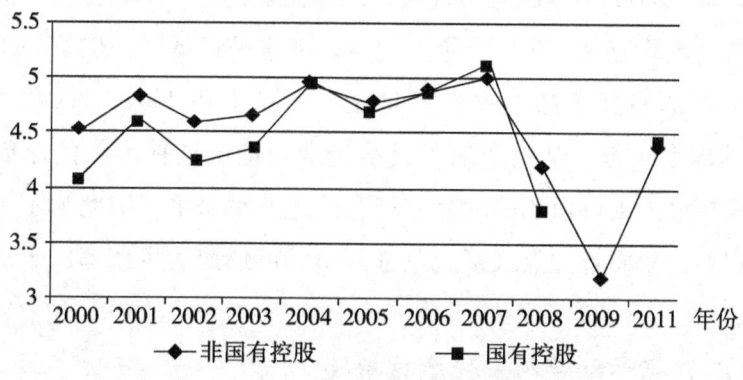

图 5.1 国有企业与非国有企业全要素生产率比较

图 5.1 报告了国有企业与非国有企业全要素生产率比较结果，总体看来 2007 年以前，国有企业全要素生产率水平逐年上升，2008 年、2009 年有所下降，2011 年逐渐恢复；而非国有企业的生产率水平整体高于国有企业，但其中某些年份（2004 年、2007 年、2011 年）国有企业生产率水平略高于非国有企业。

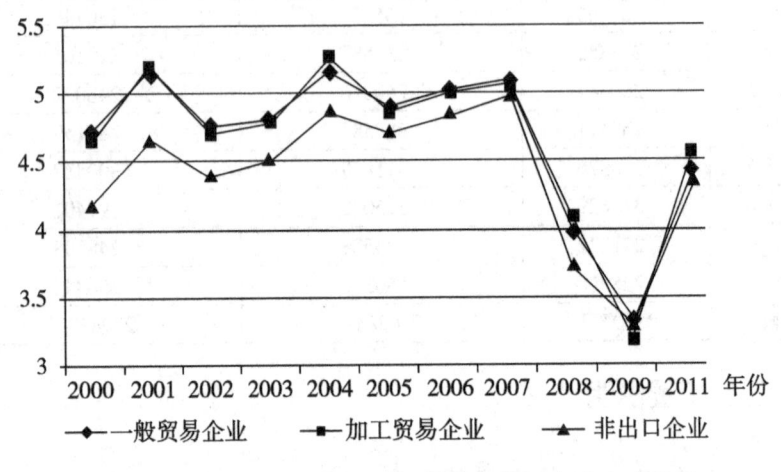

图 5.2 不同出口企业与非出口企业全要素生产率比较

图 5.2 报告了一般贸易出口企业、加工贸易出口企业与非出口企业的生产率比较，2000—2007 年的企业生产率水平略有上升，在 2007 年后开始下降，在 2009 年降到最低，这与 2008 年发生的金融危机有关系，2011 年情况有所好转，三类企业的生产率均上升。具体分析三类企业的情况：非出口企业的生产率水平最低；一般贸易出口企业的生产率略高于加工贸易出口企业，除了在 2001、2004、2008、2011 这四个年份，略低于加工贸易企业。造成这种现象的原因可能是企业在进入出口市场前就具有较高的生产率水平，因此为了证明本书的观点，后面将重点区别企业进入出口市场前后生产率水平的变化趋势。

（二）衡量融资约束程度的指数

在探讨中国企业融资约束问题的大部分现有文献中，大多数国外文献研究对象中的企业数量均不多，不能代表中国大部分企业的整体状况；而在国内最近的相关研究中，主要采用中国上市公司的数据，这些企业原本就是运行良好、融资条件相对较好的企业。因此，样本存在严重的自选择问题（Guariglia et al.，2011）。本书与以上文献不同，所使用的数据包含了大量非上市公司及规模中等的企业，能够较为有效地体现和识别企业的融资约束差异。

然而，一方面由于缺乏国内上市公司报告的公司融资难易状况，另一方面非国有企业的融资约束问题也并不是全部由信息不对称造成的，导致大部分衡量融资约束的指标在我国难以直接使用。因此，产生了间接地检验融资约束的方法，借鉴 Rajan and Zingales（1998）构建的行业外部融资依赖度（External Finance Dependence，EFD）来衡量行业内企业资金需求状况，其计算公式为：

$$EFD_{it} = \left(\frac{K_{it} - CF_{it}}{K_{it}}\right)$$

其中，K_{it}采用企业固定资产、无形资产和其他长期资产的现金度量，CF_{it}为经营性现金流与存货、应收账款、应付账款调整后的现金流。

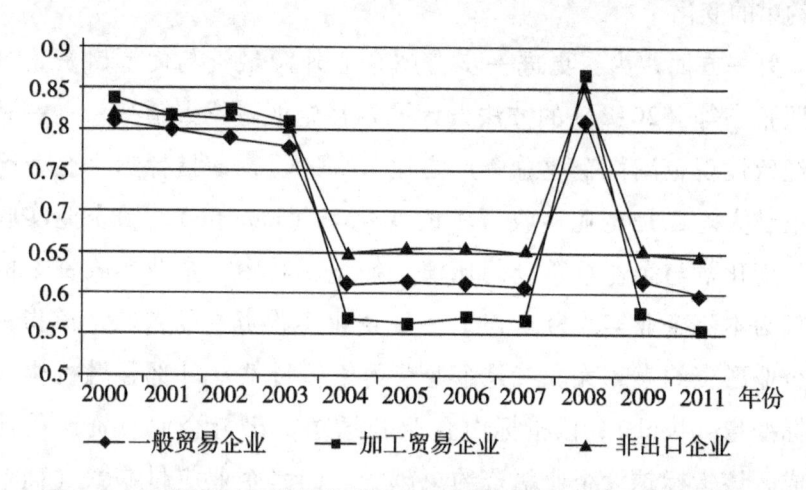

图5.3 不同出口企业与非出口企业融资约束比较——EFD 指数

在图 5.3 中报告了不同类型企业的 EFD 指数，从总体情况可以看出非出口企业的 EFD 指数较高，出口企业较低；在出口企业中，EFD 指数在 2004 年以前逐步下降，且一般贸易企业低于加工贸易出口企业，2004 年后则明显高于加工贸易企业，但在 2008 年三类企业的 EFD 指数均迅猛上涨，达到最高峰，且加工贸易出口企业高于一般贸易出口企业，从 2009 年则迅速回落，又呈现出非出口企业最高，一般贸易企业其次，加工贸易企业最低的形态。这可能与 2004 年对出口退税率进行结构性调整有着紧密的关系，由于适当降低一般性出口产品退税率，并取消对一些资源性产品和国家限制出口产品的退税，使得自 2004 年起出口退税率平均水平降低 3 个百分点左右，这一政策从一定程度上影响了出口企业的融资约束水平。

一方面，受到 2008 年全球金融危机的影响，国际市场上信用风险的增大加剧了出口企业的融资风险，使得衡量融资约束的指标在 2008 年增强。整体变化情况与本书的理论估计一致，一般贸易出口和加工贸易出口都能有效降低企业的融资约束程度。因此，后文中将采用倾向得分匹配法消除政策的影响，更准确地比较出口企业与非出口企业之间融资约束的变化。

另一方面，为了更进一步考虑企业外源融资与内源融资，本书参照张杰等（2012）的方法设计了四种企业融资渠道变量：一是企业经营性现金流与企业总资产之比（CF/K），该指标越小企业融资约束越大。二是企业实收资本的变化率（innerfin），用企业实收资本的变化额与企业总资产的比值来衡量。其中，企业实收资本的变化额为本年企业实收资本与上一年企业实收资本的差额，该指标越小企业融资约束越大。三是企业获得银行贷款（外部金融机构）的指标变量（bank），该指标由企业利息净支出与企业总资产的比值构成，该指标越大企业融资约束越大。四是企业应付账款（商业信用）净额变量（credit），用企业年均应付账款与企业年均应收账款的差额与企业总资产之比来衡量，该指标越小企业融资约束越大。

在四种融资渠道中，前两种为内源融资渠道，后两种为外源融资渠道。

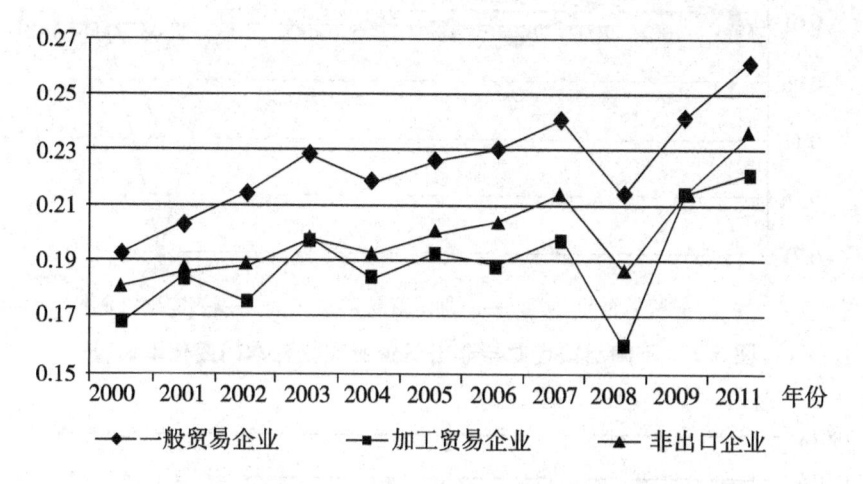

图5.4 不同出口企业与非出口企业经营性现金流比较

图5.4~5.7报告了不同类型企业中四种融资渠道随年份变化的趋势，在图5.4企业经营性现金流的比较中，始终呈现出一般贸易出口企业高于非出口企业、高于加工贸易出口企业的势态。在图5.5中，企业实收资本的变化虽有交叉的年份，但整体呈现出一般贸易出口企业与非出口企业较高，加工贸易出口企业较低的现象。在图5.6中看到加工贸易出口企业的利息净支出比较小，一般贸易出口企业处于中等水平，非出口企业的利息净支出比最高。最后，在图5.7应付账款净额的比较中，在2004年以前，一般贸易出口企业的应付账款净额低于非出口企业，高于加工贸易出口企业，2004年发生转折，三类企业均迅速增加，且加工贸易出口企业的应付账款净额超过另外两类企业，高于一般贸易出口企业，且高于非出口企业。出现这一现象的原因与之前提到的2004年出口退税政策的调整可能具有很大的关系。

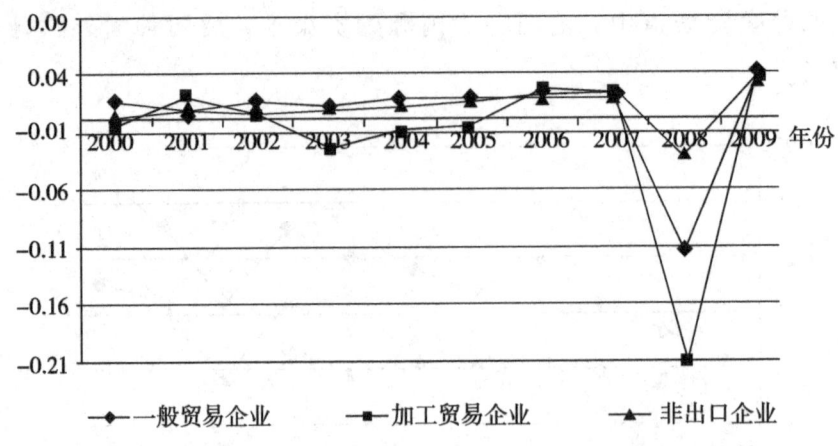

图 5.5　不同出口企业与非出口企业实收资本的变化率比较

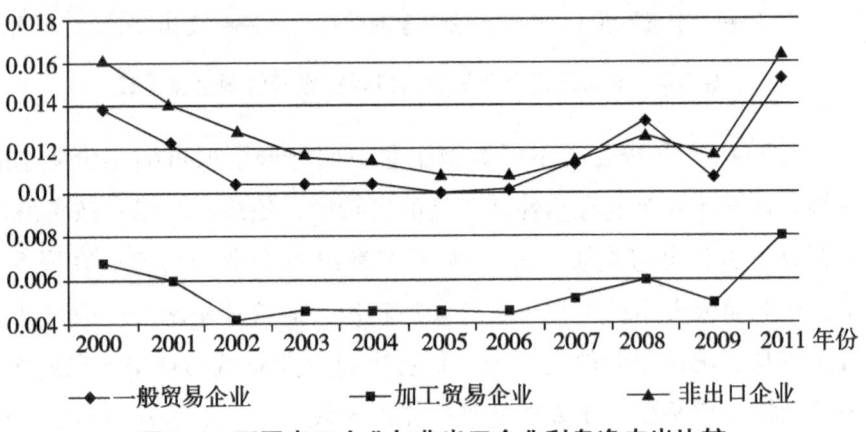

图 5.6　不同出口企业与非出口企业利息净支出比较

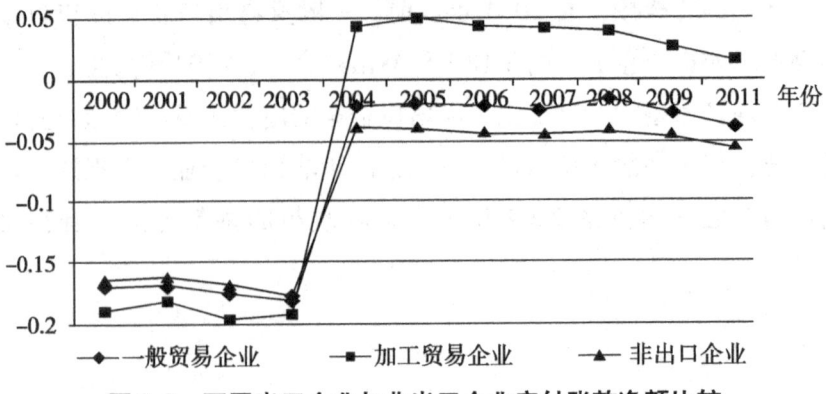

图 5.7　不同出口企业与非出口企业应付账款净额比较

(三) 融资约束代理变量的选择

除了上述采用的 EFD 指数，本书也同样采用广泛使用的 KZ 指数和 WW 指数来作为融资约束的代理变量。

1. KZ 指数

根据 Kaplan and Zingales（1997）提出的以经营性现金流、托宾 Q、资产负债比、股利派现情况、现金持有量这五个指标测量出企业对外部融资的相对依赖程度，具有较高 KZ 指数评分的公司面临较强的融资约束。由于本书使用的工业企业数据库中不体现上市公司股价及现金股利分配情况，因此仅使用三个指标来估计 KZ 指数，具体步骤如下：①分别计算全体样本企业的经营性净现金流/上期总资产（CF_{it}/K_{it-1}）、现金持有量/上期总资产（$Cash_{it}/K_{it-1}$）、资产负债率（$Debt_{it}/TotalCapital_{it}$），并将其进行分类。若 CF_{it}/K_{it-1} 低于中位数则 kz_1 取 1，否则取 0；若 $Cash_{it}/K_{it-1}$ 低于中位数则 kz_2 取 1，否则取 0；$Debt_{it}/TotalCapital_{it}$ 高于中位数则 kz_3 取 1，否则取 0。②定义：KZ 指数为 kz_1、kz_2、kz_3 三者之和。③将 KZ 指数作为被解释变量对 CF_{it}/K_{it-1}、$Cash_{it}/K_{it-1}$、$Debt_{it}/TotalCapital_{it}$ 进行回归，得到各变量的估计系数。④运用上述估计结果构建 KZ 指数，并计算每一家企业的 KZ 指数评分，用以表示受到的融资约束程度，KZ 指数越大，则融资约束程度越高。

表5.3 为回归结果报告，与理论预期相一致，具有较低经营性净现金流、高负债水平以及低现金持有的公司面临着严峻的融资约束。但由于缺少派息水平和托宾 Q 这两项指标，KZ 指数的回归结果与 Lamont et al.（2011）使用的以美国上市公司为研究对象的 KZ 指数有一些不同，[1] 具体表现为对经营性净现金流和现金持有的估计系数偏大。

---

[1] Lamont et al.（2011）以美国上市公司的研究结果为：$KZ_{it} = -1.002 CF_{it}/K_{it-1} - 39.368 DIV/K_{it-1} - 1.315 Cash_{it}/K_{it-1} + 3.139 Debt_{it}/TotalCapital_{it} + 0.283 Q_{it}$，其中，$DIV/K_{it-1}$ 表示派息水平，Q_{it} 为托宾 Q。

表5.3 KZ指数估计模型的回归结果

	CF_{it}/K_{it-1}	$Debt_{it}/TotalCapital_{it}$	$Cash_{it}/K_{it-1}$	Adj_R^2	N
KZ Index	-0.348***	4.758***	-0.439***	0.3361	2294147
	(-197.11)	(452.27)	(-246.88)		

注：括弧中为t值，***表示在0.01的水平上显著。

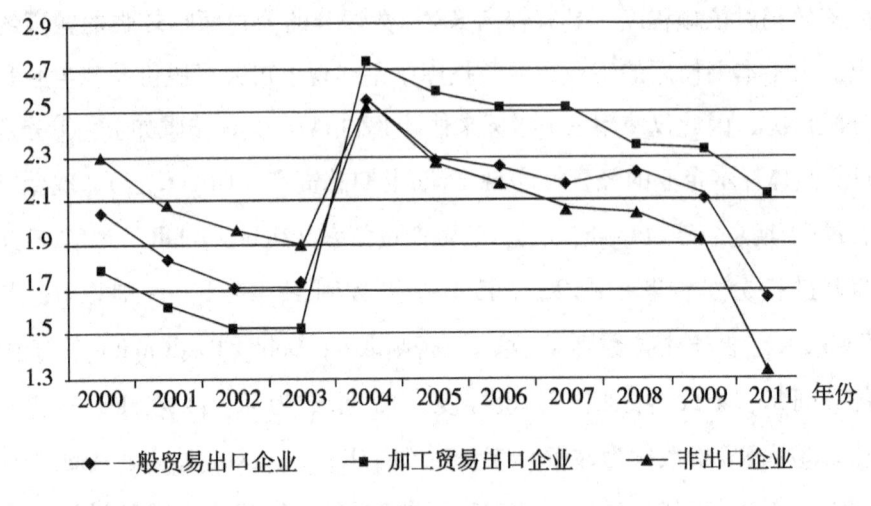

图5.8 出口企业与非出口企业融资约束比较——KZ指数

从图5.8中可以看出，在2004年以前三类企业中非出口企业的融资约束最高；一般贸易出口企业其次；加工贸易出口企业最低。在2004年发生了转变，融资约束水平增强，加工贸易出口企业的融资约束增加最快；一般贸易出口企业其次；非出口企业的融资约束最低。随后，三类企业的融资约束均呈下降势态，但三者之间的关系不变。

2. WW指数

早在1992年Toni M. Whited和Guojun就提出Whited和Wu指数用于衡量融资约束程度，并于2006年进一步完善。通过运用GMM方法对投资的欧拉方程进行估计，使用可量化的财务指标间接衡量融资约束程度，构成了计算Whited和Wu指数的模型，并且得出了模型中变量的系数：

$$WWIndex = -0.091CF_{it} - 0.062DIVPOS_{it} + 0.021TLTD_{it}$$
$$-0.044LNTA_{it} + 0.102ISG_{it} - 0.035SG_{it}$$

其中，CF_{it}表示现金流占总资产比重，$DIVPOS_{it}$为企业派息水平，$TLTD_{it}$为企业长期负债占总资产比重，$LNTA_{it}$为取自然对数的企业资产总额，ISG_{it}公司所在明细行业的行业收入增长率（在本书中采用四位代码行业），SG_{it}为企业主营收入增长率，该指标值越大说明公司所受的融资约束程度就越高。

与KZ指数一样，由于工业企业数据库中无法获得企业派息水平，因此后文中使用的WW指数是剔除了企业派息水平后的修正WW指数。

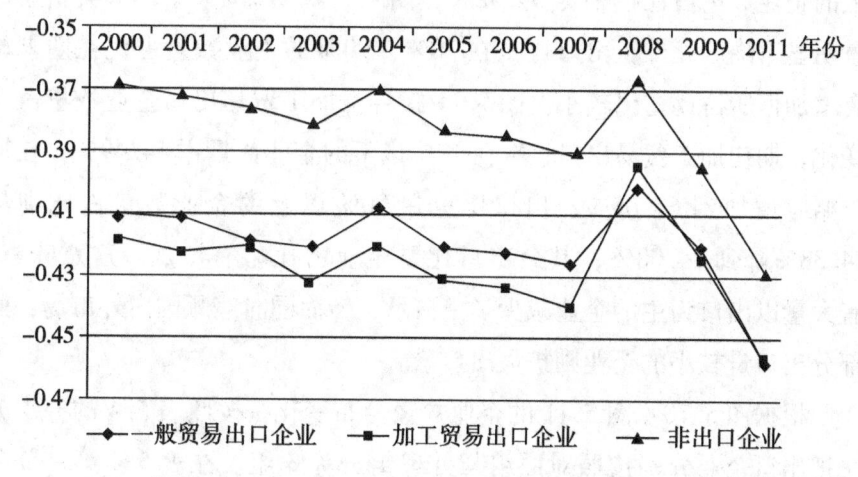

图 5.9 不同出口企业与非出口企业融资约束比较——WW 指数

图5.9的结果显示非出口企业的融资约束最高，在2007年前一般贸易企业的融资约束明显高于加工贸易企业，在2008年后两类出口企业的融资约束差距不明显，这与理论预期相一致。通过比较KZ指数与WW指数衡量融资约束的效果，发现构建KZ指数的模型中因变量和自变量都用到企业的资产负债率、现金流、现金水平等相同的变量信息，这有可能导致模型的估计误差。而WW指数估计的融资约束效果较好，因此在后文的融资约束代理变量中选用WW指数作为EFD指数的一个参考。

三、描述性统计

前述的统计结果已经初步显示了出口企业的 TFP 较高，且融资约束较低。为了更进一步从动态角度分析企业扩大出口或缩小出口的变化过程对生产率和融资约束的影响，我们用出口比重①（出口比重等于出口价值/工业总产值）来衡量企业的出口行为。图 5.10 和图 5.11 分别报告了在不同出口方式中，期初和期末企业数量所占比重的分布。图 5.10 报告了一般贸易出口企业数量所占比重的变化，10% 以下出口比重的一般贸易企业在期初与期末数量变化不明显，出口比重在 90% 以上的企业数量占比期初为 39.52%，期末下降到 20.89%，这类企业数量明显下降。此外，出口比重在 20%~90% 的企业数量占比在期末略有增加但所占比重仍较小。图 5.11 报告了加工贸易出口企业数量占比变化，期初加工贸易出口比重在 10% 以下的企业数量占 64.49%，在期末略有增加到 67.65%；出口比重在 90% 以上的企业数量占比则从 24.38% 降到 14.08%；其余出口比重企业占比略有增加。这意味着，有大量以出口为主的企业减少了出口量，转而同时兼顾国内外市场，而部分出口量较小的企业则扩大出口量。

根据图 5.10、图 5.11 的企业数量分布变化，按照表 5.4 的分组方法把出口企业分别按照对照组与处理组分为 3 组。在表 5.4 第一部分中，前三组企业按照一般贸易出口方式所占比重进行分组；在第二部分中，后三组企业按照加工贸易出口方式所占比重进行分组。在第一组企业中，"对照组 1" 期初和期末一般贸易出口比重均小于 35%，这类企业维持较低出口比重。寻找它们的处理组，根据一般贸易出口比重在期末的变化大小可以细分为两类，在期初的出口比重均小于 35%，而在期末 "处理组 1A" 增加到 35%~65%，这类企业发展成中等出口比重

---

① 其中，一般贸易出口比重 = 一般贸易出口值/工业总产值；加工贸易出口比重 = 加工贸易出口值/工业总产值。

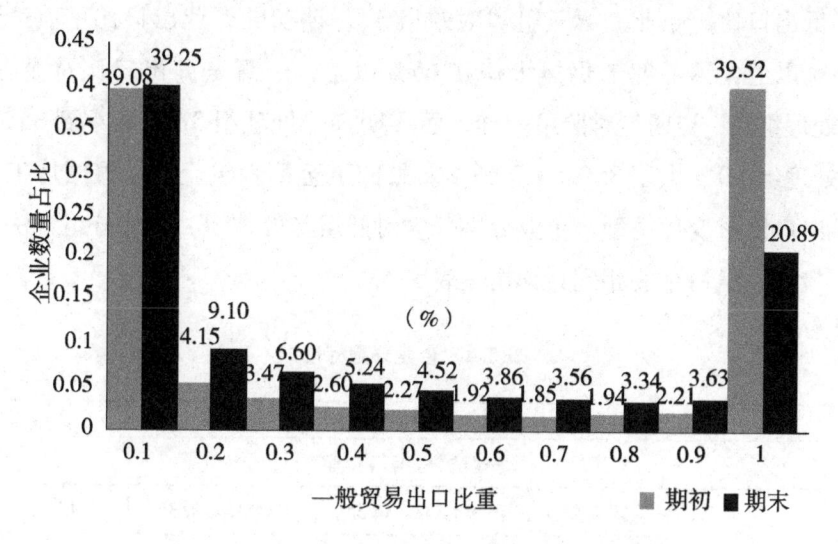

第五章 基于中国企业数据的实证检验

图 5.10　一般贸易出口企业数量占比分布图

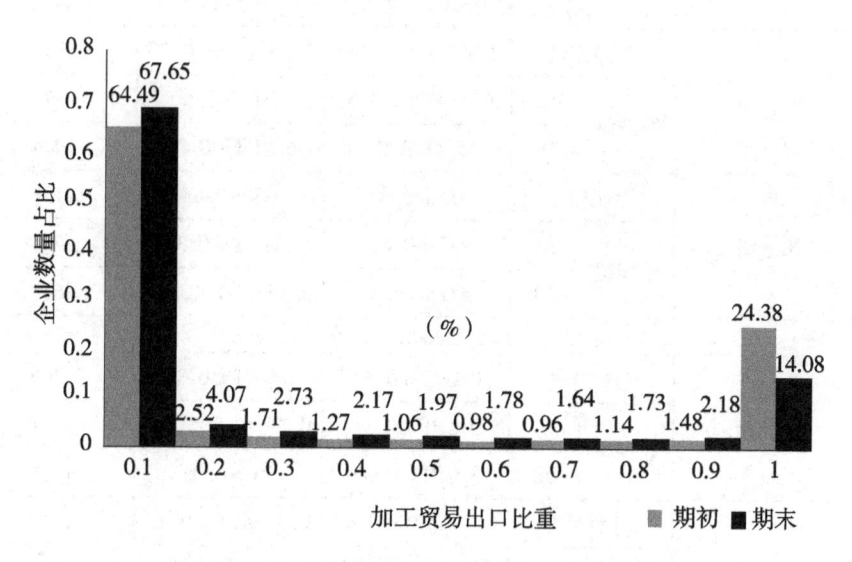

图 5.11　加工贸易出口企业数量占比的分布图

企业；"处理组 1B"则大于 65%，成为高比重出口企业。第二组"对照组 2"期初和期末的一般贸易出口比重均在 35%~65%，一直是中等出口比重企业。处理组期初出口比重与对照组一样，而期末"处理组 2A"大于 65% 成为高出口比重企业，"处理组 2B"则下降到小于 35%

是低出口比重企业。第三组"对照组3",期初的企业出口比重就达到65%以上,到了期末仍然维持在65%以上,一直是高出口比重企业。"处理组3"初期与对照组一样,而在期末"处理组3A"缩小到35%,"处理组3B"大于35%小于65%。第四组至第六组企业,根据加工贸易出口比重变化类型将企业分别分为对照组与处理组,具体分组方法与一般贸易出口企业相同,详情见表5.4。

表5.4 企业分组标准

			期初	期末	企业数量
一般贸易出口企业					
第一组	对照组1		$0 \leq OT \leq 0.35$	$0 \leq OT \leq 0.35$	43453
	处理组	1A	$0 \leq OT \leq 0.35$	$0.35 \leq OT \leq 0.65$	4534
		1B	$0 \leq OT \leq 0.35$	$OT > 0.65$	6492
第二组	对照组2		$0.35 \leq OT \leq 0.65$	$0.35 \leq OT \leq 0.65$	2897
	处理组	2A	$0.35 \leq OT \leq 0.65$	$OT > 0.65$	2171
		2B	$0.35 \leq OT \leq 0.65$	$0 \leq OT \leq 0.35$	1944
第三组	对照组3		$OT > 0.65$	$OT > 0.65$	20194
	处理组	3A	$OT > 0.65$	$0 \leq OT \leq 0.35$	6794
		3B	$OT > 0.65$	$0.35 \leq OT \leq 0.65$	3619
加工贸易出口企业					
第四组	对照组4		$0 \leq PT \leq 0.35$	$0 \leq PT \leq 0.35$	70709
	处理组	4A	$0 \leq PT \leq 0.35$	$0.35 \leq PT \leq 0.65$	2541
		4B	$0 \leq PT \leq 0.35$	$PT > 0.65$	1626
第五组	对照组5		$0.35 \leq PT \leq 0.65$	$0.35 \leq PT \leq 0.65$	1247
	处理组	5A	$0.35 \leq PT \leq 0.65$	$PT > 0.65$	525
		5B	$0.35 \leq PT \leq 0.65$	$0 \leq PT \leq 0.35$	1044
第六组	对照组6		$PT > 0.65$	$PT > 0.65$	9245
	处理组	6A	$PT > 0.65$	$0 \leq PT \leq 0.35$	3131
		6B	$PT > 0.65$	$0.35 \leq PT \leq 0.65$	2030

（a）lnTFP_OP

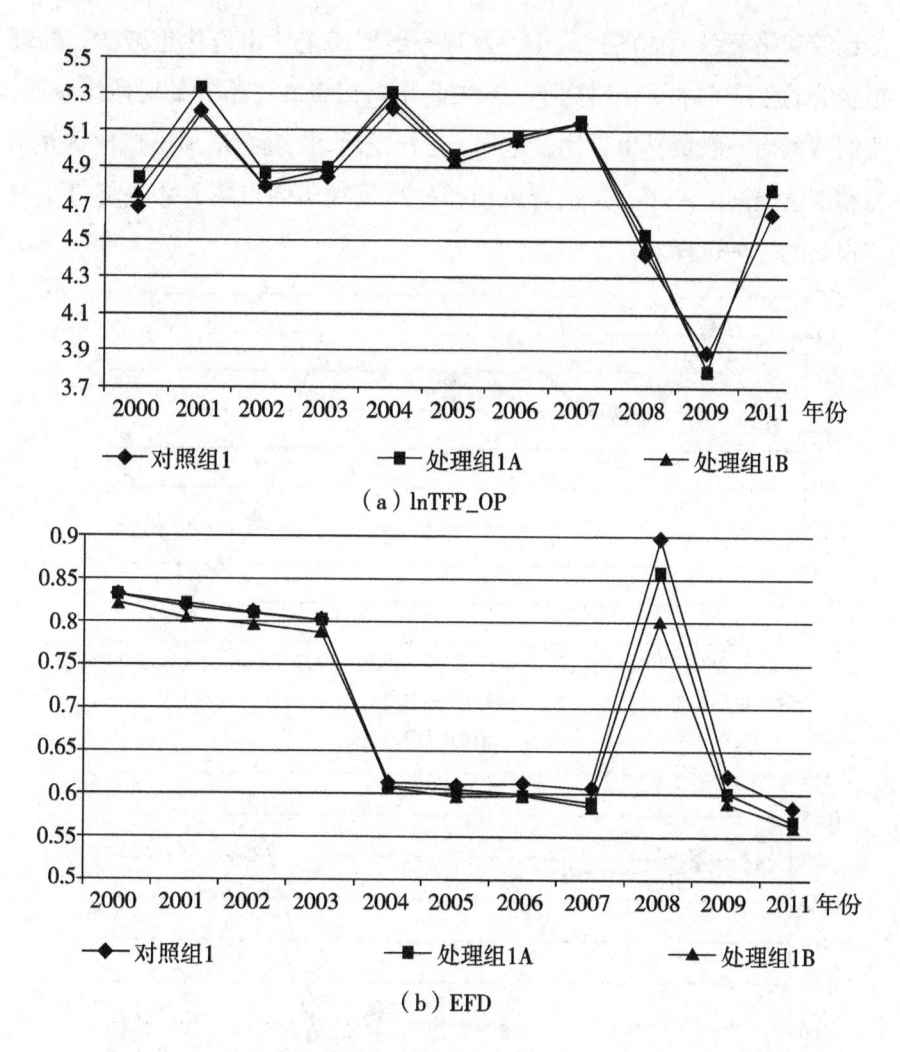

（b）EFD

图 5.12 样本观察期内第一组企业 TFP 和融资约束变化情况

在图 5.12 中可由整体上观察一般贸易企业平均生产率水平和融资约束的变化趋势，在对样本进行分组后，进一步分析期初生产率相近的企业，改变出口比重后，在期末相对生产率如何变化。在图 5.12 - a、图 5.13 - a、图 5.14 - a 中，可以得到第一组中三类企业和第二组中处理组 2A 与对照组 2 的比较结果中，处理组企业的一般贸易出口比重在期末增加，且生产率水平略高于对照组中一般贸易出口比重维持不变的企业，这一现象符合企业的"出口学习"效应。但同时，在处理组 2B 与对照组

融资约束与企业出口行为

的比较和第三组企业的比价中，发现一般贸易企业出口比重减少，处理组企业的生产率水平也略高于一般贸易出口比重维持不变的对照组企业，我们猜测当一般贸易出口比重达到一定比重后，①继续增加出口比重并不能够继续提高生产率，反而降低出口比重重视国内市场，才是促进生产率提高的一种选择。

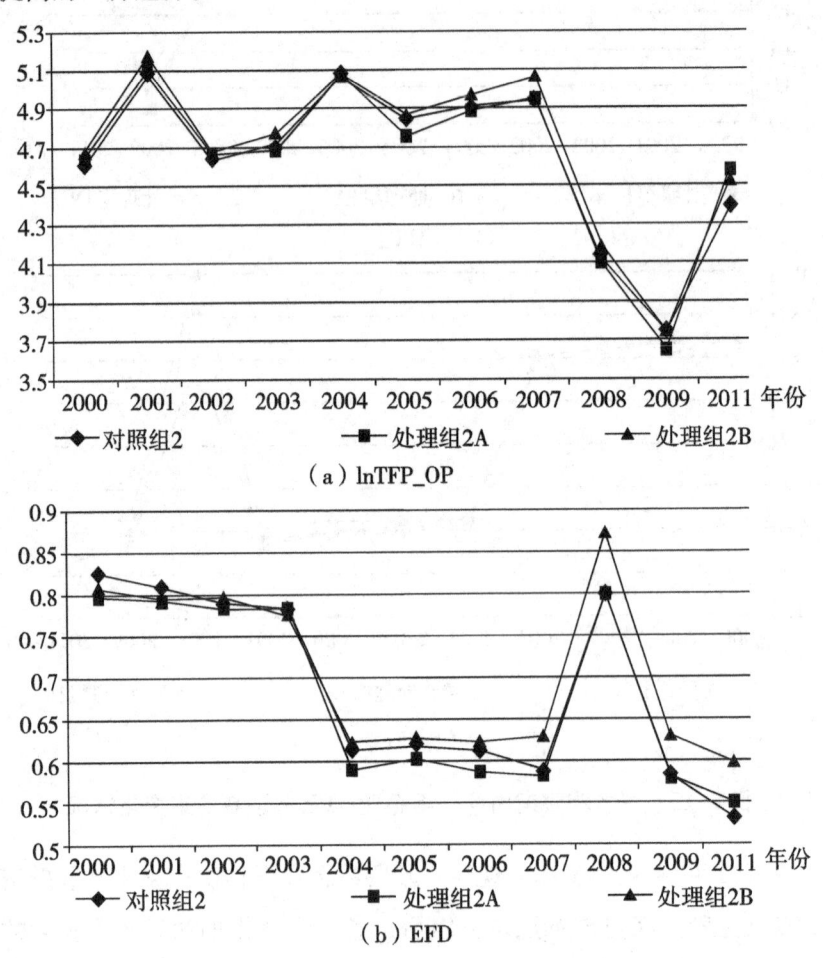

(a) lnTFP_OP

(b) EFD

图 5.13　样本观察期内第二组企业 TFP 和融资约束变化情况

---

① 由图 3.1—3.3 猜测，这个一定出口比重较低，可能小于 35%。

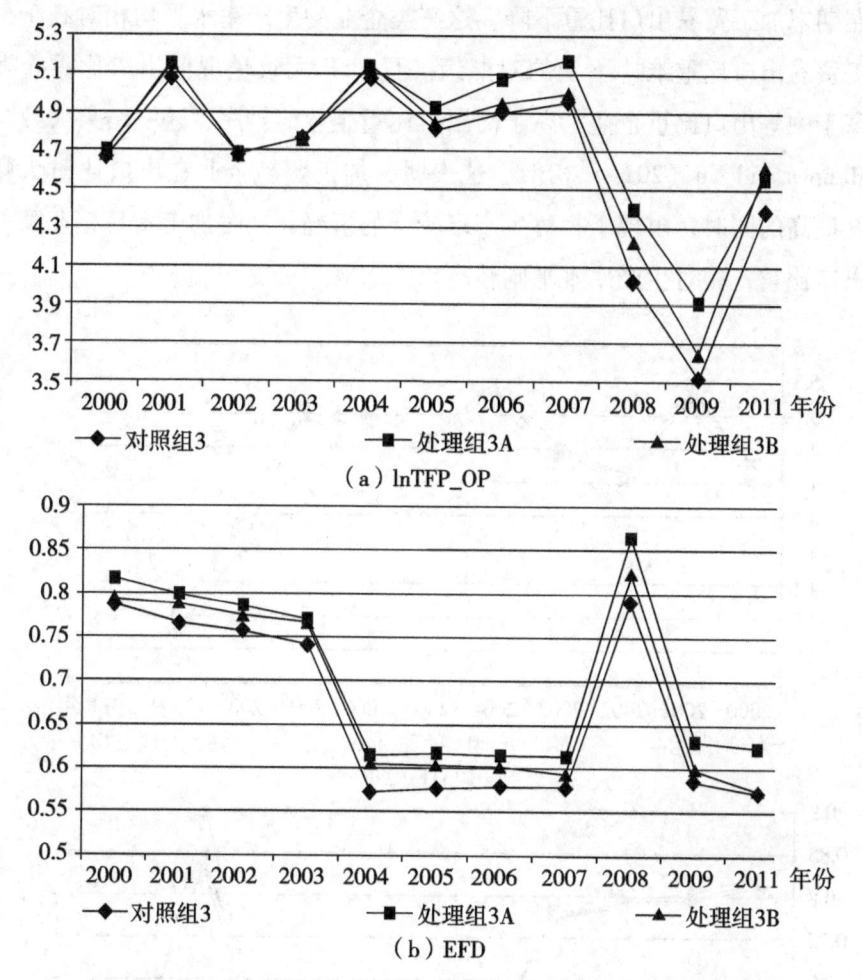

图5.14 样本观察期内第三组企业 TFP 和融资约束变化情况

样本观察期内加工贸易企业的平均 TFP 值（OP 方法）在 2007 年前为 4.5~5.5，略有波动，2008 年生产率水平显著下降，2009 年更是下降到 4 以下，到了 2011 年有所回升（见图 5.15-a、图 5.16-a、图 5.17-a）。具体来说，在图 5.15-a 中，处理组企业的加工贸易出口比重增加，处理组企业的 TFP 高于加工贸易出口比重不变的对照组；在图 5.16-a 中，处理组 5A 的加工贸易出口比重增加，处理组企业的生产率水平先增加高于对照组企业，而后又低于对照组企业，处理组企业的生产率水平相对下降；处理组 5B 和图 5.17-a 中的处理组 6A、6B

融资约束与企业出口行为

在期末加工贸易出口比重下降，这三类企业的生产率水平均相对高于加工贸易出口比重维持不变的对照组。且 TFP 大致呈现低出口比重企业高于中等出口比重企业，高于高出口比重企业的排序，这一结果大致与 Manova and Yu（2014）相似。这表明，加工贸易企业在出口比重大幅度提高的同时，出现了相对生产率较低的情况；同时加工贸易企业降低出口比重，相对生产率水平则较高。

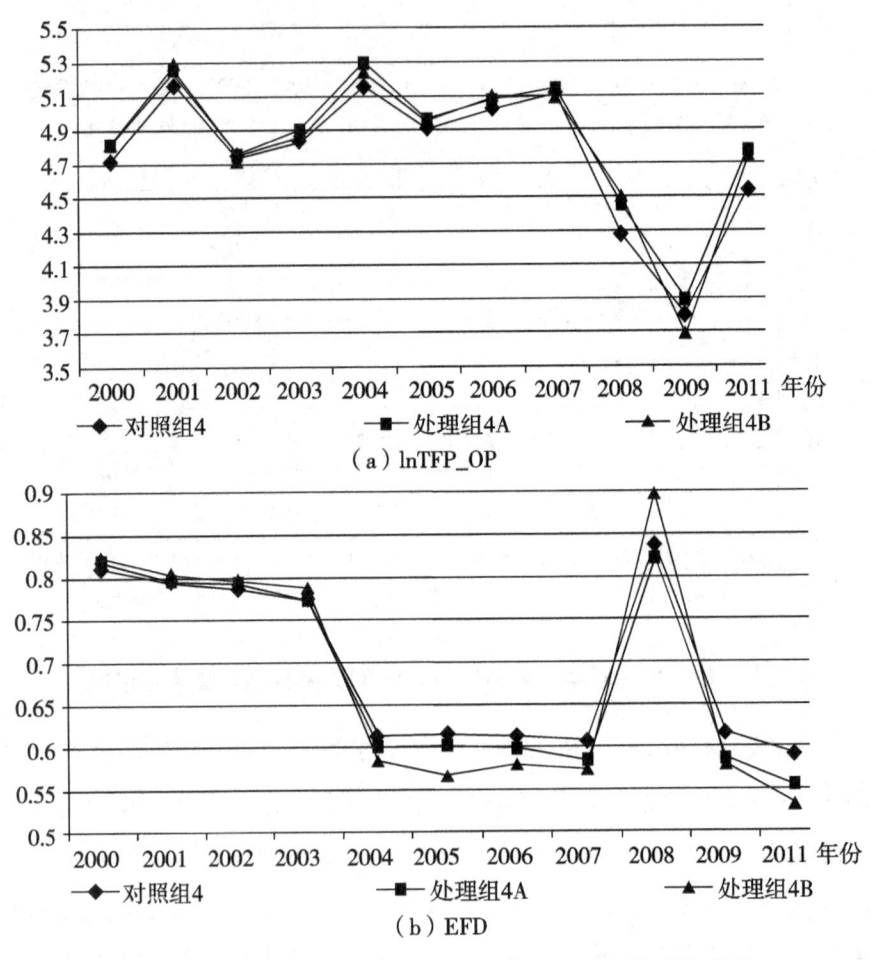

（a）lnTFP_OP

（b）EFD

图 5.15　样本观察期内第四组企业 TFP 和融资约束变化情况

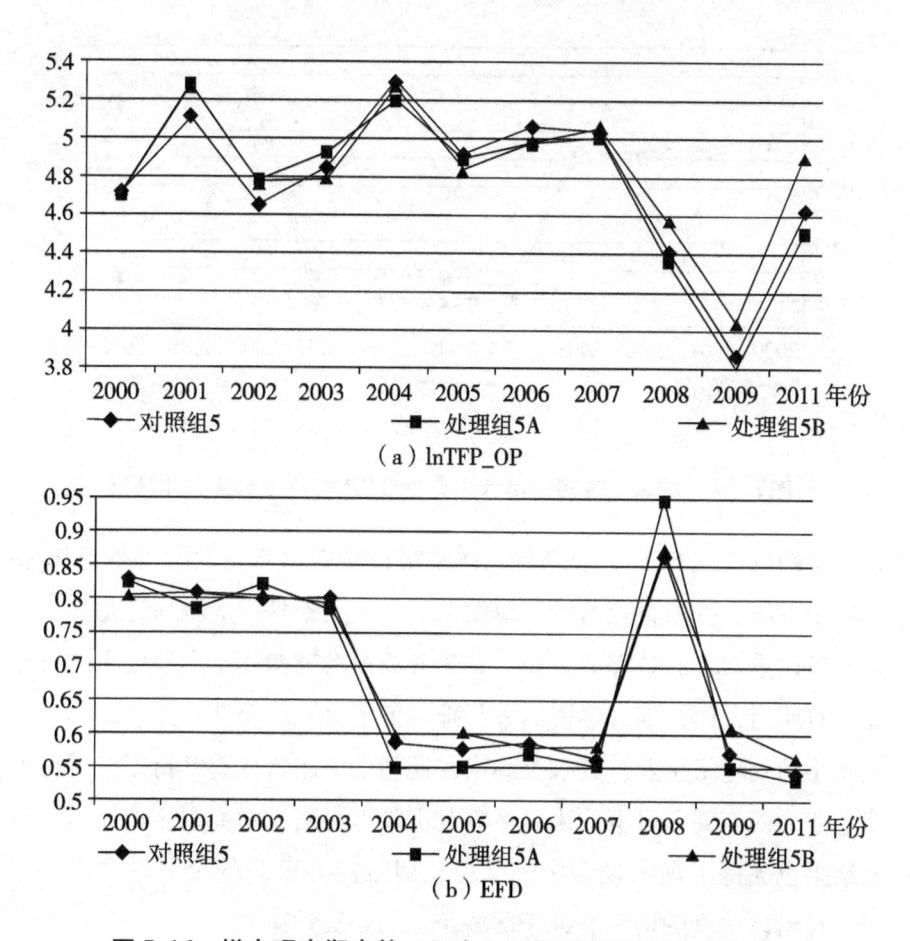

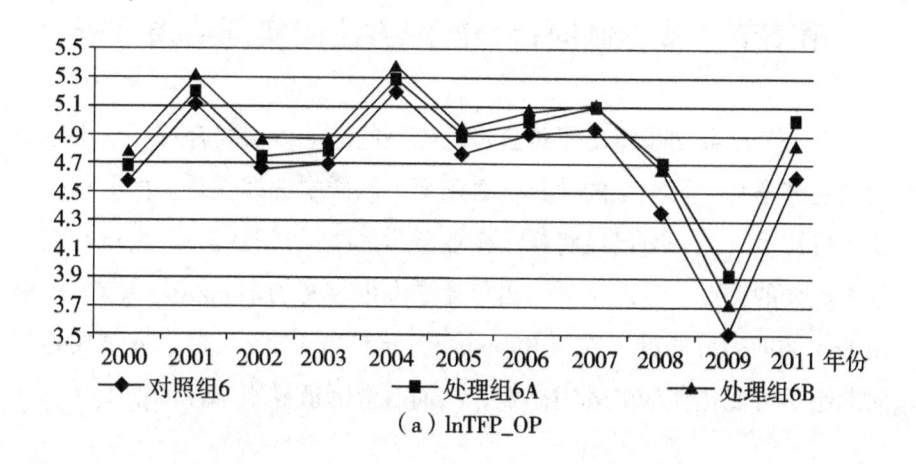

第五章 基于中国企业数据的实证检验

(a) lnTFP_OP

(b) EFD

图 5.16 样本观察期内第五组企业 TFP 和融资约束变化情况

(a) lnTFP_OP

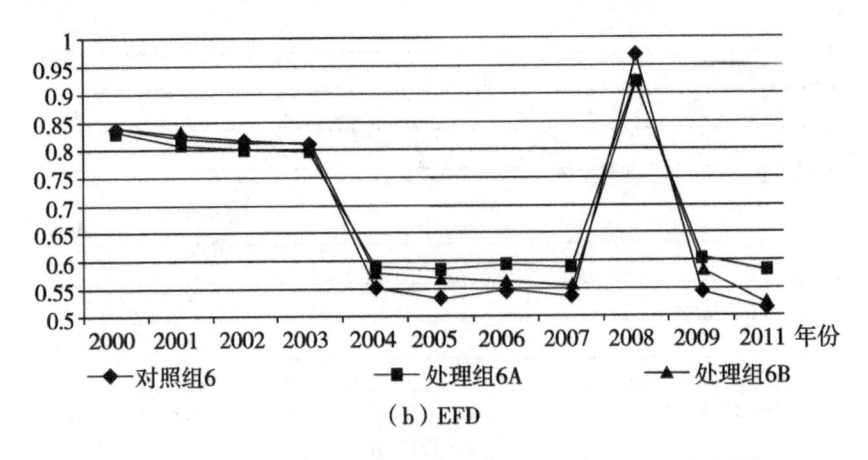

```
   1
0.95
 0.9
0.85
 0.8
0.75
 0.7
0.65
 0.6
0.55
 0.5
     2000 2001 2002 2003 2004 2005 2006 2007 2008 2009 2011 年份
      ──◆── 对照组6      ──■── 处理组6A      ──▲── 处理组6B
                        (b) EFD
```

图 5.17　样本观察期内第六组企业 TFP 和融资约束变化情况

从融资约束 EFD 指数来看，样本观察期内出口企业的平均 EFD 指数逐步下降。按照企业组的比较结果显示，无论是一般贸易还是加工贸易出口比重增大的处理组企业，其融资约束在期初高于出口比重维持不变的对照组，而在期末融资约束下降且低于对照组企业；另外，出口比重减小的处理组企业，其融资约束在期初低于出口比重维持不变的对照组企业，而在期末融资约束虽然略有下降但仍高于对照组企业。这一观察结果也支持了理论模型中的结论，即融资约束高的企业更倾向于出口，且出口比重的增大有助于缓解企业的融资约束。

第二节　基于倾向得分匹配方法的实证结果分析

上一节已经初步得出了符合理论模型的结论，但要合理评估出口企业的生产率和融资约束的变化，必须要控制样本选择误差。根据是否改变出口比重，上一节已经将样本企业分为两类：对照组——出口比重不发生改变的企业。处理组——出口比重发生改变的企业。这一节采用提出的"倾向得分匹配"法（Rosenbaum and Rubin, 1983），通过找到与对照组尽可能相似的处理组企业，从而有效降低样本选择偏误。

一、匹配方法的设定

在实证分析中,倾向得分往往不可观测,需要构建一个处理组,使对照组中企业改变出口比重时的情况能够尽量用处理组中的企业代表。参考文献中的方法,本书采用了 PSM,通过特殊的方法将多个特征浓缩成一个指标——倾向得分值(propensity score),从而使得多元匹配具有可行性。下面首先介绍倾向得分值的获取方法,接着介绍文中使用的匹配方法,以及平均处理效果(average treatment effect on the treated,ATT)的估计方法。

在本书中,倾向得分定义为,在给定样本特征 X 的情况下,某家企业改变出口比重的条件概率为:

$$p(X) = \Pr[D=1 \mid X] = E[D \mid X] \qquad (5.1)$$

其中,D 为指标函数,若某家企业 i 改变出口比重,则 D=1,否则 D=0。因此,对于企业 i,假设其倾向得分已知 $p(X_i)$,则出口的平均处理效果为:

$$\begin{aligned}
ATT &= E[Y_{1i} - Y_{0i} \mid D_i = 1] \\
&= E\{E[Y_{1i} - Y_{0i} \mid D_i = 1, p(X_i)]\} \qquad (5.2)\\
&= E\{E[Y_{1i} \mid D_i = 1, p(X_i)] - E[Y_{0i} \mid D_i = 0, p(X_i)] \mid D_i = 1\}
\end{aligned}$$

其中,Y_{1i} 和 Y_{0i} 分别表示企业在改变出口比重和不改变出口比重两种情况下的经营绩效。

在实证分析中,本书根据 Dehejia and Wahba(2002)的方法采用 Logit 模型进行估计:

$$p(X_i) = \Pr[D_i = 1 \mid X_i] = \frac{\exp(\beta X_i)}{1 + \exp(\beta X_i)} \qquad (5.3)$$

其中,$\dfrac{\exp(\beta X_i)}{1 + \exp(\beta X_i)}$ 表示逻辑分布的累积分布函数,X_i 表示所有可能影响企业是否改变出口比重的企业特征变量构成的向量,β 为相应的参数向量。得到(5.3)式的估计结果后,便能得到每家企业可能改变出口比重的概率值 $\hat{p}(X_i)$，即为每家企业的倾向得分值。

但仅仅获得倾向得分 PS 值，(5.2) 式中的平均处理效果 ATT 结果仍然无法估计，因为 $p(X_i)$ 是一个连续变量，这就为找出倾向得分相同的样本造成了难度，对于处理组和对照组的匹配也难以实现。此时本书选择最近邻匹配法（Nearest Neighbor Matching），以估计出的 PS 值为基础，寻找与对照组样本 PS 值最接近的处理组样本作为对照组的匹配对象。设 T 和 C 分别为处理组和对照组企业的集合，Y_i^T 和 Y_j^C 为两者的真实绩效，并假定 T(j) 为对照组中第 j 个样本与对照组匹配样本的集合，其相应的倾向得分值为 p_j，根据最近邻原则可以得到：

$$T(j) = \min_i \| p_i - p_j \| \tag{5.4}$$

假设对照组中的企业 j 有 N_j^T 个匹配对象，若 $i \in T(j)$，则设定权重为 $w_{ij} = 1/N_i^T$，否则 $w_{ij} = 0$。设对照组中有 N^C 个观测样本，则平均处理效果 ATT 的估计式可以表示为：

$$\tau = \frac{1}{N^C} \sum_{i \in T} (\sum_j w_{ij}) Y_i^T - \frac{1}{N^C} \sum_{j \in C} Y_j^C \tag{5.5}$$

从表 5.4 的分组中可以看出，有些出口比重发生改变的处理组样本数量较少，为了克服可能存在的小样本偏误对结论的影响，本书同时采用"自抽样法（Bootstrap）"从原始样本中可重复地随机抽取 n 个观察值，并按照以上方法计算平均处理效果 ATT，重复进行 K 次（本书中 K=200），得到 K 个 ATT 值，计算 K 个 ATT 的标准误差，从而获得原始样本的 ATT 标准误差，进行统计推断。

二、基于倾向得分方法的匹配结果

接下来通过计算得出企业转变出口行为对出口企业的平均处理效率。在此用企业第一年特征来估计倾向得分，这些特征包括用 OP 方法计算的生产率（TFP）、外商投资比、企业所在省份、企业所处的行业、企业所有制、企业年龄等。在估计出分年份的倾向得分之后，借鉴 Girma et al.（2004）以及 De Loecker（2007）的方法进行倾向得分匹配。采用了分年份、分行业的办法进行匹配，以消除由于不同年份、不同行业的企业受到不同的宏观经济影响而缺乏可比性。配对后，集中所有年份、所有行业的观测值，并计算处理组和对照组结果变量的平均差异。

表 5.5 汇总了以一般贸易出口方式占比分类的对照组企业与处理组企业的匹配结果。具体来说，在第一组企业的比较中，从第一列报告了期初出口比重较低的处理组 1A 与对照组 1 的比较情况，前三行作为处理组企业与对照组企业的匹配指标，企业 TFP 值、外商投资比、企业年龄在期初没有显著的差异，而在期末处理组企业的出口扩大到中等水平，其 TFP 值显著低于对照组企业，外商投资比显著高于对照组企业；用于衡量融资约束的 EFD 指数在期初显著高于对照组企业，在期末差异消失，从四种融资渠道看来处理组企业的经营性现金流占比（CF/K）、企业实收资本变化率（innerfin）、企业应付账款净额（credit）这三项指标由期初的显著低于对照组企业在期末变为不显著，企业获得外部金融机构贷款（bank）则并无明显变化。关于文中所使用的代理变量 WW 指标和其构成指标在衡量企业的融资约束时，也显示出处理组企业的融资约束高于对照组企业，尽管这一修正的 WW 指标并不显著，而在期末处理组的 WW 指标显著低于对照组。在处理组 1A 与对照组 1 的匹配中可以看出，初始情况相似的企业，若增加一般贸易出口比重到中等水平，则该类企业的生产率水平会低于维持原有低出口比重的企业，且外商投资比高于低出口比重企业，这与一般贸易出口企业多采用代理、包销的方式进行出口有很大关系。另外，初始情况中严重的融资约束得到了缓解。

同理，在第二列中报告了处理组 1B 与对照组 1 的比较结果，期初匹配指标全要素生产率、外商投资比和企业年龄均无显著差异，处理组 1B 中企业的 EFD 指数和 WW 指数均显著高于对照组，其中，表示四种融资渠道和 WW 指数的构成指标也都显示出处理组与对照组有显著的差异。在期末，处理组企业的 TFP 值显著低于对照组企业。期末处理组企业的 EFD 指数显著低于对照组，在四种渠道中，变化最明显的是企业应付账款净额（credit）由期初在1%水平上显著低于对照组变为差异不显著，这说明处理组1B企业在扩大一般贸易出口后，处理组企业的应收账款数量大幅减少，极大缓解了之前所受的融资约束。融资约束的另一替代指标WW指数在期末变为没有显著的差异，也同样说明了这一现象。这一组企业的生产率变化趋势与第一组相同，且融资约束的变化比第一组更显著。

在第三列中，处理组2A与对照组2的比较结果与第二列类似，扩大一般贸易出口比重到65%以上的处理组企业其生产率水平低于维持原有中等出口水平的对照组企业。同时，无论是以EFD指数还是WW指数衡量的融资约束指标均显示为期初处理组企业较高，而期末低于对照组企业。

前三列匹配中的处理组企业均增加了一般贸易出口比重，那么若处理组企业减少一般贸易出口比重，又将会出现什么结果呢？后三列匹配就报告了这一结果。

在第四列中，处理组企业与对照组企业在期初的出口比重已经达到中等水平，随后处理组企业的出口比重下降，期末该比例小于35%。前三行作为处理组企业与对照组企业的匹配指标，企业TFP值、外商投资比、企业年龄在期初没有显著的差异，而在期末处理组企业的TFP值显著低于对照组企业，外商投资比变化不显著；用于衡量融资约束的EFD指数在期初与对照组企业之间的差异不显著，而在期末显著高于对照组企业。从融资渠道来看，处理组企业的经营性现金流（CF/K）和应付账款净额（credit）由期初的显著变为在期末与对照组无显著差异。这说明处理组企业的应收账款数量大幅增加，加剧了处理组企业所受的融资约束。在处理组2B与对照组2的匹配中可以看出，初始情况相似的企业，若减少一般贸易出口比重为较低水平，则该类企业的生产率水平会低于维持原有中等出口比重的企业，且初始情况中不严重的融资约束由于出口的减少而加剧。

在第五列中，处理组企业的生产率在期末显著高于对照组，说明企业在缩小出口比重后其生产率水平相对提高，衡量融资约束的指标在期初与期末均无明显的变化。其中，处理组企业的经营性现金流占比（CF/K）在期初与对照组无显著差距，而在期末显著低于对照组；但同时企业应付账款净额（credit）由期初无显著差距变为在期末显著高于对照组企业，这两项指标不同方向的变化导致EFD指数的变化不明显。

处理组3B企业与对照组3企业在期初均拥有较高的出口比重，处理组3B企业随后降低出口比重，到了期末该比重维持在中等水平，这两组企业的匹配结果报告在第六列中，这一组结果与第五列类似，生产率和融资约束在期末显著高于对照组企业。根据第五组和第六组的匹配结果，说明了一般贸易出口比重的下降从某种意义上可能是企业通过包销、代理等方式进行出口，导致国内出口企业的"出口学习"效应并不明显，而促使企业出口的原因则与国内较强的融资约束有关，经过匹配发现扩大出口比重有助于企业缓解融资约束，而缩小出口比重则使得企业的融资约束加强。

后六组以加工贸易出口方式占比分类的处理组与对照组的匹配结果报告在表5.6中。我们用企业第一年的特征来估计倾向得分，这些特征包括企业生产率（TFP）、外商投资比、企业年龄、企业所处的行业、企业所在省份、企业所有制等。企业所处行业、所在省份、所有制不会发生较大的变化，因此在前三行匹配的变量中，我们仅报告生产率（TFP）、外商投资比和企业年龄这三个变量。在六组匹配结果中，期初的匹配指标均不存在显著的差异，PS匹配在这几组企业中是成功的。在前三列中，期末处理组企业的加工贸易出口占比均扩大，企业的TFP值与对照组相比呈现出显著的负差异。而在后三列中，期末处理组企业的加工贸易出口占比均下降，企业的TFP与对照组相比则呈现出显著的正差异。这表明加工贸易出口占比的变化与TFP呈现出负的相关关系。

对于融资约束的比较，在前三列中，期初处理组企业的EFD指数均显著高于对照组企业，而在期末则显著低于对照组企业，这清楚地显示了随着加工贸易出口的增加，融资约束的压力缓解了。在第四列中，无论在期初还是期末融资约束中均没有显著的差异；在第五列中，处理组企业期初和期末的EFD指数均显著高于对照组企业，没有明显的变化；在最后一组中，期初融资约束没有差异，而期末处理组显著低于对照组。在后三列中，加工贸易出口比重的下降对融资约束的影响并不明显。

表 5.5 一般贸易出口企业匹配结果

		1 和 1A 匹配		1 和 1B 匹配		2 和 2A 匹配		2 和 2B 匹配		3 和 3A 匹配		3 和 3B match	
匹配指标		期初	期末	期初	期末	期初	期末	期初	期末	期初	期末	期初	期末
企业TFP值		-1.40	-16.87***	-1.66	-9.89***	-1.01	-4.57***	-1.17	-4.50***	1.37	9.80***	0.44	2.07**
		(0.0108)	(0.0178)	(0.0092)	(0.0151)	(0.0205)	(0.0334)	(0.0226)	(0.0371)	(0.0091)	(0.0155)	(0.0115)	(0.0258)
外商投资比		1.30	3.76***	-0.65	2.00**	-0.02	1.83*	1.52	-1.51	1.62	2.00**	0.07	2.81***
		(0.0069)	(0.0084)	(0.0044)	(0.0212)	(0.0099)	(0.0151)	(0.0098)	(0.0104)	(0.0042)	(0.0065)	(0.0057)	(0.0089)
企业年龄		0.79	1.55	1.17	1.36	1.29	0.82	1.16	1.14	0.69	1.34	-1.15	-1.01
		(0.0969)	(0.0935)	(0.0853)	(0.0897)	(0.1756)	(0.1905)	(0.2247)	(0.2165)	(0.1061)	(0.1104)	(0.1117)	(0.1181)
EFD指数		11.05***	1.62	13.75***	-8.14***	6.42***	0.92	-0.09	1.98**	1.96***	1.89*	1.45	7.45***
		(0.0026)	(0.0034)	(0.0022)	(0.0028)	(0.0054)	(0.0064)	(0.0057)	(0.0070)	(0.0023)	(0.0029)	(0.0030)	(0.0025)
四种融资渠道	CF/K	-3.50***	0.56	3.42***	11.92***	-0.29	0.72	2.42**	0.75	1.55	-3.25***	1.51	-5.80***
		(0.0019)	(0.0027)	(0.0017)	(0.0022)	(0.0039)	(0.0051)	(0.0044)	(0.0058)	(0.0018)	(0.0023)	(0.0024)	(0.0020)
	innerfin	-5.37***	0.13	-4.35***	-3.11***	-0.88	5.76***	2.72***	2.73***	0.84	0.09	-4.13***	2.78***
		(0.0069)	(0.0087)	(0.0058)	(0.0081)	(0.0124)	(0.0177)	(0.0148)	(0.0207)	(0.0053)	(0.0065)	(0.0066)	(0.0052)
	bank	4.86***	7.62***	4.56***	6.84***	-0.01	0.45	-1.19	0.56	6.44***	5.83***	4.46***	1.87*
		(0.0007)	(0.0002)	(0.0001)	(0.0001)	(0.0003)	(0.0003)	(0.0003)	(0.0004)	(0.0001)	(0.0002)	(0.0002)	(0.0001)
	credit	-8.03***	1.75*	-16.86***	-1.58	-8.02***	-0.11	1.60	-2.02**	-1.63	3.69***	-2.42**	5.23***
		(0.0024)	(0.0023)	(0.0020)	(0.0020)	(0.0045)	(0.0042)	(0.0049)	(0.0047)	(0.0019)	(0.0019)	(0.0025)	(0.0025)

— 138 —

续表

匹配指标		1 和 1A 匹配 期初	1 和 1A 匹配 期末	1 和 1B 匹配 期初	1 和 1B 匹配 期末	2 和 2A 匹配 期初	2 和 2A 匹配 期末	2 和 2B 匹配 期初	2 和 2B 匹配 期末	3 和 3A 匹配 期初	3 和 3A 匹配 期末	3 和 3B match 期初	3 和 3B match 期末
企业 TFP 值		-1.40 (0.0108)	-16.87*** (0.0178)	-1.66 (0.0092)	-9.89*** (0.0151)	-1.01 (0.0205)	-4.57*** (0.0334)	-1.17 (0.0226)	-4.50*** (0.0371)	1.37 (0.0091)	9.80*** (0.0155)	0.44 (0.0115)	2.07** (0.0258)
外商投资比		1.30 (0.0069)	3.76*** (0.0084)	-0.65 (0.0044)	2.00** (0.0212)	-0.02 (0.0099)	1.83* (0.0151)	1.52 (0.0098)	-1.51 (0.0104)	1.62 (0.0042)	2.00** (0.0065)	0.07 (0.0057)	2.81*** (0.0089)
企业年龄		0.79 (0.0969)	1.55 (0.0935)	1.17 (0.0853)	1.36 (0.0897)	1.29 (0.1756)	0.82 (0.1905)	1.16 (0.2247)	1.14 (0.2165)	0.69 (0.1061)	1.34 (0.1104)	-1.15 (0.1117)	-1.01 (0.1181)
Whited 和 Wu 指数		1.39 (0.0038)	-2.55** (0.0027)	2.24** (0.0460)	-1.39 (0.0104)	1.99** (0.0044)	-2.15** (0.0023)	-1.14 (0.0042)	-3.62*** (0.0047)	-3.49*** (0.0009)	-2.79*** (0.0084)	-1.72* (0.0012)	0.25 (0.0033)
W W 指 数 构 成 指 标	SG_{it}	-1.86* (0.1057)	-1.43 (0.0820)	-2.14** (1.3150)	0.26 (0.2948)	-2.09** (0.1149)	-1.75* (0.0434)	-0.68 (0.1045)	2.86*** (0.1223)	1.28 (0.0156)	2.35** (0.2382)	-0.25 (0.0218)	-0.22 (0.0508)
	ISG_{it}	-4.79*** (0.0057)	-1.49 (0.0051)	-6.04*** (0.0047)	-6.87*** (0.0043)	-2.23** (0.0107)	-1.03 (0.0099)	-2.58*** (0.0123)	1.47 (0.0115)	7.16*** (0.0043)	10.11*** (0.0040)	1.16 (0.0053)	3.68*** (0.0049)
	CF_{it}	-1.47 (1631.9)	-2.59*** (3979.7)	-2.44** (1226.9)	-2.06** (2713.6)	0.59 (1268.0)	-0.37 (2601.7)	1.97** (3617.1)	2.18** (14556.4)	3.32** (946.6)	5.52*** (2733.6)	0.23 (1024.4)	-0.71 (2755.7)
	$TLTD_{it}$	-0.39 (0.0013)	-1.11 (0.0011)	3.23*** (0.0012)	-2.48** (0.0009)	-2.02** (0.0028)	-1.89* (0.0022)	-0.04 (0.0034)	0.61 (0.0025)	6.67*** (0.0011)	6.54*** (0.0010)	-1.17 (0.0013)	-1.21 (0.0012)
	$LNTA_{it}$	-0.66 (0.0170)	5.73*** (0.0177)	1.76* (0.0141)	8.95*** (0.0145)	-3.10*** (0.0309)	2.72*** (0.0312)	2.21ᵛ (0.0353)	4.29*** (0.0359)	8.96*** (0.0143)	13.83*** (0.0149)	3.21*** (0.0171)	9.65*** (0.0183)

注：括弧中为 t 值，*、**、*** 分别表示在 0.1、0.05 和 0.01 的水平上显著。

表5.6 加工贸易出口企业匹配结果

匹配指标		4和4A匹配 期初	4和4A匹配 期末	4和4B匹配 期初	4和4B匹配 期末	5和5A匹配 期初	5和5A匹配 期末	5和5B匹配 期初	5和5B匹配 期末	6和6A匹配 期初	6和6A匹配 期末	6和6B匹配 期初	6和6B匹配 期末
企业TFP值		−1.48 (0.0139)	−8.40*** (0.0225)	−0.35 (0.0177)	−2.09** (0.0289)	−1.38 (0.0389)	−4.73*** (0.0626)	1.30 (0.0326)	5.75*** (0.0491)	−0.39 (0.0149)	2.12*** (0.0230)	0.44 (0.0115)	5.36*** (0.0279)
外商投资比		−0.12 (0.0065)	4.05*** (0.0104)	0.66 (0.0080)	5.13*** (0.0109)	−1.35 (0.0169)	2.45** (0.0230)	−0.01 (0.0142)	−2.07** (0.0236)	−0.87 (0.0058)	2.00** (5.6153)	−0.32 (0.0057)	1.21 (0.0087)
企业年龄		0.71 (0.1204)	11.73*** (0.1283)	−1.67 (0.1557)	4.63*** (0.1659)	−0.18 (0.3425)	4.19*** (0.3648)	0.91 (0.2475)	3.00*** (0.3065)	0.58 (0.1021)	14.99*** (0.1117)	1.37 (0.1139)	−4.18*** (0.1063)
EFD指数		7.49*** (0.0033)	−1.90* (0.0043)	9.10*** (0.0042)	−2.17** (0.0057)	2.39** (0.0105)	−1.74* (0.0131)	−1.24 (0.0079)	−0.72 (0.0100)	4.26*** (0.0036)	2.04** (0.0048)	0.48 (0.0041)	−6.24*** (0.0056)
四种融资渠道	CF/K	−5.86*** (0.0026)	−2.77*** (0.0034)	−4.90*** (0.0032)	−3.01*** (0.0044)	0.02 (0.0073)	−0.66 (0.0098)	0.08 (0.0059)	4.03*** (0.0084)	5.88*** (0.0025)	5.08*** (0.0039)	1.46 (0.0027)	1.79* (0.0043)
	innerfin	−11.91*** (0.0075)	−1.24 (0.0099)	−6.83*** (0.0103)	0.29 (0.0138)	−0.53 (0.0274)	2.67*** (0.0317)	−0.52 (0.0212)	4.18*** (0.0414)	−0.66 (0.0107)	2.22** (0.0170)	3.33*** (0.0129)	−2.11** (0.0160)
	bank	1.74* (0.0002)	−4.58*** (0.0002)	−6.31*** (0.0002)	−8.45*** (0.0002)	−0.99 (0.0004)	−1.92* (0.0005)	3.38*** (0.0004)	3.80*** (0.0004)	9.97*** (0.0002)	11.87*** (0.0002)	−7.87*** (0.0002)	−8.66*** (0.0002)
	credit	−4.36*** (0.0028)	12.82*** (0.0028)	−5.32*** (0.0036)	10.63*** (0.0036)	−5.09*** (0.0091)	3.88*** (0.0091)	2.09** (0.0079)	−3.26*** (0.0070)	−6.26*** (0.0034)	−8.48*** (0.0037)	−5.59*** (0.0039)	4.71*** (0.0038)

续表

匹配指标		4 和 4A 匹配 期初	4 和 4A 匹配 期末	4 和 4B 匹配 期初	4 和 4B 匹配 期末	5 和 5A 匹配 期初	5 和 5A 匹配 期末	5 和 5B 匹配 期初	5 和 5B 匹配 期末	6 和 6A 匹配 期初	6 和 6A 匹配 期末	6 和 6B 匹配 期初	6 和 6B 匹配 期末
企业 TFP 值		−1.48 (0.0139)	−8.40*** (0.0225)	−0.35 (0.0177)	−2.09** (0.0289)	−1.38 (0.0389)	−4.73*** (0.0626)	1.30 (0.0326)	5.75*** (0.0491)	−0.39 (0.0149)	2.12** (0.0230)	0.44 (0.0115)	5.36*** (0.0279)
外商投资比		−0.12 (0.0065)	4.05*** (0.0104)	0.66 (0.0080)	5.13*** (0.0109)	−1.35 (0.0169)	2.45** (0.0230)	−0.01 (0.0142)	−2.07** (0.0236)	−0.87 (0.0058)	2.00** (5.6153)	−0.32 (0.0057)	1.21 (0.0087)
企业年龄		0.71 (0.1204)	11.73*** (0.1283)	−1.67 (0.1557)	4.63*** (0.1659)	−0.18 (0.3425)	4.19*** (0.3648)	0.91 (0.2475)	3.00*** (0.3065)	0.58 (0.1021)	14.99*** (0.1117)	1.37 (0.1139)	−4.18*** (0.1063)
Whited 和 Wu 指数		3.17*** (0.0042)	0.59 (0.0228)	0.83 (0.0041)	−2.25*** (0.0072)	2.49** (0.0074)	0.82 (0.0029)	1.62 (0.0077)	−2.51** (0.0080)	−2.06** (0.0908)	−1.01 (0.0091)	−1.42 (0.0061)	1.62 (0.0091)
W 指数结构成指标	SG_{it}	−3.91*** (0.1159)	−0.87 (0.6499)	−0.56 (0.0740)	1.92* (0.1975)	−2.79*** (0.1990)	−1.65 (0.0530)	−0.83 (0.2021)	2.50** (0.2145)	2.05** (0.5958)	0.75 (0.2576)	1.75* (0.1699)	−0.96 (0.2568)
	ISG_{it}	−6.10*** (0.0070)	−2.30*** (0.0065)	−3.65*** (0.0088)	−3.92*** (0.0080)	−3.06*** (0.0129)	−1.52 (0.0115)	3.17*** (0.0151)	4.02*** (0.0139)	6.45*** (0.0057)	5.73*** (0.0056)	−2.78*** (0.0063)	−5.37*** (0.0060)
	CF_{it}	−2.42** (1861.8)	−0.64 (4731.9)	−1.78* (2139.7)	0.89 (4502.2)	2.52** (117084)	2.55** (47543.9)	−1.10 (2959.6)	2.53** (4879.0)	−4.66*** (1368.1)	−1.93* (3287.98)	1.92* (889.27)	−2.33** (5449.88)
	$TLTD_{it}$	−4.44*** (0.0016)	−2.74*** (0.0014)	−0.8 (0.0020)	−2.81*** (0.0019)	−0.78 (0.0029)	0.08 (0.0026)	1.56 (0.0039)	0.36 (0.0036)	3.83*** (0.0018)	4.53 (0.0014)	−3.20 (0.0017)	0.31 (0.0014)
	$LNTA_{it}$	−1.60 (0.0214)	6.31*** (0.0225)	−2.83*** (0.0263)	1.60 (0.0279)	−2.77*** (0.0389)	−0.56 (0.0409)	−0.98 (0.0469)	1.55 (0.0481)	1.96** (0.0212)	5.46*** (0.0227)	−4.69*** (0.0237)	−9.88*** (0.0262)

注：括弧中为 t 值，*、**、*** 分别表示在 0.1、0.05 和 0.01 的水平上显著。

从表 5.5 和表 5.6 中可以得知，部分企业（具有较高生产率水平）以增加一般贸易出口量的方式来扩大出口所占总产出的比重，以此缓解融资约束的压力，但由于出口方式多采用包销、代理等方式，因此出口的"学习效应"并不能实现。而另一类（生产率水平较低）企业，为了缓解融资约束的压力，只能选择增加加工贸易出口占比，这的确能够有效缓解融资约束的压力，但这同时将要牺牲部分全要素生产率。

第三节 计量模型设定与稳健性检验

一、计量模型的设定与结果分析

根据上面提出的假设和分组方法，建立以下计量模型。

（一）考察融资约束是否影响企业改变出口比重

模型 1：$Pr(D_{ab}=1 \mid Z_{jt}) = \Phi(\alpha_0 + \alpha_1 FC + \sum_{i}^{n}\beta_i Z_{jt} + \alpha_k + \alpha_t + \varepsilon_{jt})$

其中，$Pr(D_{ab}=1 \mid Z_{jt})$ 表示 j 企业成为处理组企业而不是对照组企业的概率，$\Phi(\cdot)$ 是积累密度函数，D_{ab} 为虚拟变量，$D_{ab}=C$ 定义为对照组企业，$D_{ab}=1$ 为处理组企业，$a=1,2,3,4,5,6$，$b=1,2$。$D_{11}=0$ 为对照组 1，$D_{11}=1$ 为处理组 1A；当 $D_{12}=0$ 仍为对照组 1，$D_{12}=1$ 为处理组 1B。同理，$D_{21}=0$ 为对照组 2，$D_{21}=1$ 为处理组 2A；$D_{22}=0$ 仍为对照组 2，$D_{22}=1$ 为处理组 2B；$D_{31}=0$ 为对照组 3，$D_{31}=1$ 为处理组 3A；$D_{32}=0$ 为对照组 3，$D_{32}=1$ 为处理组 3B，当 $a=4,5,6$ 时，也同理如此定义。Z_{jt} 为其他控制变量，这里我们主要控制了企业年龄、是否国有企业、外商投资比重、企业所处的省份与行业[①]等变量。α_k 为行业固定效应，α_t 为时间固定效应，ε_{jt} 为误差。值得注意的是，模型 1 中，D_{ab} 是企业的决策，从而是内生变量。为了处理内生性，我们找到与样本相匹配的对照组，并在期初进行匹配从而剔除外界冲击的

---

① 在续表 5.5 的行业固定效应中，控制到二位代码行业。

影响。因此，模型1实际上刻画了初始时期不同融资约束条件对企业改变出口比重选择概率（从对照组变成处理组的概率）的影响。

模型1验证了融资约束对出口贸易行为的影响。我们假设融资约束较强的企业倾向于选择高的出口比重；融资约束较弱的企业选择维持原有出口比重。

一般贸易出口企业在模型1中的回归结果如表5.7所示。在前三列中，EFD指数均为正，其中，从低出口比重提高到中等出口比重的处理组1A和提高到高出口比重的处理组1B，均在0.01水平上显著，高于维持低出口比重的对照组1，而从中等出口比重提高到高出口比重的处理组2A，高于维持中等出口比重的对照组2，这一结果在0.05水平上显著。总体上，受到更强融资约束的低出口比重企业和中等出口比重企业，更倾向于提高出口比重。在后三列中，EFD指数均为负，且均在0.01水平上显著。处理组所受融资约束低于对照组企业，这类企业并没有很强的出口意愿，反而可能以降低出口比重来获得生产率的提高。

加工贸易出口企业在模型1中的回归结果如表5.8所示。在前三列中，EFD指数均为正，其中，从低出口比重提高到中等和高出口比重的处理组4A和处理组4B，均在0.1水平上显著，高于维持低出口比重的对照组4，而从中等出口比重提高到高出口比重的处理组5A结果并不显著，这类企业样本数量明显少于前两组。在后三列中，EFD指数均为负，其中，由中等出口比重和高出口比重下降到低出口比重的处理组5B和处理组6A，与对照组的比较均在0.01水平上显著为负，由高出口比重下降到中等出口比重的处理组6B，虽然EFD指数对改变出口的影响为负，但并不显著。从这一结果可以看出，无论是一般贸易出口企业还是加工贸易出口企业，所受融资约束较高时，均选择提高出口比重，以缓解融资压力；而已经处于较高出口比重的企业，融资约束较低并没有很强的出口意愿，反而可能以降低出口比重来获得生产率的提高。

表 5.7 EFD 指数衡量融资约束对一般贸易出口行为的影响

	(1) $Pr(X_{1A}=1\mid Z_i)$	(2) $Pr(X_{1B}=1\mid Z_i)$	(3) $Pr(X_{2A}=1\mid Z_i)$
EFD 指数	0.0791***	0.0925***	0.1183**
	(4.54)	(5.58)	(2.54)
企业年龄	-0.0177***	-0.0217***	-0.1171***
	(-3.46)	(-4.60)	(-8.52)
外商投资比	-0.2772***	-0.2501***	-0.1464***
	(-28.79)	(-25.90)	(-5.38)
是否国有企业	0.1062***	0.0666***	0.0537
	(7.14)	(4.99)	(1.28)
常量	2.0156***	1.0595***	0.2258
	(7.04)	(5.51)	(0.33)
年份	YES	YES	YES
行业	YES	YES	YES
省份	YES	YES	YES
样本数量	163039	171202	13582
	(4) $Pr(X_{2B}=1\mid Z_i)$	(5) $Pr(X_{3A}=1\mid Z_i)$	(6) $Pr(X_{3B}=1\mid Z_i)$
EFD 指数	-0.1523***	-0.2627***	-0.1792***
	(-3.13)	(-13.67)	(-7.98)
企业年龄	-0.2273***	-0.1212***	-0.0643***
	(-16.8)	(-21.64)	(-9.37)
外商投资比	0.0999***	0.2639***	-0.0532***
	(3.54)	(23.25)	(-4.07)
是否国有企业	0.0093	-0.0202	0.0327
	(0.24)	(-1.29)	(1.63)
常量	0.4334	0.7291***	1.6879***
	(1.17)	(3.22)	(5.54)
年份	YES	YES	YES
行业	YES	YES	YES
省份	YES	YES	YES
样本数量	13696	93262	79297

注：将国有控股企业定义为 1，非国有控股企业定义为 0。括弧中为 t 值，*、**、*** 分别表示在 0.1、0.05 和 0.01 的水平上显著。

表5.8 EFD 指数衡量融资约束对加工贸易出口行为的影响

	(1) $\Pr(X_{4A}=1\mid Z_i)$	(2) $\Pr(X_{4B}=1\mid Z_i)$	(3) $\Pr(X_{5A}=1\mid Z_i)$
EFD 指数	0.0353*	0.0434**	0.0657
	(1.95)	(1.76)	(1.07)
企业年龄	-0.0269***	-0.0682***	-0.1282***
	(-4.70)	(-9.32)	(-5.12)
外商投资比	-0.6787***	-0.6916***	-0.1768***
	(-63.89)	(-48.96)	(-3.54)
是否国有企业	0.0065	-0.0357*	0.0965
	(0.40)	(-1.73)	(1.12)
常量	2.0171***	2.3110***	0.5408***
	(115.34)	(8.81)	(4.18)
年份	YES	YES	YES
行业	YES	YES	YES
省份	YES	YES	YES
样本数量	247341	242392	4556
	(4) $\Pr(X_{5B}=1\mid Z_i)$	(5) $\Pr(X_{6A}=1\mid Z_i)$	(6) $\Pr(X_{6B}=1\mid Z_i)$
EFD 指数	-0.1627***	-0.1150***	-0.0361
	(-2.72)	(-4.28)	(-1.28)
企业年龄	-0.2197***	-0.0920***	-0.0099
	(-10.42)	(-9.46)	(-0.96)
外商投资比	0.0623	0.2718***	-0.1153***
	(1.48)	(13.53)	(-5.12)
是否国有企业	-0.0805	-0.0124	-0.1075***
	(-1.28)	(-0.45)	(-3.17)
常量	0.2933	0.2923	-0.8519***
	(0.31)	(1.04)	(-2.59)
年份	YES	YES	YES
行业	YES	YES	YES
省份	YES	YES	YES
样本数量	6772	47244	42399

注：将国有控股企业定义为1，非国有控股企业定义为0。括弧中为t值，*、**、***分别表示在0.1、0.05和0.01的水平上显著。

(二) 考察企业的出口比重变化是否影响企业生产率

模型 2：$TFP_{jt} = \alpha_0 + \alpha_1 D_{ab} + \sum_i^n \beta_i Z_{jt} + \alpha_k + \alpha_t + \varepsilon_{jt}$

其中，TFP_{jt} 为企业 j 第 t 年的全要素生产率水平。模型 2 用于衡量企业出口比重的变化对企业生产率的影响，D_{ab} 为虚拟变量，$D_{ab}=0$ 定义为对照组企业，$D_{ab}=1$ 为处理组企业，$a=1, 2, 3, 4, 5, 6$，$b=1, 2$。$D_{11}=0$ 为对照组 1，$D_{11}=1$ 为处理组 1A；当 $D_{12}=0$ 仍为对照组 1，$D_{12}=1$ 为处理组 B。同理，$D_{21}=0$ 为对照组 2，$D_{21}=1$ 为处理组 2A；$D_{22}=0$ 仍为对照组 2，$D_{22}=1$ 为处理组 2B；$D_{31}=0$ 为对照组 3，$D_{31}=1$ 为处理组 3A；$D_{32}=0$ 为对照组 3，$D_{32}=1$ 为处理组 3B，当 $a=4, 5, 6$ 时，也同理如此定义。Z_{jt} 为其他控制变量，这里我们主要控制了企业年龄、是否国有企业、外商投资比重、企业所处的省份与行业①等变量。α_k 为行业固定效应，α_t 为时间固定效应，ε_{jt} 为误差。

表 5.9 报告了一般贸易出口企业在模型 2 中的回归结果。在第一列中，处理组 1A 企业的生产率比对照组低 0.0612，在 1% 水平上显著；第二列中，处理组 1B 企业的生产率比对照组低 0.0494，在 1% 水平上显著；第三列中处理组 2A 企业的生产率比对照组低 0.0347，在 10% 水平上显著。前三列中，处理组企业的一般贸易出口占比在最后一年均有增加，而后三列分析的企业中，处理组企业的一般贸易出口占比在最后一年有所下降。第四列中，处理组 2B 企业的生产率比对照组高 0.0609，第五列中处理组 3A 企业的生产率比对照组高 0.0237，均在 1% 的水平上显著。第六列中处理组 3B 企业的生产率比对照组高 0.0077，但结果并不显著。这与我们的猜测相符合，一般贸易出口占比增加的企业生产率更低，而当一般贸易出口占比减少时企业的生产率较高。

---

① 在行业固定效应中，控制到二位代码行业。

表5.9 一般贸易企业选择不同出口比重对生产率的影响

	$D_{1A}=1$ lnTFP	$D_{1B}=1$ lnTFP	$D_{2A}=1$ lnTFP	$D_{2B}=1$ lnTFP	$D_{3A}=1$ lnTFP	$D_{3B}=1$ lnTFP
Di	-0.0612***	-0.0494***	-0.0347*	0.0609**	0.0237**	0.0077
	(-4.92)	(-4.66)	(-1.73)	(2.48)	(2.03)	(0.71)
企业年龄	0.1261***	0.1250***	0.0332***	0.1294***	0.0092	0.0089*
	(36.83)	(39.39)	(3.02)	(10.65)	(1.54)	(1.92)
外商投资比	0.0324***	0.0440***	0.0147	-0.1627***	-0.0166	-0.0174**
	(4.15)	(5.79)	(0.67)	(-6.38)	(-1.31)	(-1.97)
是否国有企业	0.0302***	0.0278***	-0.0823***	0.0520*	-0.1297***	-0.0985***
	(3.62)	(3.44)	(-2.92)	(1.87)	(-7.20)	(-8.63)
常量	5.0753***	5.3037***	2.1319***	4.3849***	1.8397***	1.6565***
	(44.28)	(48.10)	(4.45)	(5.76)	(6.90)	(7.95)
年份	YES	YES	YES	YES	YES	YES
行业	YES	YES	YES	YES	YES	YES
省份	YES	YES	YES	YES	YES	YES
样本数量	163112	171316	15154	13736	93284	79504

注：被解释变量为取对数的 TFP 值。国有控股企业定义为 1，非国有控股企业定义为 0。括弧中为 t 值，*、**、*** 分别表示在 0.1、0.05 和 0.01 的水平上显著。

表5.10 中显示加工贸易出口企业在模型 2 中的回归结果。在第一列中，处理组 1A 企业的生产率比对照组低 0.0679，第二列中，处理组 1B 企业的生产率比对照组低 0.0515，第三列中处理组 2A 企业的生产率比对照组高 0.0594，三组均在 1% 水平上显著。前三列中，加工贸易出口比重增加导致处理组企业的生产率低于对照组企业。第四列中，处理组 2B 企业的生产率比对照组高 0.0473，第五列中处理组 3A 企业的生产率比对照组高 0.0176，虽然都为正却不显著。第六列中处理组 3B 企业的生产率比对照组高 0.0701，均在 1% 的水平上显著。后三列中，加工贸易出口比重降低导致处理组企业的生产率高于对照组企业。这符合了我们前文提出的假说，加工贸易出口比重增加的企业生产率较低。

表 5.10　加工贸易企业选择不同出口比重对生产率的影响

	$D_{4A}=1$ lnTFP	$D_{4B}=1$ lnTFP	$D_{5A}=1$ lnTFP	$D_{5B}=1$ lnTFP	$D_{6A}=1$ lnTFP	$D_{6B}=1$ lnTFP
Di	-0.0679***	-0.0515***	-0.0594	0.0473	0.0176	0.0701***
	(-4.49)	(-2.64)	(-1.51)	(1.51)	(0.61)	(4.70)
企业年龄	0.1278***	0.1094***	0.0061	0.0692***	0.1845***	0.0756***
	(44.88)	(40.46)	(0.30)	(3.95)	(10.04)	(10.16)
外商投资比	0.0849***	0.1394***	0.0072	-0.0248	0.0231	-0.0642***
	(13.62)	(21.77)	(0.18)	(-0.77)	(0.66)	(-4.57)
是否国有企业	0.0195***	0.0545***	-0.0794	-0.0762*	-0.0378	-0.0561***
	(3.09)	(8.37)	(-1.35)	(-1.75)	(-0.73)	(-2.86)
常量	5.0937***	5.3401***	2.4889***	2.5151***	4.7703***	0.9171***
	(47.20)	(47.67)	(3.25)	(4.71)	(11.11)	(21.64)
年份	YES	YES	YES	YES	YES	YES
行业	YES	YES	YES	YES	YES	YES
省份	YES	YES	YES	YES	YES	YES
样本数量	247341	243312	4564	6795	47424	42443

注：被解释变量为取对数的 TFP 值。将国有控股企业定义为1，非国有控股企业定义为0。括弧中为t值，*、**、*** 分别表示在 0.1、0.05 和 0.01 的水平上显著。

模型 3：$TFP_{jt} = \alpha_0 + \alpha_1 prob(D_{ab}=1 \mid Z_{jt}) + \sum_i^n \beta_i Z_{jt} + \alpha_k + \alpha_t + \varepsilon_{jt}$

由于"选择性样本"问题的存在，本书进一步采用 Heckman 两阶段模型修正偏误。我们构建模型 3，变量含义同上。

表 5.11 报告了一般贸易出口企业在模型 3 中的回归结果。前三列结果显示一般贸易出口比重的转变对企业的生产率有显著的影响，一般贸易企业提高出口比重，使得生产率的下降。在后三列的结果中，一般贸易出口比重的下降对生产率的提高有影响，在第四列中，由中等出口比重下降到低出口比重的处理组 2B 与对照组相比，出口比重转变显著影响了生产率的提高，其他两组处理组企业一般贸易出口比重下降对生产率提高的影响并不显著。该结果显示，在提出加工贸易的影响后，企

业出口比重的提高在一般贸易出口企业中,也并不能使企业在出口中学习获得生产率的提高,由表 5.9 和表 5.11 中外商投资比的变化看来,这与中国出口企业多采用包销、代理的方式进行出口有很大关系。

表 5.11　一般贸易企业出口行为影响企业的生产率

	(1)	(2)	(3)	(4)	(5)	(6)
	lnTFP	lnTFP	lnTFP	lnTFP	lnTFP	lnTFP
prob($X_{i=1,2,3}$ =1$\|Z_{jt}$)	−0.2024***	−0.4479***	−0.1966***	0.5251***	0.0325	0.0119
	(−112.77)	(−5.12)	(−25.60)	(4.03)	(1.62)	(0.61)
企业年龄	−0.0002	−0.1514***	0.0307*	0.4646***	0.0105**	0.0091*
	(−0.07)	(−2.80)	(1.84)	(5.67)	(2.02)	(1.74)
外商投资比	−0.0084	−0.0717***	0.0559	0.6153***	0.0196*	0.0209**
	(−1.03)	(−3.49)	(1.66)	(5.70)	(1.98)	(2.11)
是否国有企业	−0.0031	−0.0363**	0.0082	0.2016***	−0.0801***	−0.0977***
	(−0.37)	(−2.34)	(0.19)	(3.59)	(−4.33)	(−6.30)
常量	2.3421***	−1.4869	1.3233*	9.7338***	1.7662***	1.6991***
	(19.97)	(−1.14)	(1.87)	(6.31)	(8.11)	(7.84)
年份	YES	YES	YES	YES	YES	YES
行业	YES	YES	YES	YES	YES	YES
省份	YES	YES	YES	YES	YES	YES
样本数量	144207	144207	6303	6303	64761	64761

注：被解释变量为取对数的 TFP 值。国有控股企业定义为 1,非国有控股企业定义为 0。括弧中为 t 值,*、**、*** 分别表示在 0.1、0.05 和 0.01 的水平上显著。

表 5.12 数据显示加工贸易出口企业在模型 3 中的结果与一般贸易出口企业相反。结果显示加工贸易出口比重的转变对企业的生产率有显著影响,前三列结果中显示加工贸易企业提高出口比重,使得生产率的下降。在后三列的结果中,加工贸易企业出口比重的下降有助于提高生产率。

表 5.12　加工贸易企业出口行为影响企业的生产率

	(1)	(2)	(3)	(4)	(5)	(6)
	lnTFP	lnTFP	lnTFP	lnTFP	lnTFP	lnTFP
prob($X_{i=4,5,6}$ =1$\|Z_{jt}$)	−0.2120***	−0.5795***	−0.3146**	0.1356	0.3165*	0.6545***
	(−166.58)	(−5.73)	(−2.32)	(1.43)	(1.77)	(4.37)

续表

	(1) lnTFP	(2) lnTFP	(3) lnTFP	(4) lnTFP	(5) lnTFP	(6) lnTFP
企业年龄	-0.1488*** (-56.86)	-0.3420*** (-6.31)	0.0034 (0.12)	0.0356 (0.85)	0.3912** (2.49)	0.7187*** (5.24)
外商投资比	-0.0520*** (-9.01)	-0.3475*** (-5.01)	-0.0032 (-0.06)	-0.0068 (-0.13)	-0.0438 (-1.08)	0.0259 (0.66)
是否国有企业	-0.0902*** (-15.17)	-0.2251*** (-7.90)	0.0285 (0.31)	-0.1212 (-1.52)	-0.1175* (-1.72)	-0.2863*** (-4.31)
常量	-1.2297*** (-12.39)	-6.6111*** (-4.32)	2.4202*** (2.99)	2.2661*** (2.96)	5.2357** (2.34)	8.9582*** (4.86)
年份	YES	YES	YES	YES	YES	YES
行业	YES	YES	YES	YES	YES	YES
省份	YES	YES	YES	YES	YES	YES
样本数量	236639	236639	2686	2686	25848	22848

注：被解释变量为取对数的 TFP 值。国有控股企业定义为 1，非国有控股企业定义为 0。括弧中为 t 值，*、**、*** 分别表示在 0.1、0.05 和 0.01 的水平上显著。

二、计量结果的稳健性检验

为保证回归结果的稳定性，本研究做了多项稳健性检验。

第一，采用匹配中的 WW 指数作为 EFD 指数的替代指标来衡量融资约束，对于企业改变出口比重与企业生产率水平的影响有作用。

表 5.13 报告了以 WW 指数衡量融资约束对一般贸易出口行为的影响结果。在前三列中，WW 指数均为正，其中从低出口比重提高到中等出口比重的处理组 1A 和由中等出口比重提高到高出口比重的处理组 2A，高于维持原有出口比重的对照组，但这两个结果并不十分显著。而在由低出口比重提高到高出口比重的处理组 1B 的结果中，WW 指数对于企业改变出口比重的促进作用则十分显著。总体上，受到更强融资约束的低出口比重企业和中等出口比重企业，更倾向于提高出口比重。在后三列中，WW 指数均为负，在由中等出口比重减少到低出口比重的处理组 2B 企业中，低融资约束对于企业减少出口比重的影响不显著。其他两组均在 1% 水平上显著，处理组所受融资约束低于对照组企业，这类企业并没有很强的出口意愿，反而可能以减少出口来获得生产率的提高。

表5.13 WW指数衡量融资约束对一般贸易出口行为的影响

	(1) $\Pr(X_{1A}=1\mid Z_i)$	(2) $\Pr(X_{1B}=1\mid Z_i)$	(3) $\Pr(X_{2A}=1\mid Z_i)$
WW指数	0.0679	0.0074*	0.0885
	(1.32)	(1.73)	(1.20)
企业年龄	-0.0459***	-0.0209***	-0.1171***
	(-4.54)	(-4.44)	(-16.84)
外商投资比	0.2641***	-0.2510***	0.1047***
	(11.92)	(-26.01)	(3.75)
是否国有企业	-0.0969***	0.0658***	0.0021
	(-3.12)	(4.93)	(0.05)
常量	-2.2460***	1.1346***	0.0008
	(-5.00)	(5.91)	(0.01)
年份	YES	YES	YES
行业	YES	YES	YES
省份	YES	YES	YES
样本数量	163089	171202	13723
	(4) $\Pr(X_{2B}=1\mid Z_i)$	(5) $\Pr(X_{3A}=1\mid Z_i)$	(6) $\Pr(X_{3B}=1\mid Z_i)$
WW指数	-0.2975	-0.4808***	-0.2867***
	(-1.43)	(-4.24)	(-4.21)
企业年龄	-0.1154***	-0.0379***	-0.0564***
	(-5.08)	(-3.75)	(-8.15)
外商投资比	0.1200***	0.2173***	-0.0932***
	(2.34)	(10.23)	(-7.67)
是否国有企业	-0.2697***	-0.1356***	0.0385**
	(-3.86)	(-4.69)	(2.01)
常量	1.0887	1.0112***	1.3879***
	(1.46)	(15.49)	(34.07)
年份	YES	YES	YES
行业	YES	YES	YES
省份	YES	YES	YES
样本数量	13696	93284	79504

注：被解释变量为取对数的TFP值。国有控股企业定义为1，非国有控股企业定义为0。括弧中为t值，*、**、***分别表示在0.1、0.05和0.01的水平上显著。

表 5.14 WW 指数衡量融资约束对加工贸易出口行为的影响

	(1) $\Pr(X_{4A}=1\mid Z_i)$	(2) $\Pr(X_{4B}=1\mid Z_i)$	(3) $\Pr(X_{5A}=1\mid Z_i)$
WW 指数	0.0090**	0.0074*	0.1161
	(2.21)	(1.77)	(1.40)
企业年龄	-0.0388***	-0.0678***	-0.1306***
	(-6.50)	(-9.27)	(-5.15)
外商投资比	-0.6215***	-0.6921***	-0.1466***
	(-53.74)	(-49.00)	(-2.92)
是否国有企业	-0.0075	-0.0354*	0.1617*
	(-0.43)	(-1.72)	(1.90)
常量	2.4543***	2.3489***	-0.1918
	(13.54)	(8.98)	(-0.92)
年份	YES	YES	YES
行业	YES	YES	YES
省份	YES	YES	YES
样本数量	246405	242392	4556

	(4) $\Pr(X_{5B}=1\mid Z_i)$	(5) $\Pr(X_{6A}=1\mid Z_i)$	(6) $\Pr(X_{6B}=1\mid Z_i)$
WW 指数	-0.2307**	0.0022	-0.0401***
	(-2.27)	(0.77)	(-2.58)
企业年龄	-0.2357***	-0.0937***	0.0098
	(-10.99)	(-9.64)	(0.94)
外商投资比	0.0835**	0.2698***	-0.1140***
	(1.96)	(13.43)	(-5.07)
是否国有企业	0.0623	-0.0097	-0.1084***
	(0.96)	(-0.35)	(-3.20)
常量	-0.0832	0.1935	-0.8299***
	(-0.09)	(0.69)	(-2.54)
年份	YES	YES	YES
行业	YES	YES	YES
省份	YES	YES	YES
样本数量	6772	47244	42399

注：被解释变量为取对数的 TFP 值。国有控股企业为定义 1，非国有控股企业定义为 0。括弧中为 t 值，*、**、*** 分别表示在 0.1、0.05 和 0.01 的水平上显著。

表 5.14 报告了以 WW 指数衡量融资约束对加工贸易出口行为的影响结果。在前三列中，WW 指数均为正，其中从低出口比重提高到中等出口比重的处理组 1A 和扩大到高出口比重的处理组 1B，高于维持原有出口比重的对照组，且分别在 0.05 和 0.1 的水平上显著。而在由中等出口比重提高到高出口比重的处理组 2A 的结果中，WW 指数对于企业改变出口比重的促进作用并不显著。总体上，受到更强融资约束的低出口比重企业更倾向于增加出口。在后三列中，在由中等出口比重降低到低出口比重的处理组 2B 企业中，低融资约束对于企业减少出口的影响在 0.05 的水平上显著。由高出口比重降低到低出口比重的处理组 6A，其融资约束对出口的作用并不显著。最后一组有高出口比重降低到中等出口比重的处理组 6B，其融资约束对出口的作用在 1% 的水平上显著，这表明处理组 6B 所受融资约束低于对照组企业，这类企业并没有很强的出口意愿，反而可能以减少出口来获得生产率的提高。

表 5.13、表 5.14 报告了利用 WW 指数作为融资约束的代理变量，衡量出口行为结论，其实证结果与前面 EFD 指数实证的结果完全一致，即融资约束上升时，低生产率的企业选择以加工贸易的形式增加出口，高生产率的企业会选择以一般贸易的形式增加出口，两者均将改善企业的融资约束情况。说明本书结论不受融资约束测度方法和控制变量选取的影响，即本书的结论比较稳健。

第二，考虑到上述分析在分组的时候，用企业出口比重为 35% 和 65% 标准进行企业分组，这里我们将分组标准分别调整为 30% 和 70% 以及 40% 和 60%，对上述结果进行稳健性检验。结果发现所有这些稳健性检验结果与前面的结论一致，具体结论将不在文中赘述。

第四节 实证检验结果小结

本章在前两章的基础上，使用工业企业数据和海关数据，用"工业增加值"作为衡量产出的指标，用 OP 方法计算企业的全要素生产率

(TFP), 采用 EFD 指数并使用 WW 指数来作为融资约束的代理变量, 进行技术分析后, 进一步支持了"融资约束高的企业更倾向于出口, 且出口比重的提高有助于缓解企业的融资约束"的结论。

本章使用倾向得分匹配方法 (PSM), 以更有效控制样本选择误差, 合理评估出口企业的生产率和融资约束的变化。通过计量模型的分析得出融资约束与企业出口比重和企业生产率的变化是: ①无论是一般贸易还是加工贸易出口企业, 面临更强融资约束的企业更有可能提高出口比重; ②出口比重提高可以缓解企业融资约束, 同时降低企业生产率。

同时本章又对上述结果进行了稳定性检验, 得到了相同结论。进一步用数据的实证检验: 融资约束是中国企业选择和扩大没有"出口学习效应"的出口的深层次原因和机制, 在融资约束条件下, 中国出口企业通过出口比重的边际调整来权衡融资约束与生产率之间的得失。

第六章 融资约束、企业家才能的"挤出"与出口企业生产率

关于"企业家才能"的确切含义,学者们有不同的看法,但大多数人都赞同其中最关键、最核心的两个特质应该是"承担风险"和"创新"。

第一,承担风险。在西文中,"企业家"(Entrepreneur)的词根 empresa 就来源于拉丁语动词 in prehendo – endi – ensum,其含义为"去发现、去感知、去俘获"。因此从词源学角度看,企业家才能就应该包含对风险的感知和承受。

第二,创新。根据经济学家熊彼特给出的定义,创新就是对生产要素的重新组合,它包括引进新产品、引进新技术和新的生产方式、开辟新市场、控制原材料的新供应来源、实现企业的新组织。一个人只有敢于承担风险、勇于创新,他才能算得上是真正意义上的企业家。

经济发展不是简单的要素积累和产值的增加,它是一个动态的、循环的过程。正如亚当·斯密在《国富论》中描述的那样,市场的扩大导致了分工的细化,分工的细化促进创新的发生和生产率的提高,生产率的提高导致了收入的提高,而收入的提高又反过来促进了市场的扩大。在这个循环的过程中,企业家的作用是不容忽视的。

(1)市场的扩大是企业家们开拓的结果。市场规模有多大,这不仅仅取决于市场中的参与者数量,更取决于消费者多少现有需求能够被发现、被满足,以及多少新需求可以被开发出来,而这些都需要企业家敏锐的眼光和卓越的判断力。

(2)分工的深化是企业家引导的结果。分工分为两个层次:产业间的分工和产业内的分工。在产业间层面,劳动力的分配主要依赖于不

同产业所能提供的就业岗位和待遇,而这些条件本质上取决于企业家对各行业走势的判断,以及由此形成的投资。在产业内层面,企业家则更为具体地扮演了协调者和管理者的角色,这对于引导和协调分工是十分重要的。

(3) 创新是企业家行为的结果。为了在竞争中赢得胜利,市场中的企业家们必须时时刻刻求新、求异。这要求他们不断地开发新产品、采用新生产方式、开辟新市场、使用新的原材料以及采用新的产业组织方式。这些措施都可以大大促进社会生产力的提升。

(4) 经济发展的结果需要企业家来巩固。通过市场的扩大、分工的深化和技术的进步,社会的财富得到了增进。如果想让社会生产力和居民福利得到永久性的提升,就需要积累财富,并将其重新用于投资,而最终完成投资的主体还是企业家。

在出口贸易的市场中,绝大部分中国出口企业以包销、代理出口为主,这种市场隔层使出口企业不再需要直接面向市场做出反应;长期这样,企业就会沦落为车间意义上的企业,企业家的才能要素——创新会被"挤出"。本章为继续探索在严重的融资约束环境下,企业通过出口包销、代理等贸易中介出口,阻碍了企业家才能的发挥,因此,对提高出口比重的企业相比于其他企业,对生产率的提升作用并不明显这一问题内在的机理加以研究,并做出实证检验,从融资约束与企业家才能的角度解释生产率变化的更深层原因。

第一节 融资约束下企业家才能对出口企业生产率研究:理论分析

企业家才能已成为众多学者研究经济增长的重要对象,为了更清楚地认识企业家才能对出口企业的影响,有必要对其在融资约束下的作用机理进行分析。

第六章 融资约束、企业家才能的"挤出"与出口企业生产率

一、融资约束、企业家才能与生产率影响机制

企业家的生产与创新活动离不开融资,在良好的融资环境中,多样化的金融产品能激励并监督企业家的生产活动,同时也能降低风险。与此同时,在金融机构选择为企业家提供金融服务前,必将经历一个筛选企业家的过程,甄别企业家才能的高低,从而推动具有较高才能及资源的企业家成功创业,促进经济增长。柯兹纳(1973)提出虽然在生产及管理中存在风险及不确定性,这可能会阻碍企业做出正确的决策,影响力资源配置的效率,但对套利机会具有敏感嗅觉的企业家能够发挥自身才能,发现机会并进行套利活动,以此发展企业的研发水平,扩大企业的生产规模,从而使资源配置向着更优化的趋势发展,从中获得盈利。

生产率是企业在生产过程中能否持续获得盈利并存活于市场竞争中的重要因素,生产率的提高可以表现为技术的进步和管理模式的改进,同时所带来的技术溢出也将促进生产率的进一步提高。然而在出口过程中,微观经济主体在金融环境欠佳的境况下,企业家才能的发挥受到制约,因而影响了出口企业的生产率。

随着20世纪90年代以来全球化的发展,已有研究认为通过竞争、示范等效应,以及劳动力流动等途径,本国企业生产率将会由于FDI(外商直接投资)的正向技术溢出效应而得到提升。但从已有文献的实证结果来看,FDI对我国国内企业生产率的增长效应为负,其中对制造业企业的增长具有比较大的负效应,说明了FDI的技术溢出机制对于中国企业的作用在某种程度上是失效的(苏楠和曹晅,2012),这一结论与本书前五章的分析结论也具有一致性。在这一过程中,企业的自主创新问题成为学者们关注的重点,以发明专利来衡量创新产出,1998年,中国发明专利的授权数量由918件爆发性增长到2010年的7.98万件。同时,以国内研发支出总额来衡量创新活动的资源投入,在1998年时仅为486亿元,到了2010年达到7507.98亿元,费用总额增长了近

15.4倍。根据金祥荣、余冬筠(2010)的研究结果,在中西部地区创新并未对于经济增长产生显著的影响,且在东部地区发达的对外贸易和企业规模并不是促进创新效率提高的关键因素。

因此,在前几章分析企业出口与企业生产率关系的基础上,我们进一步思考企业"生产率悖论"产生的原因,猜测可能是由于受到国内市场上严重的融资约束影响,企业不得不选择以包销、代理等方式为主的出口,导致出口企业的企业家才能得不到运用和发挥,或导致企业研发投入的减少,同时对于企业雇佣人才的素质要求降低,所雇佣的创新型人才数量减少,以上原因都可能对企业出口后的生产率产生影响。融资约束条件下,企业出口中企业家才能对生产率的作用机理见图6.1。

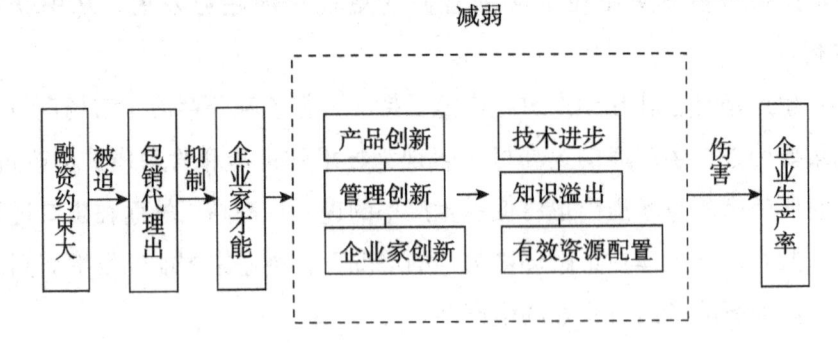

图6.1 融资约束下企业家才能与出口企业生产率作用机理图

二、融资约束、企业家才能与出口企业生产率:理论模型

根据Romer(1990)、庄子银(2005)的思想,以及尹宗成、李向军(2012)和谢慧明(2015)的模型,本研究构建如下理论模型:

假设生产函数为:

$$Y = AL_Y^{1-\alpha} \sum_{j=1}^{N} X_j^{\alpha}, \quad 0 < \alpha < 1, \quad 1 < j < N \quad (6.1)$$

假设厂商Y的最终产出由劳动力投入L_Y以及N种中间产品投入决定,X_j表示中间产品j的投入量,A为技术水平,α为弹性系数。假设

中间产品 X_j 是同质的,且投入量相同,对（6.1）进行简化可得:

$$Y = AL_Y^{1-\alpha}NX^\alpha = AL_Y^{1-\alpha}(NX)^\alpha N^{1-\alpha}, \quad 0 < \alpha < 1 \qquad (6.2)$$

根据边际收益递减规律,在 N 和 L_Y 不变的情况下,中间产品 X 的投入增加会带来中间产品总投入 NX 的增加,但 NX 的边际收益却递减。在 L_Y 和 X 给定的情况下,N 的增加也会使得中间产品总投入 NX 增加,且此时 NX 的边际收益也是递增的。可将 N 理解为企业家创业的活跃程度,市场上的创业企业越多（即厂商数量增加）产品产出越多,即可证明创业活动对经济增长的推动作用。

进一步假设最终产品价格为 1,中间产品价格为 P(X),劳动力的报酬为 ω,则产品的利润函数可以表示为:

$$\pi_p = AL_Y^{1-\alpha}NX^\alpha - P(X)X - \omega L \qquad (6.3)$$

对（6.3）求导后可得厂商对中间产品的逆需求函数:

$$P(X) = A\alpha NL_Y^{1-\alpha}X^{\alpha-1} \qquad (6.4)$$

假设中间产品的生产需要进行融资,为了方便计算,将融资约束视为每单位中间产品的生产成本 f,则中间厂商的利润函数为:

$$\pi_m = P(X)X - fX - f_x \qquad (6.5)$$

其中,f_x 为生产的固定成本。假设在一个垄断竞争市场中,厂商利润为零,将（6.4）代入（6.5）后可得:

$$X = f_x\alpha/f(1-\alpha) \qquad (6.6)$$

代入（6.2）后得到:

$$Y = ANL_Y^{1-\alpha}f^\alpha M^\alpha \qquad (6.7)$$

其中,$M = f_x\alpha/(1-\alpha)$。

事实上,融资约束程度在影响中间产品生产成本的同时,也对企业家才能的发挥有重要影响,表现为中间产品种类的增加,记 N 为融资约束 θ 的函数 $N = N(\theta)$,$dN/d\theta < 0$,这意味着融资约束越大,企业家

才能中的创业精神越受到限制。此外,融资约束还通过影响企业家的创新精神,影响企业的生产率水平 A,记 $A = A_0 e^{(1-\theta)t}$,$dA/d\theta < 0$,意味着融资约束程度越高,企业生产率水平就越低。将(6.7)重新整理后得到:

$$Y = A_0 e^{(1-\theta)t} N(\theta) L_Y^{1-\alpha} f^{-\alpha} M^\alpha \tag{6.8}$$

对(6.6)和(6.8)求导,可得:

$$\frac{\partial Y}{\partial N} \cdot \frac{\partial N}{\partial \theta} < 0 \tag{6.9}$$

$$\frac{\partial Y}{\partial A} \cdot \frac{\partial A}{\partial \theta} < 0 \tag{6.10}$$

(6.9)和(6.10)说明了较强融资约束是抑制企业家才能发挥的重要因素,且由此影响了企业的生产率水平。

三、融资约束、企业家才能与出口企业生产率假设提出

根据对融资约束、企业家才能与出口企业生产率的机理与理论分析,提出以下两个命题,并在下一节对这两个命题进行实证检验。

命题一:融资约束较大的企业,出口比重更大,且对企业家才能的"挤出"效应更显著。

较强融资约束的企业,可能更倾向大幅度提高出口比重,而出口方式多以包销、代理等方式为主,锁定于低端价值链,这类企业会在有限时间内演化为车间意义上的、没有企业家的企业,即在这类企业中存在企业家才能要素的"挤出"效应。

多数研究已经将产生于生产率与出口之间的"自我选择"效应和"出口学习"效应扩展到创新活动与出口之间,它们大都认为创新对出口有积极的作用。Silva et al.(2013)在研究葡萄牙高出口比重的企业时,发现与之不同的观点,认为这类企业的创新能力较弱。这一研究与

第六章 融资约束、企业家才能的"挤出"与出口企业生产率

本书的观点类似，或者说葡萄牙高出口比重的企业与我国出口企业的情况十分类似，具有高出口比重的企业往往依赖外包，更倾向于使用低价策略，而忽视了产品的创新和企业家的冒险精神。

命题二：融资约束较小的企业，企业家才能更容易得到展现，由此推动企业生产率的提高。

企业家才能是"出口学习效应"和出口企业生产率变化的核心机制，这更深层次地揭示了中国企业"出口学习效应"低下的原因。关注企业创新对生产率影响的研究较为丰富，Bruno and Cassiman（2010）使用西班牙制造业企业数据发现企业生产率受到产品创新的影响。在国内的研究中，戴觅、余淼杰（2011）采用中国规模以上制造业企业调查数据发现出口前研发投入持续作用于出口企业的生产率水平。本书在创新的基础上，加入私营企业、小企业、新企业、新产品等产值率这四项指标，衡量企业家创新创业精神，并讨论不同贸易方式中，融资约束、企业家才能对出口企业生产率的影响。

第二节 融资约束下的企业家才能对出口企业生产率研究：实证检验

一、企业家才能的衡量

正如文献综述中描述的那样，已有文献中采用过很多方法对企业家才能进行衡量，大部分集中于企业家的行为，并将其定义为新企业的建立数量或是新企业比率（Feldman and Francis，2003；Rocha and Sternberg，2005）。通常情况下，要区别对待企业规模的扩大和新企业的建立，因为后者更能代表企业家才能（Glaeser and Kerr，2009；Glaeser，Kerr and Ponzetto，2010）。另一部分研究采用企业自雇佣率（Harrison，2004；Sternberg and Wennekers，2005）。

这里仍继续采用工业企业数据库与海关数据库，由于本书侧重于企

业家才能在企业层面的分析,采用4个变量来衡量企业家才能。用SPE来定义是否为小企业,本节中对小企业的定义参照2003年国家经济贸易委员会研究制定的《中小企业标准暂行规定》,若符合以下任一条则定义为小型制造业企业:①年销售产值小于3000万元人民币;②资产总值小于4000万元人民币;③雇佣员工人数少于300人。若为小企业则SPE定义为1,否则为0。用PE表示是否私营企业,若为私营企业则PE为1,否则为0。用NPE表示是否为5年内建立的新企业,若是为1,否则为0。用NP表示新产品产值比率,具体为新产品产值与全部产品产值的比例。对于各项指标的统计性结果报告见表6.1。

表6.1 衡量企业家才能指标统计

年份	企业数量	小企业	国有集体企业	外资企业	私营企业	新企业	新产品产值率(%)
2000	99979	86364	65200	21780	12999	23992	2.92
2001	131154	113794	74394	28492	28268	36977	2.94
2002	149396	129828	77697	31925	39774	42556	2.73
2003	150746	129609	67953	34305	48488	43683	2.64
2004	229105	197540	78272	51512	99321	97913	—
2005	248072	218579	80419	53929	113724	98422	3.43
2006	283159	250367	82593	58708	141858	108514	3.70
2007	300487	264284	80881	61325	158281	108195	3.72
2008	265448	235976	62631	53364	149453	82708	—
2009	248302	218719	60564	48253	139485	45476	3.73
合计	2105848	1845060	730604	443593	931651	688436	3.23

注:2004年与2008年新产品产值指标缺失。

二、匹配结果

与第五章一样,为了解决企业家才能的内生性问题,采用同样的分组方法,将一般贸易出口企业和加工贸易出口企业根据期初、期末出口比重的不同变化分为六组,并同样使用倾向得分匹配法,在期初用企业的全要素生产率、四个企业家才能指标、企业所处行业、所在省份和年份变量作为匹配指标，找到在期初各项指标均相似的企业，观测处理组企业在出口比重发生改变后的期末，生产率水平与企业家才能将发生何种改变，具体结果见表6.2。

在前三列1和1A匹配、1和1B匹配、2和2A匹配、4和4A匹配、4和4B匹配、5和5A匹配这六组的匹配中，无论是一般贸易出口还是加工贸易出口比重提高的处理组，在期初成功匹配后由于TFP和企业精神作为匹配指标，处理组与对照组间无显著差异。在期末，出口比重提高的处理组生产率水平显著低于对照组，同时企业家才能显著小于对照组。这一结果说明出口比重的提高的确挤出了出口企业中企业家才能的部分，同时导致企业生产率水平低于企业家才能得到充分发挥的出口比重维持不变的企业。从显著程度上来说，由低出口比重提高到中等出口比重和高出口比重的企业，新产品产值率被挤出的部分比由中等出口水平提高到高出口水平的企业更多。

在后三列2和2B匹配、3和3A匹配、3和3B匹配、5和5B匹配、6和6A匹配、6和6B匹配中，由中等出口比重降低到低出口比重的对照组2B和5B企业，期末生产率仍然低于对照组企业。另外四组处理组企业的生产率水平在期末显著高于对照组企业。在企业家才能的比较中，六组处理组企业的新产品产值率在期末均高于对照组企业，在一般贸易出口的处理组企业中，私营企业的概率高于对照组，小企业和新企业的概率仍然较低，在加工贸易出口的处理组中，小企业、私营企业和新企业的概率既有高于对照组，也有低于对照组的情况出现，并不十分稳定。从总体情况来看，企业出口比重的降低，使得生产率水平有所提高，且新产品产值率也得到提高。

三、计量模型的设定与结果分析

根据匹配结果：

第一，考察企业出口比重的变化以及所受融资约束水平是否影响企业家才能，构建如下模型。

模型1：

$$ES_{jt} = \alpha_0 + \alpha_1 D_{ab} + \alpha_2 D_{FC} + \alpha_3 D_{ab} \cdot D_{FC} + \beta \Sigma Z_{it} + \alpha_t + \varepsilon_{jt},$$
$$ES \in \{SPE, PE, NPE, NP\}$$

其中，ES_{jt} 表示 j 企业的企业家才能，分别用 SPE 是否为小企业，PE 是否为私营企业，NPE 是否为 5 年内新建成的企业以及 NP 新产品产值率来衡量，D_{ab} 为虚拟变量，$D_{ab}=0$ 定义为对照组企业，$D_{ab}=1$ 为处理组企业，$a=1,2,3,4,5,6$，$b=1,2$。当 $D_{11}=0$ 为对照组 1，$D_{11}=1$ 为处理组 1A；当 $D_{12}=0$ 仍为对照组 1，$D_{12}=1$ 为处理组 B。同理，$D_{21}=0$ 为对照组 2，$D_{21}=1$ 为处理组 2A；$D_{22}=0$ 仍为对照组 2，$D_{22}=1$ 为处理组 2B；$D_{31}=0$ 为对照组 3，$D_{31}=1$ 为处理组 3A；$D_{32}=0$ 为对照组 3，$D_{32}=1$ 为处理组 3B，当 $a=4,5,6$ 时，也同理如此定义。D_{FC} 衡量企业所受融资约束的高低，若该企业所受融资约束高于平均水平则 D_{FC} 值为 1，反之则为 0。Z_{jt} 为其他控制变量，这里我们主要控制了企业所处的省份、行业，α_t 为时间固定效应，ε_{jt} 为误差。

模型 1 检验了受不同程度融资约束的企业改变出口行为后对企业家才能的影响。我们假设国内市场上严峻的融资环境迫使企业通过以包销、代理等方式为主的扩大出口，这种出口方式阻碍了企业家的冒险与创新精神，从而导致企业家才能下降，出现企业家才能被"挤出"的现象。

表 6.3 报告了一般贸易出口企业提高出口比重对企业家才能有显著的影响。从整体情况看来，处理组企业提高一般贸易出口比重对企业家才能（小企业概率、私营企业概率、新企业等概率和新产品产值率）有负向的作用。但也有不一致的情况，在第一组结果中，提高出口比重到中等情况下，私营企业的概率有所增加；在最后一组中，中等出口比重企业提高到高比重时，小企业的概率增加，但并不显著。从融资约束的角度看，融资约束程度越高的企业，对企业家才能的"挤出"就越明显。

表 6.2 各组企业匹配结果

匹配指标	1 和 1A 匹配 期初	1 和 1A 匹配 期末	1 和 1B 匹配 期初	1 和 1B 匹配 期末	2 和 2A 匹配 期初	2 和 2A 匹配 期末	2 和 2B 匹配 期初	2 和 2B 匹配 期末	3 和 3A 匹配 期初	3 和 3A 匹配 期末	3 和 3B 匹配 期初	3 和 3B 匹配 期末
LnTFP	-0.58 (0.0079)	-21.90*** (0.0135)	1.62 (0.0069)	-18.96*** (0.0117)	-0.61 (0.0169)	-10.4*** (0.0282)	-0.51 (0.0172)	-6.35*** (0.0287)	-1.26 (0.0068)	5.66*** (0.0119)	-1.18 (0.0081)	2.30** (0.0148)
企业家才能												
是否小企业 (SPE)	-0.97 (0.0037)	-12.85 (0.0040)	-2.74 (0.0028)	-6.52*** (0.0033)	0.70 (0.0062)	-1.29 (0.0073)	-0.27 (0.0068)	-3.42*** (0.0077)	0.26 (0.0030)	-2.19** (0.0034)	-0.39 (0.0036)	0.00 (0.0041)
是否私营企业 (PE)	-1.39 (0.0055)	-0.27 (0.0055)	-0.79 (0.0050)	5.83*** (0.0050)	-0.17 (0.0131)	-1.99** (0.0129)	0.31 (0.0138)	3.19*** (0.0137)	-0.05 (0.0055)	0.51 (0.0055)	-1.28 (0.0065)	1.38 (0.0062)
是否 5 年内建立的企业 (NPE)	-1.12 (0.0043)	-20.21*** (0.0023)	-2.07 (0.0037)	-23.85*** (0.0020)	-0.22 (0.0093)	-9.37*** (0.0067)	-0.50 (0.0094)	-10.72*** (0.0064)	-0.28 (0.0039)	-16.24*** (0.0021)	0.43 (0.0050)	-17.84*** (0.0026)
新产品产值率 (NP)	-0.16 (0.0036)	-4.16*** (0.0018)	0.52 (0.0096)	-5.81*** (0.0018)	-0.83 (0.0080)	-1.89* (0.0041)	-0.80 (0.0079)	1.10 (0.0039)	0.58 (0.0037)	9.74*** (0.0017)	-0.73 (0.0040)	7.92*** (0.0020)

续表

匹配指标	4和4A 匹配 期初	4和4A 匹配 期末	4和4B 匹配 期初	4和4B 匹配 期末	5和5A 匹配 期初	5和5A 匹配 期末	5和5B 匹配 期初	5和5B 匹配 期末	6和6A 匹配 期初	6和6A 匹配 期末	6和6B 匹配 期初	6和6B 匹配 期末
LnTFP	0.36 (0.0101)	-12.89*** (0.0172)	-0.4 (0.0172)	-1.82* (0.0290)	-0.96 (0.0319)	-6.74*** (0.0533)	0.25 (0.0274)	-0.53 (0.0429)	0.94 (0.0108)	2.57*** (0.0176)	-0.48 (0.0129)	2.05** (0.0223)
企业家才能												
是否小企业 (SPE)	-1.09 (0.0045)	-13.89*** (0.0051)	-0.82 (0.0073)	-4.44*** (0.0082)	0.07 (0.0135)	-2.98*** (0.0154)	-0.23 (0.0115)	2.88*** (0.0127)	-2.28** (0.0047)	3.30*** (0.0052)	-0.33 (0.0060)	-2.57*** (0.0067)
是否私营企业 (PE)	1.1 (0.0066)	-8.73*** (0.0067)	1.29 (0.0095)	-1.86* (0.0097)	0.76 (0.0146)	-3.35*** (0.0130)	-0.20 (0.0133)	2.32** (0.0134)	-0.55 (0.0037)	1.73* (0.0042)	-0.08 (0.0038)	-3.53*** (0.0046)
是否5年内建立的企业 (NPE)	-1.33 (0.0055)	-18.07*** (0.0028)	-0.91 (0.0092)	-5.96*** (0.0060)	0.19 (0.0167)	-2.90*** (0.0117)	0.10 (0.0142)	-5.34*** (0.0099)	-0.71 (0.0056)	-12.72*** (0.0027)	-1.55 (0.0068)	12.19*** (0.0030)
新产品产值率 (NP)	0.84 (0.0050)	-8.38*** (0.0022)	1.60 (0.0086)	-18.08*** (0.0040)	0.15 (0.0129)	-2.71*** (0.0064)	0.17 (0.0113)	1.05 (0.0060)	-1.66 (0.0049)	10.19*** (0.0026)	-0.32 (0.0047)	4.82*** (0.0024)

注：括号中为t值，*、**、*** 分别表示在0.1、0.05和0.01的水平上显著。

第六章 融资约束、企业家才能的"挤出"与出口企业生产率

表 6.3 一般贸易出口企业提高出口比重对企业家才能的影响

	1 和 1A 企业 SPE	1 和 1A 企业 PE	1 和 1A 企业 NPE	1 和 1A 企业 NP	1 和 1B 企业 SPE	1 和 1B 企业 PE	1 和 1B 企业 NPE	1 和 1B 企业 NP	2 和 2A 企业 SPE	2 和 2A 企业 PE	2 和 2A 企业 NPE	2 和 2A 企业 NP
D_{ab}	-0.132***	0.078***	-0.014**	-0.008*	-0.026*	-0.181***	-0.075***	-0.012***	0.029	-0.239***	-0.094***	-0.027***
	(-6.07)	(3.16)	(-2.05)	(-1.93)	(-1.96)	(-11.54)	(-13.03)	(-3.73)	(0.81)	(-6.18)	(-6.74)	(-3.10)
D_{FC}	-0.025***	-0.065***	-0.005***	0.136***	0.031***	-0.058***	-0.008***	-0.001	-0.053	-0.075*	0.005	0.128***
	(-2.26)	(-6.12)	(-2.59)	(71.66)	(4.05)	(-6.79)	(-3.81)	(-0.81)	(-1.45)	(-1.86)	(0.57)	(15.14)
$D_{ab} \cdot D_{FC}$	0.072***	-0.058*	0.010***	0.017***	-0.006	-0.006	0.018***	-0.017***	0.083	-0.0264	0.007	-0.0261**
	(2.42)	(-1.74)	(1.89)	(2.94)	(-0.29)	(-0.29)	(3.84)	(-3.82)	(1.62)	(-0.49)	(0.52)	(-2.14)
常量	15.08***	2.096***	1.212***	0.054*	0.451***	1.830***	1.225***	-0.071**	-0.219	0.64	-0.061***	0.130
	(51.98)	(11.01)	(26.77)	(1.65)	(4.21)	(13.38)	(28.76)	(-2.49)	(-0.37)	(1.09)	(-15.12)	(0.63)
年份	YES	YES	YES	YES	YES	YES	YES	YES	YES	YES	YES	YES
行业	YES	YES	YES	YES	YES	YES	YES	YES	YES	YES	YES	YES
省份	YES	YES	YES	YES	YES	YES	YES	YES	YES	YES	YES	YES
样本数量	161669	161693	177666	161741	185810	185813	185868	185868	14725	14736	14740	13082

注：括弧中为 t 值，*、**、*** 分别表示在 0.1、0.05 和 0.01 的水平上显著。

— 167 —

表 6.4 报告的是一般贸易出口企业降低出口比重对企业家才能的影响，所得结论与提高出口比重前三组企业恰恰相反。处理组企业的出口比重均在不同程度有所下降，对衡量企业家才能的四项指标均有显著的提升作用。同理，企业所受融资约束越小，出口比重越小，越能使企业家充分发挥才能。

总而言之，在一般贸易出口企业中，受融资约束的影响企业家才能在出口比重提高时被"挤出"，而在出口比重降低时得到充分发挥。

表 6.5 报告的是加工贸易出口企业提高出口比重对企业家才能的影响，基本得到与一般贸易相似的结论。处理组 4A 从低出口比重提高到中等出口比重与对照组 4 对比的结果显示，提高加工贸易出口比重对四种衡量企业家才能的指标均有负的显著影响；处理组 4B 由低出口比重提高到高出口比重，结果显示对私营企业、小企业、新企业等概率的影响均显著为负，而对新产品产值率的影响并不显著；处理组 5A 企业由中等出口比重提高到高出口比重时，对四项指标的影响均为负，仅对私营企业的影响并不显著，其余三项指标都至少在 0.05 的水平上得到显著的结论。但融资约束对企业家才能的影响，在加工贸易中并不十分显著，这可能与加工贸易本身的对企业家才能的要求不高有关，但整体仍能够看出企业所受融资约束与企业家才能之间呈现出反向的关系。

表 6.6 报告了加工贸易出口企业降低出口比重对企业家才能的影响。处理组 5B 的对比结果中，加工贸易出口比重降低对新企业概率和新产品产值率具有正的显著作用，对另外两个指标的作用不显著；在处理组 6A 中，加工贸易出口比重降低到低比重时，对小企业、私营企业、新企业等概率以及新产品产值率均具有显著正影响；在处理组 6B 中，加工贸易比重降低到中等水平时，对私营企业概率和新产品产值率的影响显著为正，对其他两个指标的作用不显著。在加工贸易出口比重降低的企业中，融资约束越小的企业越没有增大出口的动机，因此与企业家才能之间具有正向的关系，但这一结论在表 6.6 中并不十分显著，原因可能同样在于加工贸易出口方式的特殊性。

表6.4 一般贸易出口企业降低出口比重对企业家才能的影响

	2和2B企业				3和3A企业				3和3B企业			
	SPE	PE	NPE	NP	SPE	PE	NPE	NP	SPE	PE	NPE	NP
D_{ab}	0.210***	0.072***	0.139***	0.004	0.132***	0.177***	0.065***	0.006***	0.114***	0.037*	0.034***	0.017***
	(6.05)	(2.04)	(10.03)	(0.73)	(9.40)	(11.91)	(10.95)	(2.62)	(6.56)	(1.90)	(4.42)	(3.60)
D_{FC}	0.040	−0.138***	−0.027***	0.002	−0.016	−0.115***	−0.004	−0.002	−0.079***	−0.018	0.001	0.122***
	(1.20)	(−4.15)	(−3.18)	(0.56)	(−0.94)	(−6.80)	(−1.03)	(−0.77)	(−3.50)	(−0.70)	(0.19)	(19.88)
$D_{ab} \cdot D_{FC}$	0.001	−0.006	0.039***	0.002	−0.022	−0.011	−0.006	−0.001	0.036	−0.106***	−0.012*	−0.007
	(0.02)	(−0.13)	(3.10)	(0.42)	(−1.10)	(−0.54)	(−1.14)	(0.54)	(1.42)	(−3.85)	(−1.86)	(−1.00)
常量	−0.294	−1.637***	1.384***	0.055**	0.519***	−0.919***	1.141***	−0.143***	1.681***	0.073	1.101***	0.180**
	(−0.50)	(−2.56)	(7.02)	(2.44)	(2.55)	(−4.54)	(15.21)	(−3.81)	(4.73)	(0.27)	(13.65)	(1.98)
年份	YES	YES	YES	YES	YES	YES	YES	YES	YES	YES	YES	YES
行业	YES	YES	YES	YES	YES	YES	YES	YES	YES	YES	YES	YES
省份	YES	YES	YES	YES	YES	YES	YES	YES	YES	YES	YES	YES
样本数量	15103	15100	15124	13574	101169	101169	101197	92453	86449	86449	86472	78796

注：括号中为t值，*、**、***分别表示在0.1、0.05和0.01水平显著。

表 6.5　加工贸易出口企业提高出口比重对企业家才能的影响

		4 和 4A 企业			4 和 4B 企业			5 和 5A 企业		
	SPE	PE	NPE	NP	SPE	PE	NPE	NP	SPE	PE	NPE	NP
D_{ab}	−0.345***	−0.286***	−0.036***	−0.010*	−0.269***	−0.493***	−0.085***	0.003	−0.156***	−0.081	−0.068***	−0.019**
	(−19.15)	(−12.52)	(−4.21)	(−1.82)	(−11.51)	(−15.46)	(−8.04)	(0.32)	(−2.66)	(−1.01)	(−2.62)	(−2.07)
D_{FC}	0.011*	−0.098***	−0.005***	0.099***	0.0119*	−0.098***	−0.008***	0.112***	−0.068	−0.128	0.018	−0.001
	(1.77)	(−16.26)	(−3.13)	(59.49)	(1.94)	(−16.14)	(−4.93)	(60.79)	(−1.21)	(−1.81)	(1.16)	(−0.19)
$D_{ab} \cdot D_{FC}$	−0.018	0.120***	0.005	0.008	0.083**	0.117***	0.0195**	0.045***	0.0237	−0.048	0.011	0.009
	(−0.69)	(3.70)	(0.74)	(0.95)	(2.52)	(2.69)	(2.22)	(4.15)	(0.28)	(−0.44)	(0.48)	(1.04)
常量	0.340***	−0.618***	0.505***	−0.051***	0.301***	−0.447***	1.300***	0.105***	1.457***	3.536***	1.611***	−0.139***
	(3.34)	(−5.93)	(12.51)	(−8.46)	(2.89)	(−4.08)	(30.57)	(2.66)	(1.54)	(14.70)	(3.83)	(−5.15)
年份	YES	YES	YES	YES	YES	YES	YES	YES	YES	YES	YES	YES
行业	YES	YES	YES	YES	YES	YES	YES	YES	YES	YES	YES	YES
省份	YES	YES	YES	YES	YES	YES	YES	YES	YES	YES	YES	YES
样本数量	270056	270018	270065	270065	263288	263297	263343	239668	4643	4663	4663	4663

注：括弧中为 t 值，*、**、*** 分别表示在 0.1、0.05 和 0.01 水平显著。

表6.6 加工贸易出口企业降低出口比重对企业家才能的影响

	5和5B企业			6和6A企业			6和6B企业		
	SPE	PE	NPE	NP	SPE	PE	NPE	NP	SPE	PE	NPE	NP
D_{ab}	0.100	0.025	0.174***	0.013*	0.253***	0.343***	0.087***	0.009***	-0.009	0.151**	0.008	0.008**
	(1.42)	(0.39)	(8.75)	(1.84)	(8.46)	(11.01)	(10.56)	(3.63)	(-0.27)	(2.34)	(0.82)	(2.54)
D_{FC}	0.193**	-0.112*	-0.002	-0.002	0.051**	-0.083***	-0.011***	0.001	0.106***	-0.095	0.025***	-0.002
	(2.47)	(-1.65)	(-0.11)	(-0.29)	(2.36)	(-2.99)	(-2.73)	(0.80)	(2.70)	(-1.23)	(3.43)	(-0.54)
$D_{ab} \cdot D_{FC}$	-0.158	0.048	0.004	0.002	0.059	0.089**	0.019***	-0.009***	-0.057	-0.044	-0.026***	0.003
	(-1.59)	(0.55)	(0.21)	(0.31)	(1.49)	(2.15)	(2.9)	(-3.11)	(-1.28)	(-0.52)	(-3.35)	(0.79)
常量	16.40***	3.332***	0.700***	-0.121***	16.35***	2.449***	0.825**	-0.076***	16.36***	1.451***	0.782***	-0.074***
	(2.71)	(18.54)	(3.19)	(-5.56)	(27.48)	(29.87)	(10.50)	(-10.86)	(31.23)	(9.20)	(34.84)	(-10.04)
年份	YES	YES	YES	YES	YES	YES	YES	YES	YES	YES	YES	YES
行业	YES	YES	YES	YES	YES	YES	YES	YES	YES	YES	YES	YES
省份	YES	YES	YES	YES	YES	YES	YES	YES	YES	YES	YES	YES
样本数量	6596	7236	7236	7236	47199	50154	50154	50154	42057	42107	42108	44856

注：括弧中为t值，*、**、***分别表示在0.1、0.05和0.01水平显著。

综上所述：

无论是一般贸易出口还是加工贸易出口比重提高的处理组，企业对企业家才能的影响均不显著，高于出口比重维持不变的对照组；一般贸易出口和加工贸易出口比重降低的企业对企业家才能指标具有正的显著效应。以上结论检验了受不同程度融资约束的企业改变出口行为后对企业家才能的影响，国内市场上严峻的融资环境迫使企业通过以包销、代理等方式为主扩大出口，这种出口方式阻碍了企业家的冒险与创新精神，从而导致企业家才能下降，出现企业家才能被"挤出"的现象。当融资约束较小时，企业出口比重越低，对企业家才能的发挥也就越充分。

第二，我们考察在融资约束下企业家才能与出口企业生产率之间的关系，构建如下模型。

模型 2： $TFP_{jt} = \alpha_0 + \alpha_1 ES_{jt} + D_{FC} + ES \cdot D_{FC} + \beta \sum Z_{it} + \alpha_t + \varepsilon_{jt}$

其中，TFP_{jt} 为企业 j 第 t 年的全要素生产率水平，ES_{jt} 表示 j 企业的企业家才能，分别用 SPE 是否为小企业，PE 是否为私营企业，NPE 是否为 5 年内新建成的企业以及 NP 新产品产值率来衡量，D_{FC} 衡量企业所受融资约束的高低，若该企业所受融资约束高于平均水平则 D_{FC} 值为 1，反之则为 0。Z_{jt} 为其他控制变量，这里我们主要控制了企业所处的省份与行业等变量，α_t 为时间固定效应，ε_{jt} 为误差。

为了更进一步比较在不同融资约束条件下，不同出口方式、不同出口比重的企业中，企业家才能对企业生产率水平的影响，仍然按照以上 6 种不同出口比重的企业分组来进行模型二的检验。表 6.7 分析了一般贸易出口企业提高出口比重时企业家才能对生产率的影响，从整体来看，企业家才能与企业生产率之间呈正向关系。私营企业概率、新企业概率和新产品产值这三项指标对生产率的影响均为正，但小企业概率指标一直显示出与生产率呈负向关系，这可能与企业的规模效应有一定关系。融资约束对出口企业生产率的作用则均在 0.01 水平上显著为负，融资约束越小，企业生产率水平就越高。

第六章 融资约束、企业家才能的"挤出"与出口企业生产率

表 6.7 一般贸易出口企业提高出口比重时企业家才能对生产率的影响

	1 和 1A 企业 lnTFP					1 和 1B 企业 lnTFP					2 和 2A 企业 lnTFP			
	ES=SPE	ES=PE	ES=NPE	ES=NP	ES=SPE	ES=PE	ES=NPE	ES=NP	ES=SPE	ES=PE	ES=NPE	ES=NP
ES	-0.094***	0.001	0.027***	0.043***	-0.081***	0.004	0.033***	0.012**	-0.123***	0.002	0.058***	0.179***
	(-11.44)	(0.11)	(4.19)	(3.26)	(-10.15)	(0.85)	(5.12)	(2.19)	(-3.98)	(0.12)	(2.85)	(4.08)
D_{FC}	-0.085***	-0.124***	-0.062***	-0.078***	-0.083***	-0.123***	-0.058***	-0.079***	-0.097***	-0.126***	-0.068***	-0.093***
	(-11.44)	(-17.15)	(-12.90)	(-16.89)	(-11.27)	(-17.25)	(-12.43)	(-17.64)	(-3.06)	(-4.88)	(-4.07)	(-4.72)
$ES \cdot D_{FC}$	-0.002	0.036***	-0.084***	-0.008	-0.001	0.037***	-0.090***	0.002	-0.006	0.019	-0.097***	0.075
	(-0.23)	(6.44)	(-10.37)	(-0.63)	(-0.02)	(6.84)	(-11.44)	(0.22)	(-0.17)	(1.06)	(-3.69)	(1.39)
常量	1.874***	1.548***	1.583***	1.406***	1.688***	1.532***	1.550***	1.347***	1.906***	1.160*	1.384***	1.559***
	(18.68)	(15.74)	(16.13)	(15.26)	(48.43)	(16.05)	(16.36)	(15.38)	(16.07)	(1.73)	(2.22)	(17.71)
年份	YES	YES	YES	YES	YES	YES	YES	YES	YES	YES	YES	YES
行业	YES	YES	YES	YES	YES	YES	YES	YES	YES	YES	YES	YES
省份	YES	YES	YES	YES	YES	YES	YES	YES	YES	YES	YES	YES
样本数量	161741	161741	161741	177666	169475	166024	169473	185868	13082	12767	13082	15826

注：括弧中为 t 值，*、**、*** 分别表示在 0.1、0.05 和 0.01 的水平上显著。

表 6.8 分析了一般贸易出口企业降低出口比重时的三种情况，在前两组中企业均表现出衡量企业家才能的私营企业概率、新企业概率和新产品产值率三项指标对生产率的影响显著为正；在最后一组中，新企业概率和新产品产值率对生产率的影响显著为正，另外两项指标与生产率呈现出负向关系。而小企业概率在三组企业比较中一直呈现出与企业生产率的反向关系，这与小型出口企业以包销、代理的方式出口并不需要较高的生产率有关，因此该指标在衡量中国出口企业的企业家才能中并不十分显著。融资约束与出口企业生产率之间的关系与表 6.7 中相似，同样得出融资约束越小，出口企业生产率就越高的结论。

同样本节也检验了在加工贸易出口企业中，企业家才能对生产率的促进作用，得到与一般贸易出口企业相似的结论。在表 6.9 中，可以得出加工贸易出口企业提高出口比重时，企业家才能与企业生产率之间呈正向关系的结论。在前两组企业的比较中，新企业概率和新产品产值率这两项指标对生产率的影响均为正，但小企业概率、私营企业概率指标一直显示出与生产率呈负向关系。在处理组 5A 与对照组 5 的比较中，私营企业概率、新企业概率和新产品产值率与生产率之间的关系均为正，仅小企业概率对生产率的影响为负，这可能与企业的规模效应有一定关系。融资约束对出口企业生产率的作用则均呈现出负向关系，这说明融资约束越小，企业生产率水平就越高。

表 6.10 分析了加工贸易出口企业降低出口比重的三种情况，在第一组中衡量企业家才能的四项指标对生产率的影响显著为正；在后两组中，私营企业概率、新企业概率和新产品产值率三项指标对生产率的影响显著为正，而小企业概率呈现出与企业生产率的反向关系。融资约束与出口企业生产率之间的关系则与之前得到的结论一致。

以上结论验证了本章所提出的两个命题，融资约束较大的企业，出口比重更大，且对企业家才能的"挤出"效应更显著，以及所受融资约束较小的企业，企业家才能更容易得到展现，由此推动企业生产率的提高。

表6.8 一般贸易出口企业降低出口比重时企业家才能对生产率的影响

	2和2B企业 lnTFP				3和3A企业 lnTFP				3和3B企业 lnTFP			
	ES=SPE	ES=PE	ES=NPE	ES=NP	ES=SPE	ES=PE	ES=NPE	ES=NP	ES=SPE	ES=PE	ES=NPE	ES=NP
ES	-0.158***	0.027*	0.049**	0.142***	-0.087***	0.001	0.032***	0.155***	-0.079***	-0.006	0.024***	0.204***
	(-5.41)	(1.77)	(2.36)	(3.26)	(-8.05)	(0.04)	(4.22)	(10.70)	(-6.80)	(-0.94)	(3.01)	(12.91)
D_{FC}	-0.114***	-0.111***	-0.068***	-0.102***	-0.086***	-0.127***	-0.084***	-0.111***	-0.089***	-0.141***	-0.095***	-0.107***
	(-4.04)	(-4.69)	(-4.22)	(-5.30)	(-7.98)	(-13.56)	(-13.96)	(-15.07)	(-7.55)	(-13.53)	(-14.63)	(-13.24)
ES·D_{FC}	0.0146	0.006	-0.114***	0.096*	-0.026**	0.018**	-0.079***	0.039**	-0.032**	0.023***	-0.065***	0.032
	(0.47)	(0.37)	(-4.33)	(1.81)	(-2.22)	(2.54)	(-7.86)	(2.17)	(-2.47)	(2.99)	(-6.14)	(1.59)
常量	2.029***	1.169***	1.409**	1.891***	2.050***	1.955***	1.928***	2.086***	2.01***	1.910***	1.845***	2.046***
	(16.88)	(1.69)	(2.19)	(21.72)	(43.72)	(11.03)	(11.13)	(64.14)	(40.32)	(9.35)	(9.31)	(57.57)
年份	YES	YES	YES	YES	YES	YES	YES	YES	YES	YES	YES	YES
行业	YES	YES	YES	YES	YES	YES	YES	YES	YES	YES	YES	YES
省份	YES	YES	YES	YES	YES	YES	YES	YES	YES	YES	YES	YES
样本数量	13575	13277	13574	16214	92456	90860	92453	107198	78947	77575	78944	91840

注：括弧中为t值，*、**、***分别表示在0.1、0.05和0.01的水平上显著。

表6.9 加工贸易出口企业提高出口比重时企业家才能对生产率的影响

	4和4A 企业 lnTFP				4和4B 企业 lnTFP				5和5A 企业 lnTFP			
	ES=SPE	ES=PE	ES=NPE	ES=NP	ES=SPE	ES=PE	ES=NPE	ES=NP	ES=SPE	ES=PE	ES=NPE	ES=NP
ES	-0.079***	-0.004	0.034***	0.062***	-0.084***	-0.003	0.038***	0.061***	-0.008	0.092**	0.080**	0.174*
	(-11.76)	(-1.18)	(6.89)	(9.91)	(-12.25)	(-0.81)	(7.55)	(9.72)	(-0.17)	(2.05)	(2.01)	(1.94)
D_{FC}	-0.088***	-0.127***	-0.068***	-0.092***	-0.088***	-0.126***	-0.067***	-0.093***	-0.058	-0.002	-0.013	-0.088***
	(-13.58)	(-23.09)	(-18.01)	(-20.55)	(-13.46)	(-22.67)	(-17.49)	(-20.74)	(-1.22)	(-0.04)	(-0.40)	(-2.79)
ES·D_{FC}	-0.008	0.029***	-0.081***	0.132***	-0.007	0.028***	-0.085***	0.130***	-0.045	-0.074	-0.197***	0.170**
	(-1.13)	(7.34)	(-13.04)	(14.13)	(-0.98)	(7.06)	(-13.52)	(13.86)	(-0.85)	(-1.31)	(-3.76)	(2.08)
常量	1.870***	1.649***	1.660***	1.923***	1.872***	1.676***	1.686***	1.926***	1.036***	1.229***	2.650***	6.289***
	(66.24)	(17.75)	(17.89)	(97.02)	(65.80)	(17.67)	(17.81)	(96.41)	(4.44)	(5.08)	(2.81)	(6.35)
年份	YES	YES	YES	YES	YES	YES	YES	YES	YES	YES	YES	YES
行业	YES	YES	YES	YES	YES	YES	YES	YES	YES	YES	YES	YES
省份	YES	YES	YES	YES	YES	YES	YES	YES	YES	YES	YES	YES
样本数量	244011	244006	244006	287805	240521	240516	240516	283254	4205	4110	4663	4663

注：括弧中为t值，*、**、*** 分别表示在0.1、0.05和0.01的水平上显著。

表6.10 加工贸易出口企业降低出口比重时企业家才能对生产率的影响

	5和5B 企业 lnTFP					6和6A 企业 lnTFP					6和6B 企业 lnTFP				
	ES=SPE	ES=PE	ES=NPE	ES=NP		ES=SPE	ES=PE	ES=NPE	ES=NP		ES=SPE	ES=PE	ES=NPE	ES=NP	
ES	0.008	0.128***	0.088***	0.177**		-0.101***	0.041**	0.193***	0.144***		-0.095***	0.039*	0.219***	0.141***	
	(0.18)	(3.57)	(2.62)	(2.49)		(-6.51)	(2.12)	(12.37)	(5.45)		(-5.83)	(1.82)	(13.36)	(5.07)	
D_{FC}	-0.054	-0.025	-0.051**	-0.101***		-0.073***	-0.212***	-0.071***	-0.123***		-0.050***	-0.190***	-0.063***	-0.126***	
	(-1.33)	(-0.51)	(-2.10)	(-4.08)		(-5.18)	(-8.49)	(-7.39)	(-13.08)		(-3.46)	(-6.64)	(-6.10)	(-12.69)	
$ES \cdot D_{FC}$	-0.021	-0.063	-0.196***	0.074		-0.009	0.096***	-0.190***	0.063***		-0.014	0.074***	-0.198***	0.068***	
	(-0.46)	(-1.48)	(-4.50)	(1.30)		(-0.60)	(4.06)	(-9.06)	(3.07)		(-0.82)	(2.71)	(-8.94)	(2.99)	
常量	0.954***	2.653***	1.672***	5.275***		1.319***	1.330***	1.607***	4.750***		1.187***	0.971***	1.463***	4.949***	
	(4.86)	(3.80)	(3.35)	(10.25)		(16.51)	(7.31)	(7.60)	(24.82)		(19.25)	(13.31)	(6.60)	(25.21)	
年份	YES	YES	YES	YES		YES	YES	YES	YES		YES	YES	YES	YES	
行业	YES	YES	YES	YES		YES	YES	YES	YES		YES	YES	YES	YES	
省份	YES	YES	YES	YES		YES	YES	YES	YES		YES	YES	YES	YES	
样本数量	7677	6503	7236	7236		52288	46768	50154	50154		46910	41675	44880	44880	

注：括弧中为t值，*、**、***分别表示在0.1、0.05和0.01的水平上显著。

第三节 引入"企业家才能"变量后的出口行为小结

本章在前面的基础上进一步分析在融资约束严峻的条件下,出口过程中"挤出"的企业家才能,以此揭示出口企业生产率增长不明显的原因。通过机理描述并采用数据验证了,由于国内市场上严峻的融资环境,迫使企业从事以包销、代理等方式为主的出口,这种特殊的出口方式使得企业家创业与创新精神减弱,进而导致出口企业生产率提高并不显著高于非出口企业这一观点。以包销、代理为主的依赖外生贸易中介的出口方式,将企业锁定于低端价值链,导致企业在有限时间内演化为车间意义上的、没有企业家的企业,也即在这类企业中存在企业家才能要素的"挤出"效应。同时揭示,企业家才能是"出口学习效应"和出口企业生产率变化的核心机制之一,更深层次地揭示了中国企业"出口学习效应"低下的原因,并在微观企业层面完善了现有理论中有关企业家才能与经济增长的部分。

根据以上结论提出以下几条政策性建议:

一要从根本上转变出口贸易增长方式。围绕提高贸易条件、增加出口产品的技术含量和附加值、消除贸易壁垒和提高产品的国际竞争力等,从根本上转变出口贸易增长方式,支持企业开展自主品牌、自主营销和自主研发的出口贸易,发挥企业家创新能力和国际市场开拓能力,提高企业品牌知名度,并提升企业竞争优势,促进产业链向中高端延伸。

二要大力深化金融改革,松绑企业的融资约束。政府应更多地以市场本身的价格发现机制来引导资金的使用方向,进一步推动利率和汇率的市场化发展,并促进融资渠道多样化发展,使企业通过直接融资获得资金支持,完善风险投资机制,发展企业贷款担保机构,架起企业与银行之间沟通的桥梁,满足企业多样化的融资需求。以此扭转企业因融资约束而不得不大幅度增加出口的情况,从而使企业有更多的空间从事技术、产品、品牌、渠道和市场方面的创新，真正"主动"地出口，以拓展国际市场。

三要充分发挥企业家才能，积极开展各种垂直、横向并购，同时要在全球吸纳人才，加强技术研发与品牌创新，并拓展营销网络等，培育一批具有国际竞争力的跨国公司，打破高端价值链的国际垄断，完成我国从贸易大国到贸易强国的转型。

第七章 融资约束制约下的企业出口行为选择的结论与启示

第一节 融资约束制约下的企业出口行为选择结论

中国经济转型发展近四十年来,出口作为拉动经济增长的"三驾马车"之一,是我国经济持续快速发展的重要支撑,但在金融危机爆发后,出口呈现出负增长,尽管政府投入四万亿以此刺激经济,但对于出口的拉动作用却是短暂的,近些年来出口对于经济的拉动作用不断下降。在此背景下,研究企业的出口与生产率在学界引起了热烈的讨论和高度的关注,现有研究也得到了较为丰富的结论。大多数现有我国出口企业生产率的分析视角多停留在检验我国出口企业的"自我选择效应"和"出口学习效应"中,研究重点也多关注于解释在加工贸易条件下我国出口企业生产率较低的原因,而对于我国的出口企业与 Melitz 模型中出口企业的本质差异,以及我国出口企业"出口学习效应"消失的原因,我们仍然所知甚少。

为了探究这些疑惑与未知,进一步分析我国企业的出口逻辑与机制,加深对我国出口企业出口方式的认知,进而为我国企业出口对经济增长的持续拉动作用提供些许可供参考的政策启示,本书从融资约束与出口企业的生产率入手,提出了我国企业的出口主要是依靠如包销、代理等外生性贸易中介,普遍无自主营销网络、无自主品牌,并使得创新、企业家才能被"挤出"。重点剖析企业选择这种看似不理性出口的原因,以及这种出口方式又会如何影响企业的运行和发展。

分析表明,一方面,我国企业出口的进入门槛并不高,使得选择出

第七章 融资约束制约下的企业出口行为选择的结论与启示

口的企业并不需要支付高成本便可实现出口,因而出口不需要企业具有很高的流动性。由于国内市场机制不完善等因素,国际贸易所面临的融资约束甚至低于国内贸易,出口企业面临着比国内贸易更低的融资约束。因此,出口行为是企业在国内贸易面临高融资约束情况下的选择,企业通过出口或者提高出口比重改善了企业的融资状况。另一方面,高出口依赖和贸易模式的转变,挤出了创新、企业家才能等高端要素,使企业无法或难以从出口中学习获得效率提升,相反弱化了企业创新能力,牺牲了企业的生产率。

本书循着 Melitz 的经典文献,加以适当改进,从理论和实证两方面对我国的出口贸易增长方式及其发展机制进行了研究,得出如下基本结论:

第一,我国出口企业很少存在"出口学习效应"。首先,较低的出口门槛本身就无法筛选高效率企业进入出口市场。其次,中国低出口门槛和政府鼓励出口政策也使得出口市场存在过度进入的情况,企业在出口市场中面临着比国内市场更为激烈的竞争和更弱的市场态势。事实上,广泛存在的加工贸易更使出口企业完全丧失了面对需求的定价权,企业仅依靠持续降低的加工费获取利润。另外,即便是一般贸易,大量出口代理和中介在便利企业出口的同时,也隔断了企业与最终市场的联系,使得企业无法通过建立品牌和销售渠道获取在国外的市场份额。因此,Melitz 的经典理论不能解释我国的企业出口行为,也难以解释"南北贸易"格局。

第二,国内市场严重的融资约束是我国出口企业不惜以牺牲生产率来进行出口的原因。以包销、代理等方式的出口金融门槛较低,使得低效率企业可在流动性压力较低情况下进入出口市场。相比于国内贸易,出口所面临的风险更低且具有更高预期性,有助于企业避免货款拖欠、垫资等导致的流动资金被占用,同时,由于出口货款结算周期的具有预期性,有助于企业对资金的跨期配置做出更有效地安排,从而提高资金的使用效率。另外,出口企业较为稳定的预期盈利帮助企业更易获得金融机构贷款。因此，企业出口以及出口比重的提高有助于改善企业融资条件。

第三，我国出口企业通过出口比重的边际调整来权衡融资约束与企业生产率之间的得失。企业融资约束是导致企业选择高出口比重的重要原因，而且出口比重提高有助于降低企业融资约束。或者说，由于过高的融资约束导致企业采取更高的出口比重来缓解自身融资压力。而通过实证检验出口的动态分析得出，企业提高出口比重之后，降低了生产率，因此企业出口比重的选择，可以理解为在缓解融资约束和牺牲生产率上的一个权衡。

第四，借助外国品牌和营销网络的开发市场和销售模式，使我国出口企业与国外市场存在严重的"隔层"问题，依赖于包销、代理等外生性贸易中介的销售方式，使得中国的出口企业往往被锁定于进入壁垒低、边际利润薄的低端价值链分工环节。在有限的时间内，出口企业演变为车间意义上的、没有企业家的企业，存在企业家才能被"挤出"、企业内生增长受伤害的机制，最终导致企业在全球一体化进程中陷入产业结构僵化、创新能力衰退等被动局面。

第二节 融资约束制约下的企业出口行为选择政策建议

在当下的国内市场之中，融资环境比较差，主要表现在，中国的很多企业更期待依靠包销、代理等方式进行外生性的贸易，由此以较低的流动性门槛进入市场之中，基于更高的出口比重降低企业的融资制约度。相对来说，很少有企业选择依靠技术创新等模式提升企业的生产率。由此可知，中国实际的企业出口比重是可以通过边际模式进行生产率调整的，实际上在当下的融资环境中，这种选择方式也是无奈之下迫不得已的一种选择。

毋庸置疑，由于外贸体制的不断深化与改革，中国对于发达国家的一些外包订单的合理转移等方式，已经促使更多的劳动密集制造业正在

第七章　融资约束制约下的企业出口行为选择的结论与启示

逐步发展，而在一段时间内，出口量的不断扩张，对于经济发展起到较强的引领作用。但是，这种模式和市场本身存在着较大的隔阂，即便出口量的不断增加，但是出口效益却在降低，这样的模式会促使中国企业原本为了寻找更好的机会，瓜分国际市场份额的愿望成为泡影，长此以往，中国的优势会在逐步的低端产业链滞留中被消耗掉。所以，对于中国来说，必须要转变现阶段的贸易增长模式，推动企业的融资发展，整体上而言，笔者提出以下四条政策建议。

一、从根本上转变出口贸易增长方式

从改革开放以后，中国的出口贸易正在不断推进。基于经济发展、国民收入层面，都有着较强的作用力。但是，毋庸置疑的是，出口贸易本身也存在着一些不容忽视的问题。在出口商品中，有很多附加值比较低的产品，会促使国民收益降低。即便是在中国的工业制成品层面上，已经占据了出口量的90%以上，但是本身，仍旧属于劳动密集型的产业，同时也将大多数的企业精力投入到了制造环节层面中。即便是机电产品或者高新技术层面，也只是在低端装配层面中予以投入，因此，国内增值率比较低。在货物出口层面中，中国的很多企业都在国际分工比较低端的位置上。中国的货物出口有55%都是加工贸易模式，其普遍的加工链条较短，对于承担的增值环节当中，只是加工与组装模式。劳动力的价格比较低廉是中国本身所具有的优势，但是劳动力过分低廉是能够在成本上产生较强的国际竞争力的，相对的也降低了中国的技术创新性，从而形成了低技术循环的情况。根据商务部的相关统计，中国出口企业中，自主品牌较少，不足20%。在粗放经济的不断推进之下，还容易形成贸易条件的逐步恶化、负税沉重等诸多问题。

在出口商品中，高污染的产品仍旧占据了一定的比例，这样的情况对于中国环境会造成一定的危害。中国的经济发展在资源层面的依赖性上逐步提升。由于进出口规模的拓展，出口生产边际投入递增已经成为一种趋势。更多稀缺资源的投入，势必会对环境形成较强的负担。根据

相关数据统计，在 2000 年起之后的三年中，中国的进出口增长对全球进出口增长的贡献率达到 33%，中国的石油消耗对全球石油增长的贡献率达到 36%。其中即便一些贸易品来自境外，但是仍旧需要国内提供一些作为补充。这种粗放模式将会对环境造成较大危害。

在进行国际贸易时，出口产品普遍为劳动密集型，因此，在市场中价格竞争力度高于技术竞争，贸易过程中通过降低利润甚至暂时的负利润相互进行压制，最终形成恶意竞争的情况时有发生。同时，由于出口目标市场有限，且相对集中，使出口企业和产品的数量不断攀升，形成供过于求的局势，极大增强了竞争的激烈性，导致出口产品的利润一度缩减。

（一）需要对出口产品进行结构优化，使其附加值进一步提升

1. 优化出口产品结构

由于我国仍属于发展中国家，在以往的出口贸易中与其他发展中国家一样偏好科技含量较低的劳动密集型产品，近期则逐渐向技术密集型产品和资本密集型产品进行转变。一方面，保持原有的纺织品、小型玩具、农产品等外贸竞争优势；另一方面，大力发展金融等服务行业，增加技术密集型产品的贸易份额。从种类和质量方面对贸易的利润进行提升。但是，由于发达国家的技术密集型产品和资本密集型产品优势高于我国，同时发展中国家之间劳动密集型产品的竞争激烈，我国当前的出口贸易面临着前所未有的巨大压力，在竞争中应将"品牌"打造成"名牌"，并重点扶持和推广，促使出口企业及其产品形成强劲的综合竞争力。

2. 实现加工贸易转型升级

主要为在当前产品代加工的基础上进行升级和拓展。加工升级是指加工环节的升级，通过调整获取技术含量更高、利润更丰厚的代加工环节。加工拓展是通过不断获取代加工技术和相应的知识和技能，进而将业务在代加工的基础上拓展至研发设计或者自创品牌参与市场竞争。无论是升级或是拓展，都可以对企业及其产品或者业务本身产生作用，同时会引发并带动同行业，甚至整个经济市场形成影响并促进发展。

3. 加快发展服务贸易

传统的服务贸易普遍为劳动密集型，但是随着社会和经济的发展，金融、法律、物流和保险等多种新型项目的产生，促使服务贸易从单纯的劳动密集型脱离。在进行贸易发展时，既要维护好现有的传统服务贸易，又要对新型的非劳动密集型服务贸易（金融、法律、物流和保险等）进行重点培育。

4. 提高产品附加值

外贸的目的是在于产品附加值的提高，产品附加值是外贸产品利润的保证。因此，无论是传统的劳动密集型产品还是大力发展的技术密集型或资本密集型产品，在出口中将附加值进行提高有利于我国外贸的发展，在进行出口产品研发、生产、运输、销售等多个环节操作时，务必要将产品附加值的提高作为首要任务。

（二）调整出口政策的同时规范制度，通过自身的提升实现"走出去"的战略

1. 规范出口秩序

在规范出口的过程中，政府与行业组织的作用不可或缺。对政府来说，其要立足于国家整体贸易利益的维护，对出口秩序加强管理、监督与调控，借助于制度与政策手段对不正当竞争进行规范与监管。如国家对纺织品采取了"主动配额制"，体现了国家对出口秩序的调控。对纺织品出口实施"主动配额制"有助于改善我国在国际贸易谈判中的劣势地位，为我国纺织品出口提供良好的环境，同时这种机制的实施对于企业产品的科技含量提升发挥了积极作用，推动企业致力于产业结构的优化，积极进行生产转型。对于进出口相关组织协会以及行业协会而言，需要发挥带动作用，在同类外贸产品的有序竞争中发挥引导和规范作用，引导行业和谐、自律发展，从根本上减少恶性竞争。就现阶段的基本状况而言，我国大多数全国性的行业协会与政府机构存在密切联系，或者属于其附属机构，综合协调能力严重不足。而在发达国家，大多数行业协会都是由企业自发组建的，在行业内的权威性较强，协调能

力更强，这些国家对我国发起的贸易调查大多数是行业协会组织的自发行为。这方面我国的行业协会需要充分借鉴国外的优势，促进行业协会功能的充分发挥。

2. 调整出口退税政策

需对出口退税政策调整的目标和方向予以明确，即以实现对沿海地区向新比较优势转移为基准，同时在税率调整需对动态和结构性给予兼顾。针对某些情况应降低或取消出口退税，包括竞争优势不显著、低价竞销或易于造成反倾销的产品等。这里需要值得注意一点的是，结合不同的地区性质，出口退税政策应尽可能与之保持一致和匹配，这一点对低端出口产品生产以及向中西部地区梯度转移具有极大的裨益，同时对沿海地区出口贸易方式的转换有着一定的促进性。

3. 提高服务设施水平

积极建设现代化港口、码头。关于出口产品的运输，积极开展国际间合作，加快国际间的油气管道、港口、公路、铁路等交通基础设施建设，实现我国与世界资源富集地区的运输网络的畅通。此外还要积极发展远洋运输船队，促进运输能力的提升，最大程度降低运输成本。

4. 实施"走出去"战略

首先，要加强对境外资源的开发与利用；其次，要积极发展境外加工生产、构建覆盖面广泛的营销网络，将其作为我国对外贸易发展的核心举措。生产经营能力较强的企业要积极进行国际化战略经营，在原材料丰富的地区开设生产加工店，减少原材料运输成本，并在生产国积极进行产品原产地登记注册；也可以在本国完成产品的初步加工，将半成品运往国外进行再生产加工，最终制成成品后再销往世界各地。通过这种途径，有效地避开了贸易壁垒，为我国外贸活动的顺利开展创造了良好的环境。

5. 转变出口贸易增长方式应因地制宜

我国不同的地区之间经济发展差距很大，资源分布也不均衡。在这种环境下，需要对区域内经济发展水平以及资源状况进行综合分析，探寻出口贸易增长的新方式，既增强紧迫感，又坚持循序渐进、梯度

第七章 融资约束制约下的企业出口行为选择的结论与启示

发展。

抓住国际技术贸易发展、产业转移的机遇，调整优化货物加工贸易产业链。在沿海经济发达地区，出口贸易增长方式的转变要充分发挥人力资本与技术要素的优势作用，促进加工贸易的优化升级，对于一些技术与人力要求不高的产品其生产环节可以在中西部地区完成。一些产业可以向产业链的上游环节推进，以便自身有更多的精力与财力致力于新产品的研发和设计；一些产业还可以在中游环节加强产品附加值的提升，积极发展耗能低的产品生产；一些产业可以在下游环节推进，为国际物流配送行业的发展提供更多的机会。出口贸易增长方式的转变是一个长期的过程，不是一蹴而就的。沿海经济发达地区，土地、劳动力等要素价格相对于其他区域来说更高，而比较密集的使用资本与技术的条件逐渐形成，产品结构与产业结构的优化升级条件已经具备，出口增长方式将很快实现新的转变。在中西部地区，则需要继续发挥劳动力资源充足的优势，积极加强劳动密集型产业的发展。同时需要加强商务渠道的建设与拓宽，将沿海地区的出口增长优势更好地在内部复制。

充分借助跨国公司当前的有利形势，不断推进和强化国内服务业加工贸易。随着软件服务外包业务需求的日渐增加，发展中国家获得越来越多外包企业的青睐，软件外包市场的成长空间进一步加大。加之该类业务的各方约束较小，例如资产投资、土地资源以及运输条件等，其中涉及最多的主要集中在人力资本方面，所以无论是对东部沿海来说，抑或对中西部地区而言都较为适宜。国际服务业外包业务规模的日趋扩大可以说将成为加工贸易方式的重要发展趋势。

对具有显著优势，且对劳动力就业具有全面推进的加工贸易政策给予重视。沿海地区加工贸易政策的开展，对向新的比较优势转移有着积极的促进性；对于中西部地区来说，加工贸易政策则应以吸纳劳动力就业为主导。不断健全和优化加工贸易管理模式，对具有高耗能、高污染的加工贸易项目进行严格地把控；最大限度地提升加工贸易发展水平，在此基础上实现对周边产业的全面带动，与此同时，积极促进产业配套能力的增长，鼓励创新，实现竞争力水平的大幅提升。确保加工贸易产业结构始终以国家产业发展政策以及经济结构要求为主线，以此促进我国国际价值链地位的提升。加强相关产业研发的投入力度，充分发挥和运用技术手段，致力于自主创新、合作开发。推出行之有效的政策，并对区域结构进行更深一层的优化，实现对加工贸易向中西部地区的有序引领。

二、加大金融改革力度，适度放宽对企业融资的禁锢

2017年7月，全国金融工作会议在京召开，习近平在此次会议中明确表示，金融是一个国家核心竞争力的重要表现，且金融安全直接关乎到国家安全，是国家安全不可或缺的重要组成部分，在经济社会发展过程中，金融制度的拟定和实施无疑尤为关键。发挥党在金融工作中的领导作用，始终秉持稳固、坚定的发展基调，遵守金融发展规律依次展开，以服务实体经验、防控金融风险以及深化金融改革三项任务为中心，对金融调控进行优化和调整，实现对金融企业制度、金融市场体系的进一步完善，搭建科学、合理、行之有效的管理架构，促进金融发展方式的快速转变，不断完善相关法律、法规，通过对国家金融安全的有效加强，以实现对国家经济、金融发展的全面推动。

金融工作的有序开展可从下述几方面入手：①回归本源，视服务于经济社会发展为首要。不可否认，为实体经济服务是金融工作的根本目标，随着服务质量、服务效率的大幅提升，原本有限的金融资源可以更科学、更合理的分配至经济社会发展过程中最为薄弱或急需的环节，对经济多样化金融需要给予最大限度地满足。②对金融市场、金融机构以及产品体系做进一步的优化。在金融产业发展的前提下始终视质量为基准，在优化实体经济成本的同时最大限度地提升资源配置率，确保风险始终处于可控的范围之内。③加强监管力度，提升金融风险防范能力。明确金融风险防范的重心及底线，借助法律手段加强功能监管，构建宏观管理制度。④充分展现市场在金融资源配置的重要作用。始终坚定并

第七章 融资约束制约下的企业出口行为选择的结论与启示

明确社会主义市场经济改革目标,并视其为主线,在实现对市场机制进行完善配置的前提下,确保有限的金融资源可以得到科学、合理的配置。促进政府宏观调控,注重市场规则。

金融是实体经济的重要组成部分,换言之,服务于实体经济是金融存在的切实意义,因此,对金融风险给予有效的防范其重要性也不言而喻。勇于接受新的发展理念,并对优质、积极、效率的理念予以吸取。将发展置于所需且重要的位置,确保资本市场同时兼具完备的融资功能、坚固的基础制度以及有效的市场监管于一身的多层体系。通过对间接融资结构的调整,以实现对国有大银行战略的全面推进,与此同时,在此基础上达到对中小银行、民营金融等相关机构的全面带动。丰富保障功能,创建多元化金融服务体系,对扶贫金融需求给予充分的支持和鼓励,促进绿色金融大规模发展。优化金融机构经营成本,对涉及众多的中间环节进行有效的梳理,以实现经济融资成本的合理减少。

加快对外开放步伐,对人民币汇率机制改革进行不断地深化,确保人民币国际化的稳步推进。除此之外,还要对金融业对外开放的力度给予不断地深化、强化,保障开放遵循相应的次序开展,以此保障机制的设立和完善,不仅对金融消费者权益具有有效的保护作用,更对金融竞争、风险防范均有不同程度的裨益。注重"一带一路"金融创新理念的建设,并推出与之配套的体系制度。

经济和金融的良性循环离不开政府的支持和运作,因此,身为政府应将服务实体经济视为根本目标,同时对风险防范、金融改革等层面给予同等的关注和强化。打开新的思路,尝试新的方式,以实现对实体经济金融服务的突破和推动。借助更多市场主体积极地参与到经济社会建设当中,对资金进行有序引导,同时在金融机构审慎性监管方面加大力度,促进汇率、利率的市场化发展。

大力拓展金融,对小微企业、"三农"等经济社会薄弱环节给予有效扶持,针对融资难问题进行积极化解,推进融资渠道的多元化,促进证券市场的全面跟进,保障企业可以获得更多模式的资金支持,为企业和银行两者间创造沟通路径，为企业多元化融资需求提供最大限度地满足。对创新驱动、"双创"以及新旧动能转换等的资金需求提供支持，对于国内重大发展、举措、改革的金融服务更应给予所需的重视。不断挖掘市场风险保障功能，对金融机构布局以及资源配置予以更深层的优化，加大对中小金融机构的关注力度，保持金融服务实体经济向着长远、可持续性方向不断前进。严把三道防线，即市场准入、早期干预以及退出机制，对风险责任担当机制进行深入的完善，在此基础上确保市场发展更加稳定、更加良性，加大企业改革力度，充分发挥国企杠杆率的作用，将其置于有效的金融风险点，严厉杜绝逾越系统性风险底线的情况发生。

对企业融资禁锢予以全面的突破，为企业创新、发展提供更广阔的空间，牢牢把控出口主动权，实现对国际市场的进一步拓展。与此同时，在确保出口退税政策日趋稳定的前提下，对出口信用保险等相关政策给予更深入的强化，有效帮助更多高效、高附加值企业化解和解决诸多难题或压力，包括成本高、订单不足等问题。

三、培育具有竞争力的跨国公司，促进产业转型升级

纵观当前我国来说，正是经济贸易的重要转型期，即由贸易大国向贸易强国过渡，基于这一情况下，加大对国有大企业集团向国际一流跨国公司的培养力度，可以说是获取更多国际市场份额，强化我国在世界经济领域的影响力、控制力。具有国际竞争力的骨干企业实质就是将全球资源进行有序整合，并基于国内产业发展的前提下提升其国际竞争力，实现对主导权的争取，使之成为国际一流跨国企业。国际一流跨国企业的实现并非单纯的对企业环境、企业条件进行改进，还涉及国企改革中通盘的全面权衡，实实在在的具备强大的创新力，充分体现国际竞争主体地位。

基于经济发展常态前提下，我国企业"走出去"可从两个不同的方面加以实现：一是不断吸纳更多、更优秀的生产要素，如人才、技

第七章　融资约束制约下的企业出口行为选择的结论与启示

术、管理、渠道等，为国内经济转型和升级需要奠定坚实的基础，推动国内产业不断向高层次、高领域迈进；二是最大限度地展现发挥国内技术以及产业等方面的显著优势，鼓励优势产业不断迈向国际舞台，实现"走出去"的战略目标。所以，加大对国际一流跨国企业的培育，由早先的参与者逐渐向着主导者的角色进行蜕变，促进崭新合格格局的形成，可以说是整个经济社会发展的迫切需求。

就国内大企业群体而言，国有大企业显然是这一领域的重要主体，承担着极其重要的责任。国有大企业具有如下特性，即企业规模较大、资源丰沛、地域广阔，对国家产业结构具有相当大的影响力、带动力。在上述一系列特性的影响下，国有大企业更是重任在身，扮演着我国产业发展引导者的重要角色。不仅如此，在国际产业竞争中，国有大企业更是其中的生力军，无论是资金、管理，抑或人才方面均具备较强的能力，是中国在国际经济合作中形象的重要表现。在后续的发展和成长中，带动力、国际影响力将成为国有大企业主要发展方向，而创新力、国际竞争力的不断提升是成长为国际一流跨国企业的最佳路径。

就目前来看，我国国有大企业已然具备成为国际一流跨国企业的条件。首先，国有大企业向现代大企业集团的成长脚步正在日趋加快，规模的不断扩大从而促进部分企业跃居世界前列。现代企业制度建设的成效已开始显现，绝大多数央企已实现产权结构的调整，上市公司也越来越多，股权多元化格局初具雏形。由经营机制来看，市场化程度愈发深入，且围绕《公司法》搭建的治理框架也日趋成熟。其次，在我国国民经济发展重要时期，国有大中型企业的重要性毋庸置疑，甚至部分国有大企业的规模、技术以及管理等层面均已上升至国际水准，位列世界前茅，且自主知识产权、自主品牌等国际竞争力也十分显著，包括高铁、电力设备、核电等。再次，在我国数目繁多的企业中，国有大企业更是"走出去"的引领者、生力军，更是跨国企业群体的领头羊。最后，通过不断深入和积极参与国际产业竞争，国有大企业的国际化水准得到了飞速的增长。以央企为首的国有大企业历经长时间的锻造和发展，在海外运作方面的经验也日趋丰富，国际化人才更是不断涌现，跨国本土化经营能力呈现出质的飞跃。

大力扶持和推动大中型出口企业向着规模化、产业化、全球化发展的步伐，致力于以多维度、多元化的拓展，广纳人才，注重科技研发，对各类先进要素给予全面的重视，以此突破高端价值链垄断屏障。对于我国大企业群体而言，国有大企业无疑承担着"走出去"的重任，是这一群体的重要主体，因此，具备全球价值链的跨国公司应是其当下主要的成长方向。纵观全国，全新的国企改革已紧锣密鼓的全面开展，《国务院办公厅关于推动中央企业结构调整与重组的指导意见》更是对此给出了明确的表述，截至2020年，中央企业发展战略定位更加准确，作用功能将得到充分、有效的展现和发挥；产业结构日趋明晰，国有资本配置效率提升显著；企业发展质量出现翻天覆地的转变，世界一流跨国企业由此诞生。而我们更应抓住有利契机，通过对全球资源的有序整合，充分利用对国际一流跨国企业的培育，实现对国内产业的全面带动和引领。

立足于我国经济发展需求，在笔者看来，具有主导权的国际一流跨国企业的培育以及全球资源整合和国内产业发展三者间有着密切的相关性。究其原因可从三点加以分析：一是立足于全球的高度，实现对资源的有序整合，在这方面不单单涉及对人才、技术的整合，还包括管理、金融等更多高端要素的有效、合理的运用，从而促进全球化经营格局的形成，实现全球价值链体系的创建。二是对国内产业发展具有积极的促进性、推动性。以国内经济发展为前提，一方面通过对全球高端生产要素的整合实现来对国内产业结构的优化和提升；另一方面还为国内市场空间的进一步拓展提供源源不断的动力，进而实现国际互利共赢格局的形成。三是紧握国际产业竞争主导权。占据行业领先水平，包括规模、技术、创新等，与此同时，还应积极参与其中，在充分明晰国际规则的基础上发挥其重要的影响力，引领产业向着更高的层面迈进。

立足于全球经济的视角来看待和分析国企改革，借助多维度分析，

第七章 融资约束制约下的企业出口行为选择的结论与启示

尽可能地消除各类屏障和阻碍,致力于对国际一流跨国企业的培养,坚固、稳定的扎根于全球市场当中。首先,需要对企业定位予以明确,并且政企两者间的关系更应尽可能的透明化。商业与非商业目标具有科学、正确的划分。其次,股权多元化是加速国有大企业公司发展的有效捷径,对此应加以重视,并在适宜时机予以推进。再次,加大国有大企业法治化力度。最后,在境外国有资本的监管方面仍需保持高度的重视,对相关制度、体系进行更全面的调整和优化。创建有助于海外行为的协调机制,将国有大企业海外行为的恶性竞争降至最低。

坚实、强有力的国内产业基础是促进国有大企业跨入国际一流企业的重要桥梁。身为国内产业发展的引导者、原动力,需要积极利用每一轮的产业变革,确保国际竞争力得到最大限度的展现和发挥,以推动国内产业的顺利转型。与此同时,国际一流跨国企业需要不断提升和锻造坚实的内功,可从三个层面着手:一是创新力。实现对国内产业发展的引领,并扎根于国际舞台,持续创新能力可以说是不容或缺的重要方面。二是高水平的管控和统筹。组织结构以及内部文化的有序整合与优化,可以提升一个企业的整体实力。三是防御风险的能力。在不断深化和加强"走出去"战略目标上,企业良好形象的树立也尤为关键。此外,人才培养、行之有效体系标准的设定等均在国际一流跨国企业的打造中发挥着不同的作用,唯有将上述功能进行有效的融合和展现其所长,才是"走出去"战略的实质意义。

四、为优秀企业家的成长创建所需的氛围,以期全面发挥作用

(一) 良好法治环境的打造

1. 对企业家的财产权给予合法保护

通过对产权保护制度的不断深化和完善,以此实现对产权方面所涉及的各类问题予以有效的解决,就各类侵害产权案进行详尽的分析和研究,丰富和总结更具成效的方法、方式。确保依法平等保护等相关机制始终贯穿于每一环节。对各类由政府规划、政策变化等因素造成的合法

权益受损情况应给予及时的相应补偿,同时设立与之配套的救济机制。

2. 对创新权益应提供全面的依法保障

基于法律、法规体系下,对造成知识产权市场价值的受损的情况应进行相应的赔偿,并在此期间对相关规则存在的疏漏加以进一步的完善和调整。创建并拓展非诉行政强制执行绿色通道,特别是在文化创新等一系列知识产权保护方面应及时推出与之相应的措施及实施细则。

3. 自主经营权的保障

作为各级政府等部门不得干涉企业家依法开展的自主经营事项。对各类收费、执法条件等进行所需的完善和细化,尽可能减少企业负担。面对企业加入与退出行业协会、商会的权利应给予正确看待并赋予其自主权。此外,全国统一的企业维权服务平台的设立也是其中不容缺失的环节之一。

(二) 搭建有助于企业家公平、诚信竞争的市场氛围

1. 确保竞争权益的公平性

将公平竞争制度进行充分的贯彻和实施,帮助企业树立正确的竞争意识,明确竞争政策。广泛开展市场准入负面清单制度,确保各类市场主体业务、行业的涉及始终遵循严格的法律程序进行。对一切不良竞争行为进行严厉的打击和抵制,依照法律对地方保护等有碍市场公平竞争的做法进行清理和废除,对依法运用生产要素,且依法公平开展市场竞争的行为提供所需的一切法律保护。

2. 最大限度地发挥有利于企业诚信经营激励机制的作用

以诚信为前提,视契约为企业发展诚信经营始终不变的重要核心,有序引导企业秉持诚信守法、诚信立法为经营理念,在法律轨道上良性经营、健康发展。打造全国信用信息共享平台,将企业诚信度进行真实的体现。与此同时,创建企业家个人信息诚信档案,为进一步实现企业诚信经营的目的可同时采取激励、惩戒等相关措施。

3. 公平性是监管的重要基准,并在此基础上加以优化和调整

监管清单制度的实施有助于监管各个环节规范得以细化。"双随机,一公开"监管制度的全面开展对选择性执法这一严重漏洞起到有

第七章 融资约束制约下的企业出口行为选择的结论与启示

效的规避。综合监管的实施更对跨区域、跨部门的监管组织进行有序的协调。综合执法所侧重的行业领域,包括食品、药品安全,公共卫生、农林水利以及资源环境等方面,在条件允许的情况下应对跨部门综合执法给予更为深入的探寻。对创新审慎监管秉持积极的态度,对多头执法等各类不良执法行为应尽可能地做到有效地杜绝,不断加强和促进执法效率的提升,为企业减负。

(三) 鼓励并充分调动企业家创业势头

1. 构建新型政商关系,其中以"亲""清"为首要

保持政企协调、交流渠道的畅通,并对两者行为进行有效的约束。在与企业交往过程中,各级党政机构应秉持坦诚的态度,具有强烈的服务意识,对了解企业详情,急企业之所急,真真实实的服务于企业,帮助其化解诸多难题,确保政企两者的工作关系日趋良性、真诚互信。为企业家与各级政党的有效沟通创建所需的渠道,并保持渠道的通畅性。通过对企业情况的详尽了解,以法律层面对企业合法权益进行全面的维护。通过良好政企氛围的搭建,促进越来越多的民营企业参与其中,与各级政府形成新型政商关系,秉持奉公守法、清正廉洁的理念,推进国有企业快速、良性的成长。

2. 帮助企业家向良性、正确的方向引导

良好的社会氛围、社会文化发挥着极其重要的作用,对创新给予积极的鼓励,对失败予以宽容的对待,对合法经营失败的企业家多一分理解、多一份帮助,帮助其分析困难,克服困难,重整旗鼓。视强化国有经济活力和竞争力为己任,鼓励企业勇于创新、敢于挑战、不惧失败,作为国家各级政府,对那些勇于担当、敢于负责的优良企业提供强而有力的支撑。

3. 充分发挥和运用积极的舆论作用

以客观公正、实事求是为准绳,紧抓正确的舆论契机,为优秀企业进行广泛推广及宣传,对优秀先进事迹,具有突出贡献的企业进行全方位报导,宣传正能量,提升企业价值,树立良好的企业形象,最终实现对积极舆论氛围的有效创建。

第三节　融资约束制约下的企业出口行为选择研究展望

本书将融资约束、企业出口和生产率纳入一个框架中，对我国企业的出口逻辑进行了分析，比较了企业出口前后融资约束和生产率的变化，从企业层面对当前十分突出的出口问题进行了深入探讨，并以此为基础提出三条政策建议，最后，将对研究前景做出一些展望。

本书基于企业视角，在机理分析中重点关注于解释较高融资约束是企业选择扩大出口的原因，并构建静态理论模型对上述问题加以探讨，进一步的研究可以从企业融资约束对出口选择是集约边际还是扩展边际的影响方面展开。另外，企业选择扩大出口后，对融资约束的缓解作用并没有在理论模型中展开讨论，这一企业动态的变化也非常值得构建模型进一步研究。

就企业的贸易方式而言，在对我国加工贸易转型升级的研究中，已有学者提出我国的加工贸易技术复杂程度不断上升，且在全球价值链中的地位不断提高（Manova and Yu，2012），在本书中已经证明融资约束与企业出口行为选择之间的关系，那么企业选择一般贸易或者加工贸易，参与国际竞争与融资约束之间存在怎样的关系？企业选择的贸易方式与生产率之间关系如何？不同贸易方式对企业自身存在何种要求？这都是在本研究的基础上值得深入探讨、尚待研究的话题。

参考文献

[1] Adams J D. Fundamental Stocks of Knowledge and Productivity Growth [J]. Journal of Political Economy,1990,98:673 – 702.

[2] Ahn J B, Amiti M, Weinstein D E. Trade Finance and the Great Trade Collapse [J]. American Economic Review,2011,101:298 – 302.

[3] Ahn J B, Khandelwal A K, Wei S J. The Role of Intermediaries in Facilitating Trade [J]. Journal of International Economics,2010,84:73 – 85.

[4] Almeida H, Campello M. Financial Constraints, Asset Tangibility, and Corporate Investment [J]. Review of Financial Studies,2007,20:1429 – 1460.

[5] Almeida H, Campello M, Weisbach M S. Corporate Financial and Investment Policies When Future Financing is Not Frictionless [J]. Journal of Corporate Finance,2011,17:675 – 693.

[6] Alvarez R, Lopez R A. Exporting and Performance: Evidence from China Plants [J]. Canadian Journal of Economics/Revue Canadienne D'économique,2005,38:1384 – 1400.

[7] Alvarez R, López R A. Financial Development, Exporting and Firm Heterogeneity in Chile [J]. Review of World Economics,2013,149:183 – 207.

[8] Alvarez R, Robertson R. Exposure to Foreign Markets and Plant - level Innovation: Evidence from Chile and Mexico [J]. Journal of International Trade and Economic Development,2004,13:57 – 87.

[9] Amiti M, Konings J. Trade Liberalization, Intermediate Inputs, and Productivity: Evidence from Indonesia [J]. American Economic Re-

view,2005,97:1611-1638.

[10] Amiti M, Weinstein D E. Exports and Financial Shocks [J]. The Quarterly Journal of Economics,2009,126:1841-1877.

[11] Antràs P, Chor D. Organizing the Global Value Chain [J]. Econometrica, 2013,81:2127-2204.

[12] Antràs P, Desai M A, Foley C F. Multinational Firms, FDI Flows,and Imperfect Capital Markets [J]. The Quarterly Journal of Economics,2007,124:1171-1219.

[13] Antràs P,Foley C F. Poultry in Motion: A Study of International Trade Finance Practices [J]. Journal of Political Economy,2015,123:853-901.

[14] Arellano M,Bover O. Another Look at the Instrumental Variable Estimation of Error - components Models [J]. Journal of Econometrics, 1990,68:29-51.

[15] Arnold J M, Hussinger K. Export Behavior and Firm Productivity in German Manufacturing: a Firm - level Analysis [J]. Review of World Economics,2005,141:219-243.

[16] Arrow K. The Economic Implication of Learning by Doing [J]. Review of Economics and Statistics,1962,29:155-173.

[17] Audretsch D,Fritsch M. Linking Entrepreneurship to Growth: the Case of West Germany [J]. Industry and Innovation,2003,10,65-73.

[18] Aw B Y,Roberts M J, Winston T. Export Market Participation, Investments in R&D and Worker Training, and the Evolution of Firm Productivity [J]. The World Economy,2007,30:83-104.

[19] Aw B Y, Roberts M J, Xu D Y. R&D Investments, Exporting and the Evolution of Firm Productivity [J]. The American Economic Review, 2008,98:451-456.

[20] Ayyagari M, Kosová R. Does FDI Facilitate Domestic Entry? Evi-

dence from the Czech Republic [J]. Review of International Economics, 2010,18:14-29.

[21] Bai X, Krishna K, Ma H. How You Export Matters: Export Mode, Learning and Productivity in China [J]. Journal of International Economics,2017,104:122-137.

[22] Banerjee A V. Do Firms Want to Borrow More? Testing Credit Constraints Using a Directed Lending Program [J]. Review of Economic Studies,2014,81:572-607.

[23] Bao S, Chang G H, Sachs J D. Geographic Factors and China's Regional Development under Market Reforms,1978-1998 [J]. China Economic Review,2002,13:89-111.

[24] Barro R J. Economic Growth in a Cross Section of Countries [J]. The Quarterly Journal of Economics,1991,106:407-443.

[25] Barro R J. Economic Growth and Convergence, Applied to China [J]. China & World Economy,2016,24:5-19.

[26] Bastos P, Silva J, Verhoogen E. Export Destinations and Input Prices [M]. National Bureau of Economic Research,2014.

[27] Baumol W. Innovation: MeagerPrivate Gains, Enormous Social Gains [J]. Entrepreneurship Research Journal,2011,1:1.

[28] Beck T. Financial Development and International Trade: Is There a Link? [J]. Journal of International Economics,2002,57:107-131.

[29] Bernard A B, Eaton J, Jensen J B. Plants and Productivity in International Trade [J]. The American Economic Review, 2003, 93: 1268-1290.

[30] Bernard A B, Jensen J B. Why Some Firms Export [J]. Review of Economics and Statistics,2004,86:561-569.

[31] Bernard A B, Jensen J B, Redding S J. Firms in International Trade [J]. The Journal of Economic Perspectives,2007,21:105-130.

[32] Brandt L, Van Biesebroeck J, Zhang Y. Creative Accounting or Creative Destruction? Firm – level Productivity Growth in Chinese Manufacturing [J]. Journal of Development Economics, 2012, 97: 339 – 351.

[33] Bridges S, Guariglia A. Financial Constraints, Global Engagement, and Firm Survival in the United Kingdom: Evidence from Micro Data [J]. Scottish Journal of Political Economy, 2008, 55: 444 – 464.

[34] Brown J R, Fazzari S M, Petersen B C. Financing Innovation and Growth: Cash Flow, External Equity, and the 1990s R&D Boom [J]. The Journal of Finance, 2009, 64: 151 – 185.

[35] Cai H, Liu Q. Competition and Corporate Tax Avoidance: Evidence from Chinese Industrial Firms [J]. The Economic Journal, 2009, 119: 764 – 795.

[36] Carreira C, Silva F. Do Size, Age and Dividend Policy Provide Useful Measures of Financing Constraints? New Evidence from a Panel of Portuguese Firms [M]. GEMF – Faculdade de Economia, Universidade de Coimbra, 2013.

[37] Chaney T. Liquidity Constrained Exporters [J]. Journal of Economic Dynamics and Control, 2016, 72: 141 – 154.

[38] Chen B, Feng Y. Determinants of Economic Growth in China: Private Enterprise, Education, and Openness [J]. China Economic Review, 2000, 11: 1 – 15.

[39] Chor D, Manova K. Off the Cliff and Back? Credit Conditions and International Trade During the Global Financial Crisis [J]. Journal of International Economics, 2012, 87: 117 – 133.

[40] Claessens S, Laeven L. Financial Development, Property Rights and Growth [J]. The Journal of Finance, 2003, 58: 2401 – 2436.

[41] Cleary S. The Relationship between Firm Investment and Financial Status [J]. The Journal of Finance, 1999, 54: 673 – 692.

[42] Clerides S K, Lach S, Tybout J R. Is Learning by Exporting Im-

portant? Micro – dynamic Evidence from Colombia, Mexico and Morocco [J]. The Quarterly Journal of Economics,1998,113:903 – 947.

[43] Crespi G, Criscuolo C , Haskel J. Productivity, Exporting and the Learning – by – exporting Hypothesis: Direct Evidence from UK Firms [J]. Canadian Journal of Economics/Revue Canadienne D'économique, 2008, 41: 619 – 638.

[44] Cull R, Xu L C , Zhu T. Formal Finance and Trade Credit During China's Transition [J]. Journal of Financial Intermediation, 2009, 18: 173 – 192.

[45] Dai M, Maitra M , Yu M. Unexceptional Exporter Performance in China? The Role of Processing Trade [J]. Journal of Development Economics,2016,121:177 – 189.

[46] Das S, Roberts M J , Tybout J R. Market Entry Costs, Producer Heterogeneity and Export Dynamics [J]. Econometrica,2007,75:837 – 873.

[47] De Loecker J. Do Exports Generate Higher Productivity? Evidence from Slovenia [J]. Journal of International Economics,2004,73:69 – 98.

[48] Del Gatto M, Ottaviano G I , Pagnini M. Openness to Trade and Industry Cost Dispersion: Evidence from a Panel of Italian Firms [J]. Journal of Regional Science,2008,48:97 – 129.

[49] Delgado M A, Farinas J C , Ruano S. Firm Productivity and Export Markets: a Non – parametric Approach [J]. Journal of International Economics,2002,57:397 – 422.

[50] Dixit B A K, Stiglitz J E. Monopolistic Competiton and Optimum Product Diversity [J]. The American Economic Review, 1977, 67: 297 – 308.

[51] Djankov S, Freund C , Cong S P. Trading on time [J]. Review of Economics and Statistics, 2010,92:166 – 173.

[52] Earle J S, Sakova Z. Business Start – ups or Disguised Unemploy-

ment? Evidence on the Character of Self – employment from Transition Countries [J]. Labour Economics,2000,7:575 – 601.

[53] Eaton J, Kortum S , Kramarz F . Dissecting Trade:Firms, Industries, and Export Destinations [J]. American Economic Revie,2004,94: 150 – 154.

[54] Faggio G,Silva O . Self – employment and Entrepreneurship in Urban and Rural Labour Markets [J]. Journal of Urban Economics,2014,84: 67 – 85.

[55] Feenstra R C, Hong C , Ma H . Contractual Versus Non – contractual Trade:The Role of Institutions in China [J]. Journal of Economic Behavior and Organization,2013,94:281 – 294.

[56] Feenstra R C, Li Z , Yu M . Exports and Credit Constraints under Incomplete Information:Theory and Evidence from China [J]. Review of Economics and Statistics,2014,96:729 – 744.

[57] Feenstra R C, Mandel B R ,Reinsdorf M B . Effects of Terms of Trade Gains and Tariff Changes on the Measurement of US Productivity Growth [J]. American Economic Journal:Economic Policy,2013,5:59 – 93.

[58] Foley C F,Manova K . International Trade,Multinational Activity and Corporate Finance [J]. Economics,2015,7:119 – 146.

[59] Foster B L, Haltiwanger J , Syverson C . Reallocation,Firm Turnover, and Efficiency: Selection on Productivity or Profitability [J]. American Economic Review,2008,98:394 – 425.

[60] Gartner W B . "Who is an Entrepreneur?" Is the Wrong Question [J]. American Journal of Small Business,1989,13:461 – 467.

[61] Gatti R, Love I . Does Access to Credit Improve Productivity? Evidence from Bulgaria [J]. Economics of Transition,2008,16:445 – 465.

[62] Girma S, Gong Y , Görg H . Foreign Direct Investment,Access to Finance,and Innovation Activity in Chinese Enterprises [J]. World Bank E-

conomic Review,2008,22:367 -382.

[63] Girma S, Greenaway A , Kneller R. Does Exporting Increase Productivity? A Microeconometric Analysis of Matched Firms [J]. Review of International Economics,2004,12:855 -866.

[64] Glaeser E L, Kerr W R. Local Industrial Conditions and Entrepreneurship:How Much of the Spatial Distribution Can We Explain? [J]. Journal of Economics and Management Strategy,2009,18:623 -663.

[65] Glaeser E L, Kerr W R , Ponzetto G A M. Clusters of Entrepreneurship [J]. Journal of Urban Economics,2010,67:150 -168.

[66] Goldberg P K, Khandelwal A K , Pavcnik N. Imported Intermediate Inputs and Domestic Product Growth: Evidence from India [J]. The Quarterly Journal of Economics,2009,125:1727 -1767.

[67] Greenaway D, Guariglia A , Kneller R. Financial Factors and Exporting Decisions [J]. Journal of International Economics, 2007, 73: 377 -395.

[68] Greenaway D, Kneller R. Firm Heterogeneity,Exporting and Foreign Direct Investment [J]. The Economic Journal,2007,117:134 -161.

[69] Greenaway D, Kneller R. Empirical Evidence on Exporting and Productivity Growth in the UK [M]. Palgrave Macmillan UK,2005.

[70] Grossman G M, Helpman E. Quality Ladders and Product Cycles [J]. The Quarterly Journal of Economics,1991,106:557 -586.

[71] Grossman S J, Hart O D. The Costs and Benefits of Ownership:A Theory of Vertical and Lateral Integration [J]. Journal of Political Economy, 1986,94:691 -719.

[72] Hadlock C J, Pierce J R. New Evidence on Measuring Financial Constraints:Moving Beyond the KZ Index [J]. Review of Financial Studies, 2010,23:1909 -1940.

[73] Harrison A E. Productivity,Imperfect Competition and Trade Re-

form: Theory and Evidence [J]. Journal of International Economics, 1994, 36:53 – 73.

[74] Head K, Ries J. Rationalization Effects of Tariff Reductions [J]. Journal of International Economics, 1999, 47:295 – 320.

[75] Heckman J, Navarro – Lozano S. Using Matching, Instrumental Variables and Control Functions to Estimate Economic Choice Models [J]. Review of Economics and Statistics, 2004, 86:30 – 57.

[76] Helpman E, Melitz M J, Yeaple S R. Export Versus FDI with Heterogeneous Firms [J]. American Economic Review, 2004, 94:300 – 316.

[77] Hennessy C A, Whited T M. How Costly is External Financing? Evidence from a Structural Estimation [J]. The Journal of Finance, 2007, 62: 1705 – 1745.

[78] Henrekson M, Sanandaji T. Small Business Activity Does not Measure Entrepreneurship [J]. Proceedings of the National Academy of Sciences, 2014, 111: 1760 – 1765.

[79] Himmelberg C P, Petersen B C R. Domestic and Internal Finance: A Panel Study of Small Firms in High – tech Industries [J]. The Review of Economics and Statistics, 1994:38 – 51.

[80] Hoefele A, Schmidt Eisenlohr T, Yu Z. Payment Choice in International Trade: Theory and Evidence from Cross – country Firm – level Data [J]. Canadian Journal of Economics/Revue Canadienne Déconomique, 2013, 49: 296 – 319.

[81] Holz C A. China's Statistical System in Transition: Challenges, Data Problems and Institutional Innovations [J]. Review of Income and Wealth, 2004, 50:381 – 409.

[82] Hsieh C T, Klenow P J. Misallocation and Manufacturing TFP in China and India [J]. Mpra Paper, 2009, 124:1403 – 1448.

[83] Huang Y, Ma Y, Yang Z. A Fire Sale without Fire: An Explana-

tion of Labor - intensive FDI in China [J]. Journal of Comparative Economics,2016,44:884 - 901.

[84] Hubbard R G. Capital - market Imperfections and Investment [M]. National Bureau of Economic Research,1997.

[85] Islam N. GrowthEmpirics:A Panel Data Approach [J]. The Quarterly Journal of Economics,1998,110:1127 - 1170.

[86] Javorcik B S,Spatareanu M. Liquidity Constraints and Firms' Linkages with Multinationals [J]. World Bank Economic Review,2008,23:323 - 346.

[87] Johnson R C,Noguera G. Accounting for Intermediates:Production Sharing and Trade in Value Added [J]. Journal of International Economics,2012,86:224 - 236.

[88] Kaplan S N,Zingales L. Do investment - cash Flow Sensitivities Provide Useful Measures of Financing Constraints? [J]. The Quarterly Journal of Economics,1997,112:169 - 215.

[89] Kee H L,Tang H. Domestic Value Added in Exports:Theory and Firm Evidence from China [J]. The American Economic Review,2016,106:1402 - 1436.

[90] King R G,Levine R. Finance,Entrepreneurship and Growth:Theory and Evidence [J]. Journal of Monetary Economics,1993,32:513 - 542.

[91] Kletzer K, Bardhan P. Credit Markets and Patterns of International Trade [J]. Journal of Development Economics,1987,27:57 - 70.

[92] Knight F H. Risk,Uncertainty and Profit [M]. Houghton Mifflin Company,1921:682 - 690.

[93] Koopman R ,Wang Z ,Wei S. Estimating Domestic Content in Exports When Processing Trade is Pervasive [J]. American Economic Review,2014,104:459 - 494.

[94] Koopman S J, Lucas A , Klaassen P. Empirical Credit Cycles and Capital Buffer Formation [J]. Journal of Banking and Finance,2005,29:

3159 -3179.

[95] Lazear E P. Balanced Skills and Entrepreneurship [J]. American Economic Review,2004,94:208 -211.

[96] Leff N H. Entrepreneurship and Economic Development: The Problem Revisited [J]. Journal of Economic Literature,1979,17:46 -64.

[97] Leibenstein H. Entrepreneurship and Development [J]. American Economic Review,1968,58:72 -83.

[98] Li H, Zhang J. Do High Birth Rates Hamper Economic Growth? [J]. Review of Economics and Statistics,2007,89:110 -117.

[99] Li J L, Harris A L. The Potential of New Tumor Endothelium - specific Markers for the Development of Antivascular Therapy [J]. Cancer Cell,2007,11:478 -481.

[100] Lu D. Exceptional Exporter Performance? Evidence from Chinese Manufacturing Firms [J]. Manuscript,University of Chicago,2010.

[101] Manova K. Credit C onstraints,Heterogeneous Firms and International Trade [J]. The Review of Economic Studies,2013,80:711 -744.

[102] Manova K. Credit Constraints,Equity Market Liberalizations and International Trade [J]. Journal of International Economics, 2008, 76: 33 -47.

[103] Manova K, Wei S , Zhang Z. Firm Exports and Multinational Activity under Credit Constraints [J]. Review of Economics and Statistics, 2015,97:574 -588.

[104] Manova K,Yu Z. How Firms Export: Processing vs. Ordinary Trade with Financial Frictions [J]. Journal of International Economics, 2016,100:120 -137.

[105] Melitz M J. TheImpact of Trade on Intra -industry Reallocations and Aggregate Industry Productivity [J]. Econometrica, 2003, 71: 1695 -1725.

[106] Muûls M. Exporters and Credit Constraints. A Firm-level Approach [M]. Working Paper Research, 2008.

[107] Olley G S, Pakes A. The Dynamics of Productivity in the Telecommunications Equipment Industry [J]. Econometrica, 1992, 64: 1263-1297.

[108] Park A, Yang D, Shi X. Exporting and Firm Performance: Chinese Export and the Asian Financial Crisis [J]. Review of Economics and Statistics, 2009, 92: 822-842.

[109] Rahaman M M. Access to Financing and Firm Growth [J]. Journal of Banking and Finance, 2011, 35: 709-723.

[110] Rajan R G, Zingales L. Financial Dependence and Growth [J]. American Economic Review, 1998, 88: 559-586.

[111] Roberts M R, Sufi A. Renegotiation of Financial Contracts: Evidence from Private Credit Agreements [J]. Journal of Financial Economics, 2009, 93: 159-184.

[112] Salomon R M, Shaver J M. Learning by Exporting: New Insights from Examining Firm Innovation [J]. Journal of Economics and Management Strategy, 2005, 14: 431-460.

[113] Schmitz J A. Imitation, Entrepreneurship and Long-run Growth [J]. Journal of Political Economy, 1989, 97: 721-739.

[114] Schumpeter A J. The Theory of Economic Development [M]. Cambridge, MA: Harvard University Press, 1912.

[115] Smith V, Dilling-Hansen M, Eriksson T. R&D and Productivity in Danish Firms: Some Empirical Evidence [J]. Applied Economics, 2004, 36: 1797-1806.

[116] Sternberg R, Wennekers S. Determinants and Effects of New Business Creation Using Global Entrepreneurship Monitor Data [J]. Small Business Economics, 2005, 24: 193-203.

[117] Stolper W F, Samuelson P A. Protection and Real Wages [J]. The Review of Economic Studies,1941,9:58 - 73.

[118] Svaleryd H, Vlachos J. Financial Markets, the Pattern of Industrial Specialization and Comparative Advantage: Evidence from OECD Countries [J]. European Economic Review,2005,49:113 - 144.

[119] Van Biesebroeck J. Exporting Raises Productivity in Sub - Saharan African Manufacturing Firms [J]. Journal of International economics, 2005,67:373 - 391.

[120] Wang Z, Yu Z. Trading Partners, Traded Products and Firm Performances of China's Exporter - importers: Does Processing Trade Make a Difference? [J]. World Economy,2012,35:1795 - 1824.

[121] Wennekers S, Thurik R. Linking Entrepreneurship and Economic Growth [J]. Small Business Economics,1999,13:27 - 55.

[122] Whited T M. Debt, Liquidity Constraints and Corporate Investment: Evidence from Panel Data [J]. The Journal of Finance,1992,47: 1425 - 1460.

[123] Whited T M, Wu G. Financial Constraints Risk [J]. Review of Financial Studies,2006,19:531 - 559.

[124] Yang R, He C. The Productivity Puzzle of Chinese Exporters: Perspectives of Local Protection and Spillover Effects [J]. Papers in Regional Science,2014,93:367 - 384.

[125] Yu M. Processing Trade, Tariff Reductions and Firm Productivity: Evidence from Chinese Firms [J]. The Economic Journal,2015,125:943 - 988.

[126] Zahra S A. Predictors and Financial Outcomes of Corporate Entrepreneurship: An Exploratory Study [J]. Journal of Business Venturing, 1991, 6: 259 - 285.

[127] Zhang A, Zhang Y, Zhao R. A Study of the R&D Efficiency and Productivity of Chinese Firms [J]. Journal of Comparative Economics,

2003,31:444 – 464.

[128] Zhengfei G. The Source of Productivity Growth in Dutch Agriculture:A Perspective from Finance [J]. American Journal of Agricultural Economics,2006,88:644 – 656.

[129]戴觅,余淼杰,Madhura,等. 中国出口企业生产率之谜:加工贸易的作用 [J]. 经济学季刊,2014,13(2):675 – 698.

[130]范剑勇,冯猛. 中国制造业出口企业生产率悖论之谜:基于出口密度差别上的检验 [J]. 管理世界,2013,239(8):16 – 29.

[131]官兵. 企业家精神、金融制度与金融发展 [J]. 中央财经大学学报,2008(9):28 – 32.

[132]韩媛媛. 融资约束、出口与企业创新:机理分析与基于中国数据的实证 [D]. 浙江大学博士论文,2013.

[133]胡赛. 出口信用保险与出口贸易增长:基于浙江省数据的实证研究 [J]. 商业经济与管理,2017(2):60 – 70.

[134]胡援成,肖德勇. 经济发展门槛与自然资源诅咒——基于我国省际层面的面板数据实证研究 [J]. 管理世界,2007(4):15 – 23.

[135]江伟,曾业勤. 金融发展、产权性质与商业信用的信号传递作用 [J]. 金融研究,2013(6):89 – 103.

[136]金祥荣,胡赛. 融资约束、生产率与企业出口:基于中国企业不同贸易方式的分析 [J]. 国际贸易问题,2017,410(2):153 – 165.

[137]金祥荣,刘振兴,于蔚. 企业出口之动态效应研究——来自中国制造业企业的经验:2001—2007 [J]. 经济学季刊,2012,11(2):1097 – 1112.

[138]靳卫东,高波. 企业家精神与经济增长:企业家创新行为的经济学分析 [J]. 经济评论,2008(5):113 – 120.

[139]李春顶. 中国企业"出口——生产率悖论"研究综述 [J]. 世界经济,2015(5):148 – 175.

[140]李春顶. 中国出口企业是否存在"生产率悖论"基于中国制造

业企业数据的检验[J]. 世界经济,2010(7):64-81.

[141] 李宏彬,李杏,姚先国,等. 企业家的创业与创新精神对中国经济增长的影响[J]. 经济研究,2009(10):99-108.

[142] 李杏. 企业家精神对中国经济增长的作用研究——基于 SYS-GMM 的实证研究[J]. 科研管理,2011,32(1)97-104.

[143] 李志远,余淼杰. 生产率、信贷约束与企业出口:基于中国企业层面的分析[J]. 经济研究,2013(6):85-99.

[144] 梁会君,史长宽. 中国制造业出口"生产率悖论"的行业分异性研究[J]. 山西财经大学学报,2014(7):59-69.

[145] 刘振兴,金祥荣. 出口企业更优秀吗——基于生产率视角的考察[J]. 国际贸易问题,2011(5):110-120.

[146] 鲁传一,李子奈. 企业家精神与经济增长理论[J]. 清华大学学报哲学社会科学版,2000(3):42-49.

[147] 罗长远,李姝醒. 出口是否有助于缓解企业的融资约束——基于世界银行中国企业调查数据的实证研究[J]. 金融研究,2014(9):1-17.

[148] 聂辉华,江艇,杨汝岱. 中国工业企业数据库的使用现状和潜在问题[J]. 世界经济,2012(5):142-158.

[149] 宋来胜,苏楠. 企业家精神对地区生产率的影响——基于省级动态面板数据的广义矩分析[J]. 科技管理研究,2013,33(5):246-250.

[150] 苏振东,洪玉娟. 中国出口企业是否存在"利润率溢价"——基于随机占优和广义倾向指数匹配方法的经验研究[J]. 管理世界,2013(5):12-34.

[151] 孙灵燕,李荣林. 融资约束限制中国企业出口参与吗?[J]. 经济学季刊,2012,11(1):231-252.

[152] 汤二子,刘海洋. 中国出口企业的"生产率悖论"与"生产率陷阱"——基于2008年中国制造业企业数据实证分析[J]. 国际贸易问题,2011(9):34-47.

[153] 王垒, 刘新民, 董啸. 我国企业家集群创新驱动沿海省域经济增长的实证分析 [J]. 科技管理研究, 2016(21): 192-197.

[154] 谢慧明. 金融发展视角下企业家精神对经济增长的影响研究 [D]. 浙江理工大学硕士论文, 2015.

[155] 阳佳余. 融资约束与企业出口行为: 基于工业企业数据的经验研究 [J]. 经济学季刊, 2012, 11(3): 1503-1524.

[156] 尹宗成, 李向军. 金融发展与区域经济增长——基于企业家精神的视角 [J]. 中央财经大学学报, 2012(11): 38-44.

[157] 于洪霞, 龚六堂, 陈玉宇. 出口固定成本融资约束与企业出口行为 [J]. 经济研究, 2011(4): 55-67.

[158] 余淼杰. 中国的贸易自由化与制造业企业生产率 [J]. 经济研究, 2010(12): 97-110.

[159] 张杰, 李勇, 刘志彪. 出口促进中国企业生产率提高吗——来自中国本土制造业企业的经验证据: 1999—2003 [J]. 管理世界, 2009(12): 11-26.

[160] 张杰, 李勇, 刘志彪, 等. 出口与中国本土企业生产率——基于江苏制造业企业的实证分析 [J]. 管理世界, 2008(11): 50-64.

[161] 张杰, 张帆, 陈志远. 出口与企业生产率关系的新检验: 中国经验 [J]. 世界经济, 2016, 39(6): 54-76.

[162] 张杰, 张培丽, 黄泰岩. 市场分割推动了中国企业出口吗? [J]. 经济研究, 2010(8): 29-41.

[163] 张军, 金煜. 中国的金融深化和生产率关系的再检测: 1987—2001 [J]. 经济研究, 2005(11): 34-45.

[164] 张小蒂, 曾可昕. 基于企业家才能提升的市场规模内生性扩大研究——以浙江义乌产业集群为例 [J]. 财贸经济, 2013, 34(5): 122-130.

[165] 张小蒂, 王永齐. 融资成本、企业家形成与内生产业集聚: 一般分析框架及基于中国不同区域的比较分析 [J]. 世界经济, 2009(9):

15-26.

[166] 朱希伟,金祥荣,罗德明. 国内市场分割与中国的出口贸易扩张[J]. 经济研究,2005(12):68-76.

[167] 庄子银. 南方模仿、企业家精神和长期增长[J]. 经济研究,2003(1):62-70.

后 记

本书是基于本人博士论文《中国企业的出口逻辑：基于融资约束与生产率的研究》修改而成的。修改此书历时半年，从2017年第四季度至2018年第一季度，期间经历热闹的年关，以及紧张的国家社科项目申报，又恰逢学校安排我跟班学习，能够专心修改的时间并不多，不完美之处还请专家学者们多多包涵。

读博五年，像是精神与灵魂的洗礼，给心找了一个方向，这一路有波折、有惊喜。2012年有幸结识我的博士生导师金祥荣教授，恩师不弃鄙陋，鼓励我直接攻博，引导我走上学术研究道路，知遇之恩，学生永生难忘。入门以来，金老师带着我实地调研了解经济现实，培养我对经济学研究的浓厚兴趣。在写作中，大到确定选题和提炼观点，小到语句表达和文字措辞，无不包含着老师的心血。记得第一次将博士论文交给金老师看之后，在大年初三便接到金老师的电话，详细和我说明要修改的地方，又在我没有完全领悟口头指导的时候，拿回来一份金老师逐字、逐句修改过的手稿，甚至将开头部分写了满满三页纸。恩师总是能即时在我困惑迷茫之时为我指明方向，支持我、鼓励我，为我树立做人与为学的榜样。

感谢浙江大学经济学院罗德明教授，我能将金老师的想法付诸实践离不开罗老师的指导。在遇到研究瓶颈时，罗老师总是能提供非常有价值的线索与思路。感谢浙江大学经济学院叶建亮副教授，在与叶老师的交流中坚定了我踏实做研究的信念。两位老师与金老师一样投入了大量的时间和精力与我探讨研究的具体思路和方法，保证了本书的最终完成。同时也要感谢在五年读博求学路上教导过我的诸位老师，以及美国科罗拉多大学陈勇民教授，美国密苏里大学哥伦比亚校区王兴贺教授、Peter Muser 教授、Vitor Trindade 副教授，感谢他们在我于美国密苏里大学联合培养期间给予的指导与帮助。

在做学术的日子中离不开"金生经世"中各位师兄弟姐妹的陪伴，一起在办公室里学习讨论的日日夜夜，永远是值得珍藏的回忆。五年以来，高兴有时、悲伤有时、得意有时、落寞有时，感谢在求是园遇到的一众知己，让生活更添一分色彩。充满阳光却总是侃侃而谈的赵浩，永远逢喝必醉、逢醉必讲英文的王立平，看似大大咧咧其实内心比谁都细腻的戴凌宸，善解人意永远温柔得体的苏梦瑶。此外，想要偷懒时一想到"拼命三娘"张硕就立马又能让我像打了鸡血一样努力，更有费扬半夜冲进办公室到处找那个因为学习到深夜手机没电让父母担心的我。

更要感谢浙江省委党校经济学教研部，为此书的出版提供了资助。感谢主任王祖强、副主任王立军和包海波，他们为此书出版提供了宝贵的意见。感谢在修改出版过程中予以我帮助的同事及朋友。感谢企业管理出版社和资深编辑刘一玲老师，为此书的修改、校对、编辑、排版等一系列工作付出诸多辛劳。

最后要感谢的是我的父母，我的每一步成长都凝聚着你们的付出，博士顺利毕业以及到现在第一部专著出版绝不是我一个人努力的结果，至亲们在背后默默无私地奉献是我最坚强的后盾。

要感谢的人永远列举不完，谨以此书献给所有为梦想而战的明日星辰！

本书涉及专业性强，限于能力水平，难免有不足之处，恳请专家学者给予批评指正。

胡 赛

2018 年 6 月 10 日写于中共浙江省委党校